区/域/经/济/研/究/书/系

欠发达地区企业资本结构与区域经济发展研究

黄勇 ◎ 著

QIANFADADIQU QIYEZIBENJIEGOU
YU QUYUJINGJI FAZHANYANJIU

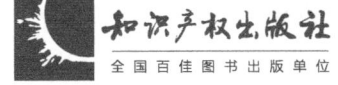

图书在版编目（CIP）数据

欠发达地区企业资本结构与区域经济发展研究/黄勇著．—北京：知识产权出版社，2017.5

ISBN 978–7–5130–2716–8

Ⅰ．①欠⋯ Ⅱ．①黄⋯ Ⅲ．①不发达地区—企业—资本结构—研究—中国②不发达地区—区域经济发展—研究—中国 Ⅳ．①F279.27②F127

中国版本图书馆 CIP 数据核字（2014）第 089547 号

内容提要

本书以贵州省作为欠发达地区企业资本结构与区域经济发展的研究案例。作为一个欠发达省份，贵州的金融业发展和金融业态创新较为滞后，资本短缺一直是制约贵州经济发展的中心问题。在经济新常态下，加速实现贵州"两加一推"战略、开放带动战略、创新驱动战略，实现"后发赶超"和经济社会发展的新跨越，迫切需要资本充分发挥其杠杆作用。贵州作为典型的西部欠发达地区，凝集和浓缩了广大西部地区资本市场发展滞后的种种特征、规律和共性。本书在简要回顾了有关资本结构理论文献，在分析了贵州上市公司经营现状和企业资本结构特征的基础上，剖析了企业资本结构的决定因素和资本结构形成的宏微观机制，对企业资本形成和结构优化的路径提出了一些建议。

责任编辑：石红华　　　　　　　　责任校对：谷　洋
封面设计：刘　伟　　　　　　　　责任出版：孙婷婷

欠发达地区企业资本结构与区域经济发展研究
黄　勇　著

出版发行	知识产权出版社有限责任公司	网　　址	http://www.ipph.cn
社　　址	北京市海淀区西外太平庄 55 号	邮　　箱	100081
责编电话	010–82000860 转 8130	责编邮箱	shihonghua@sina.com
发行电话	010–82000860 转 8101/8102	发行传真	010–82000893/82005070/82000270
印　　刷	北京中献拓方科技发展有限公司	经　　销	各大网上书店、新华书店及相关专业书店
开　　本	787mm×1092mm　1/16	印　　张	13.25
版　　次	2017 年 5 月第 1 版	印　　次	2017 年 5 月第 1 次印刷
字　　数	250 千字	定　　价	50.00 元

ISBN 978-7-5130-2716-8

出版权专有　侵权必究

如有印装质量问题，本社负责调换。

摘 要

本书是在《贵州上市公司资本结构及其优化研究》（贵州省优秀科技教育人才省长专项资金项目研究成果，2012年12月验收结项）成果的基础上，紧密结合贵州经济发展形势和经济新常态发展趋势，经过多次修改完成的学术专著。

本书以贵州省作为欠发达地区企业资本结构与区域经济发展的研究案例。以索洛、斯旺、米德为代表的新古典区域均衡增长理论认为，区域经济增长取决于资本、劳动和技术三个要素。贵州省要实现"后发赶超"，资本要素就是资源配置、组合、转化的连接器和推动器。作为一个欠发达省份，贵州与国内其他省相比，贵州金融业发展和金融业态创新较为滞后，资本短缺一直是制约贵州经济发展的中心问题。在经济新常态下，加速实现贵州"两加一推"战略、开放带动战略、创新驱动战略，实现"后发赶超"和经济社会发展的新跨越，迫切需要资本充分发挥其杠杆作用。在西部地区，上市公司作为主要经济支柱，在很大程度上代表了西部经济的未来。上市公司资本要素的筹集、使用及效率优化关系着一个企业的成长与发展，也是资本市场发展和创新的最初动力和持久推动力。本书研究的贵州省作为西部典型的欠发达地区，凝集和浓缩了广大西部地区资本市场发展滞后的种种特征、规律和共性。

公司的资本结构，简言之就是公司的资产中权益与负债的构成比例。资本结构理论的研究开始于20世纪50年代，其发展历经了三个阶段。早期的资本结构理论描述了财务杠杆与资本成本以及与企业价值的相关关系，提出了融资成本和风险等财务杠杆的两大约束条件。现代资本结构理论对税收、破产成本因素等影响企业资本结构的外部因素进行了详细研究，将资本结构选择置于税盾效应和众多成本的均衡之中，形成了许多流派。新资本结构理

欠发达地区企业资本结构与区域经济发展研究

论使用最新的诸如信息不对称理论等经济学分析方法,将视角转向代理成本、信号、财务契约、公司控制权等内部因素上,从而为解释资本结构找到了一条新的出路。20世纪70年代以后的研究都表明,在现实世界中,公司的市场价值与公司的资本结构密切相关并且公司的最优资本结构和公司价值的最大化都可以实现。但众多的文献并没有告诉我们最优资本结构究竟如何确定,没有得出一个普遍适用的资本结构。

本书以贵州省为案例,在回顾贵州上市公司发展历程的基础上,从行业结构、经营状况、经营能力总结出了贵州上市公司的基本特征。课题研究采用描述性统计方法,发现资本市场发展滞后的贵州地区上市公司的资本结构具有如下一些特征:资产负债率分布比较集中,近年来呈总体上升趋势,但差异性有所扩大;资产负债率水平偏低;流动负债水平偏高;债务风险总体较低,尚有一定负债空间可挖掘;流通股比例比全国上市公司低,股本规模较小;公司资金来源表现出"以外源融资为主导,债务融资和股权融资并重,但以股权融资为主,以债务融资为辅"的特征,与"啄食顺序原则"的经典融资顺序理论也是类似的,这一融资结构与亚洲一些发展中国家或地区的非金融类公司融资结构有相似之处,本书认为这是由于贵州地区上市公司正处于发展阶段的结果。

在本书中,对影响贵州地区企业资本结构的因素进行了分析。本书选用资产负债率(DR)、非流动负债/总资产(L-DR)、流动负债/总资产(S-DR)这三个指标来表征公司资本结构特征的变量,选取了区域经济发展水平、行业特征、公司规模等10多类因素共20多个解释变量,分析样本为贵州地区上市公司1993—2013年间的近300个样本所组成的混合样本。本书运用SPSS统计分析软件中的因素分析法,提取了前8个主成分构建回归模型。回归分析表明,资本结构是各种因素影响的结果,区域经济、金融环境、企业行业特性、企业成长性等企业特征是影响贵州企业资本结构的重要因素。这说明,影响其他国家公司资本结构的因素在中国贵州地区也起着非常类似的作用,贵州企业的资本结构不仅受企业内部因素的影响,而且还受宏观、区域等社会经济制度等外部因素的影响,是各种因素相互冲突、相互交融的结果。

作者在对上市公司资本结构形成的区域金融环境、企业发展因素、融资模式等宏微观环境进行分析的基础上认为,"十三五"时期,我国战略机遇期内涵、条件、要求已有新变化,这需要我们结合贵州实际,加强对企业融资这些变化背后的成因、内涵和潜在影响的分析研究,深刻领会机遇期内涵、条件变化对贵州的影响。企业作为市场经济的细胞,以现代信息技术、高新技术武装起来的物联网企业将成为企业发展的新趋势,企业国际化、中小企业蓬勃发展正成为"新常态"的主要特征,金融业态和产品创新、融资方式创新将为企业融资模式创新和资本结构优化提供支撑。在新常态背景下,对贵州上市公司资本结构的优化是个动态的过程,在结合当前贵州上市公司现状的基础之上,更应着眼于贵州资本市场的发展与完善。贵州上市公司融资机制的形成,应从存量和增量两个方面进行。存量调整是基础,但更重要的在于形成增量上的规范性和规律性。

针对经济新常态下的欠发达地区企业融资与资本结构优化,本书提出的建议有:

一是加快区域经济绿色发展和后发赶超。树立绿色发展、开放发展的理念,重点实施工业强省战略和城镇化带动战略,打造具有特色优势和核心竞争力的现代产业体系,改善区域经济和区域综合投资环境。

二是优化企业资本形成的区域金融环境,形成企业良性融资机制。完善金融组织机构体系,加快各类金融机构和新金融业态发展,形成以国有金融机构为基础,地方银行、股份制银行、外资银行等多种金融机构并存的多层次、多元化、竞争有序的金融组织结构体系。加快多层次资本市场建设,培养和发展区域性(西南或西部)资本市场,完善股票市场和债券市场结构,支持上市公司做强做大,增强上市公司增发、配股的再融资功能,发展企业债券市场。创造良好的金融生态环境,健全企业法人治理结构,使融资活动融于企业产权运营和变革中,建立多元化投融资体制,切实改善信用环境,优化区域金融生态。积极培育、发展和引进中介服务机构,强化社会监督。增强防范和化解金融风险的能力,注意防止金融风险跨业、跨市场转移,促进金融业可持续发展。

三是加快企业转型发展,"新常态"下贵州企业要顺利度过增速换挡期,进入平稳发展期,必须发挥企业、政府、社会三个车轮的作用,抓住新一代信息技术带来的技术机会、发展混合所有制企业带来的改革机会、市场起着决定性作用的机会,推动实现贵州企业发展的"新常态"。

四是优化区域产业结构,培育优质上市企业。行业特性与企业资本结构的显著相关关系，表明贵州企业资本结构的优化首先要考虑到公司的行业特征以及同行业中公司的平均状况，在此基础之上再来选择适合自身发展的资本结构。优化区域产业结构，要大力发展高技术和新兴产业，提高企业竞争力；加大中小企业发展力度，扶持接续上市资源；提高上市公司的盈利能力，通过增强公司变现能力、财务状况和盈利能力来调节负债权益比例，优化企业资本结构。

五是根据企业特性合理确定资本结构。合理确定融资结构，以资本成本最低实现企业价值最大化，是企业融资机制形成的标志。企业融资方式的选择应是企业的相机决策，要根据企业特性（股权结构、成长性、规模、资产担保价值等）、融资成本、收益与风险、负债融资的"税盾效应"，掌握融资成本与融资结构、企业价值之间的关系，才能从实现企业财务目标出发，合理设计负债融资和权益融资的比例，形成最佳资本结构。

关键词： 上市公司　资本结构　资本形成　区域经济

目 录

第一章 概论与文献 (1)

第一节 研究框架 (1)
一、基本概念 (1)
二、研究目的与意义 (4)
三、数据来源及处理 (5)
四、研究结构 (5)

第二节 公司资本结构理论及其发展 (5)
一、早期资本结构理论 (6)
二、现代资本结构理论 (7)
三、新资本结构理论 (10)

第三节 国内外企业融资模式比较与启示 (13)
一、国外融资模式 (13)
二、我国企业融资现状 (15)

第二章 贵州企业资本结构基本特征 (19)

第一节 上市企业发展现状与特征 (19)
一、发展历程 (19)
二、行业结构 (22)
三、经营绩效 (25)

第二节 资本结构基本特征 (38)
一、资产负债结构 (38)
二、股本结构 (46)

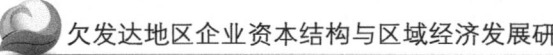

  三、融资结构 …………………………………………… (48)

 第三节 资本结构基本特征小结 ………………………………… (56)

第三章 企业资本结构的主要影响因素 ………………………… (58)

 第一节 主要影响因素与变量设计 ……………………………… (58)

  一、宏观经济因素 ……………………………………… (59)

  二、区域经济发展水平 ………………………………… (59)

  三、微观因素 …………………………………………… (61)

 第二节 实证分析过程 …………………………………………… (67)

  一、数据与方法选择 …………………………………… (67)

  二、模型构建 …………………………………………… (67)

  三、模型分析 …………………………………………… (68)

 第三节 资本结构形成的宏微观因素分析 …………………… (72)

  一、区域金融环境 ……………………………………… (72)

  二、企业发展因素 ……………………………………… (78)

第四章 企业资本结构优化的基本思路 …………………………… (82)

 第一节 新常态下企业融资环境分析 ………………………… (82)

  一、企业融资宏观环境分析 …………………………… (82)

  二、企业融资面临的机遇与挑战 ……………………… (84)

 第二节 优化企业资本形成的基本思路 ……………………… (85)

  一、优化企业资本形成环境 …………………………… (86)

  二、加快企业转型升级发展 …………………………… (87)

  三、形成西部企业的良性融资机制 …………………… (88)

  四、运用资本原理推进企业改革的深化 ……………… (89)

第五章 改善企业发展的区域经济金融环境 ………………………… (90)

 第一节 加快新常态下的区域经济转型发展 ………………… (90)

  一、贵州经济发展特点 ………………………………… (90)

  二、推进经济转型发展 ………………………………… (95)

  三、推进山地特色的新型城镇化 ……………………… (100)

四、强化转型发展的要素保障 …………………………………… (105)
　　五、建立资源可持续发展机制 …………………………………… (106)
　　六、加快构建促进产业转型升级的扶持体系 …………………… (108)
第二节　改善企业融资的区域金融环境 ……………………………… (109)
　　一、加快完善现代金融体系 ……………………………………… (110)
　　二、推进金融业创新发展 ………………………………………… (113)
　　三、加快多层次资本市场建设 …………………………………… (116)
　　四、持续优化金融生态环境 ……………………………………… (117)
第三节　创造良好的开放发展环境 …………………………………… (119)
　　一、对外开放发展状况 …………………………………………… (119)
　　二、切实改善开放发展的环境 …………………………………… (120)

第六章　壮大特色产业和培育优质企业 ……………………… (124)

第一节　大力推进工业转型升级 ……………………………………… (124)
　　一、贵州工业发展特征 …………………………………………… (125)
　　二、大力培育高技术和新兴产业 ………………………………… (132)
　　三、加快传统重点产业发展 ……………………………………… (142)
　　四、加快培育有竞争力的产业和市场主体 ……………………… (149)
第二节　加快现代服务业提质发展 …………………………………… (152)
　　一、贵州服务业发展现状与特点 ………………………………… (152)
　　二、加快培育现代服务业 ………………………………………… (154)
　　三、培育壮大服务业市场主体 …………………………………… (160)
第三节　加快山地现代高效农业发展 ………………………………… (162)
　　一、贵州农业发展主要特征 ……………………………………… (162)
　　二、加快培育山地现代农业 ……………………………………… (167)
　　三、加快培育现代农业市场主体 ………………………………… (174)
第四节　加快民营中小企业发展 ……………………………………… (174)
　　一、贵州民营企业发展现状 ……………………………………… (175)
　　二、加快培育民营中小企业 ……………………………………… (176)

第七章　优化企业融资模式与资本结构 ……………………… (181)

第一节　根据企业特性合理确定资本结构 …………………………… (181)

一、根据企业融资模式合理确定资本结构 …………………… (181)
二、根据企业特性合理确定资本结构 ………………………… (182)
三、合理利用负债融资 …………………………………………… (184)
第二节 完善企业资本管理结构 ………………………………………… (185)
一、优化企业股权结构 …………………………………………… (185)
二、降低企业资本成本 …………………………………………… (186)
三、切实提升企业盈利能力 ……………………………………… (187)
第三节 创新企业融资模式 ……………………………………………… (187)
一、改善传统融资效果 …………………………………………… (188)
二、拓展企业融资渠道 …………………………………………… (191)
第四节 加强企业融资风险管理 ………………………………………… (195)
一、加强企业融资管理 …………………………………………… (195)
二、加强企业财务状况分析 ……………………………………… (196)
三、加强企业风险管理 …………………………………………… (196)

主要参考文献 ………………………………………………………………… (199)

后　记 ……………………………………………………………………… (201)

第一章　概论与文献

企业资本结构问题总的来说是资产和负债在资本结构中安排多大的比例。学术界对资本结构理论的研究经历了早期资本结构理论、现代资本结构理论和新资本结构理论等几个阶段。以往国内外对资本结构的相关研究成果大多都集中在对西方发达国家或立足于全国性、行业性上市公司资本结构的研究，对西部欠发达地区上市公司的资本结构问题的研究成果还非常少见。关注企业等市场主体内部的资本结构问题有助于从微观层面了解西部欠发达地区资本市场发展的情况。

第一节　研究框架

一、基本概念

（一）资本结构

在资本市场，资本作为投资者投入企业营运的资金，投资者的投资目的可概括为资本增值、资产增值、资产保值、融通资金等几个方面。作为企业来说，企业从各种渠道筹集资金，是资金活动的起点。企业的自有资金，是通过吸收拨入款项、发行股票等方式从投资者那里取得的。投资者包括国家、其他企业单位、个人、外商等。此外，企业还可通过银行借款、发行债券、应付款项等方式来吸收借入资金，构成企业的负债。企业从投资者、债权人那里筹集来的资金，一般是货币资金形态，也可以是实物、无形资产形态。

企业的资本结构，指的是企业各类资本的构成及比例关系。资本结构有广义、狭义之分，广义资本结构指的是企业全部资本，包括长期资本和短期资本；狭义的资本结构仅指长期资本结构，短期债务资本被列为营运资本来管理。资本结构是由企业采用各种筹资方式而形成的，各种筹资方式不同组合类型决定着企业的资本结构及其变化，并导致不同的资金成本、利益冲突及财务风险，进而影响到公司的市场价值，更重要的在于资本结构影响公司的剩余索取权和控制权的分配，进而影响公司利益相关者的利益制衡机制，最终影响财务目标乃至公司总目标的实现。因此，资本结构决策被认为是企业资本运筹与管理的核心。

通常情况下，企业都采用债务筹资与权益筹资的组合，由此形成的资本结构又称为"搭配资本结构"或"杠杆资本结构"，其比率关系表示资本结构中债务资本和权益资本的比例。所以，资本结构问题通常来说指的是资产与负债在资本结构中安排多大的比例。如何通过融资行为使负债和股东权益保持合理比例，实现资本结构优化，形成一个最优的资本结构，以及运用财务杠杆获取杠杆利益，促进企业价值最大化和股东财富最大化，不但是股东和债权人的共同目标，也是长久以来金融、财务、资本市场理论研究的焦点。因而，企业在运营过程中，应综合考虑有关影响因素，运用适当的方法确定最佳资本结构。

(二) 融资结构

企业在运营过程中，为了自身的维持与发展，必须要进行资金筹集，要根据其生产经营、对外投资和调整资本结构的需要，通过筹资渠道和资金市场，运用筹资方式，经济有效地筹措和集中资金。

企业的融资结构，指的是企业资金来源于不同渠道之间的构成及其比例关系。在企业理财实践中，企业的资金来源主要包括内源融资和外源融资两个渠道，其中内源融资主要是指企业的自有资金和在生产经营过程中的资金积累部分，它又可划分为折旧融资与保留盈余；外源融资即企业的外部资金来源部分，主要包括直接融资和间接融资两类方式。直接融资是指企业进行的首次上市募集资金（IPO）、配股和增发等股权融资活动，所以也称为股权融资；间接融资是指企业资金来自银行、非银行金融机构的贷款等债权融资活动，所以也称为债务融资。融资结构是企业融资行为的反映，企业融资是一个动态过程，不同融资行为必然导致不同融资结构。优化企业融资结构的实质是规范企业融资行为。

从融资结构与资本结构的关系来看，资本结构是企业资本构成的静态反映，是一种存量结构；融资结构是一定时期内企业融资活动的累积，是一种流量结构。资本结构是企业长期融资活动的结果。两者的关系是流量与存量的关系，流量结构决定存量结构，存量结构反作用于流量结构。既定的资本结构反映企业相关利益者的权利义务关系，决定公司治理结构，并最终影响企业融资行为。

（三）资金成本

资金成本是公司融资行为的最根本决定因素。所罗门（1963）提出企业的资本成本应该是负债资本成本和权益资本成本的加权平均资本成本，并将其定义为"促使企业预期未来现金流量的资本化价值与企业当前价值相等的折现率"，其提出了所谓所罗门的"现代公式"成为后来许多资本成本计算方法的基础。莫迪格利安尼和米勒（Modigliani and Miller, 1966）则提出了平均资本成本的概念，他们认为资本成本不再是加权平均的含义，而是表现为权益资本与资产负债率的某种关系。其他计算资本成本的公式还有利维兰公式、哈雷和施歇尔公式等。我国学术界和金融实务界在有关资本成本的计量问题上迄今尚未形成统一的标准，目前关于上市公司的融资成本计量和测定问题的研究很少。

从资本成本与融资结构的关系来看，资本成本与融资结构有着密切的联系。一方面，资本成本是评价公司融资策略合理与否及融资结构优劣的最重要的标准；另一方面，优化的融资结构可以带来总资本成本的降低。权衡资本成本和风险建立最佳融资结构，实现公司价值最大化，是现代融资理论研究的重要内容。在这一领域，继莫迪格利安尼和米勒之后，产生了众多学派和观点：梅耶斯（Myers）、斯科特（Scott）提出了平衡理论，詹森（Jensen）和麦克林（Meckling）提出了代理成本理论，戈斯曼（Grossman）与哈特（Hart）提出了财务契约论，罗斯（Ross）提出了信号—激励模型，梅耶斯并且进一步考察了不对称信息对资本成本的影响。尽管上述不同融资结构理论对公司融资结构的认识视角不同，但都紧紧抓住了资本成本分析这一主线，产生了较为一致的认识：各类资金来源的资本成本的高低各不相同且不固定，但它们的成本水平却存在一种规律性差异，即普通股的资本成本高于长期债券的资本成本。在资本市场充分发达的情况下，这两种资本成本又呈现出一种相对稳定的状态。这是因为：根据CAPM模型，公司的债券资本成本将比无风险利率多一个风险溢价；而除了风险溢价以外，公司的普通股还必须提供比同一公司债券更高的期望收益，即可以用债券资本成本加上某一个风险溢价来计算同一公司的普通股的资本成本，其原因在于普通股包括更多的系统性风险。由于这一规律，公司在融资时应首选内部融资，若需外部融资，应首选举债，然后才发行股票。在这一规律的基础上，公司增大借入资本的比重，缩小普通股的比重，将使总资本成本下降，这就是来自现代融资理论的"融资定律"。

二、研究目的与意义

以索洛、斯旺、米德为代表的新古典区域均衡增长理论认为，区域经济增长取决于资本、劳动和技术三个要素。欠发达地区要实现"后发赶超"，资本要素就是资源配置、组合、转化的连接器和推动器。

本书以贵州省作为研究案例。贵州作为一个经济发展相对滞后的欠发达省份，与国内其他省相比，金融业发展和金融业态创新较为滞后，资本短缺一直是制约贵州经济发展的中心问题。在经济新常态下，当前及今后一段时期内贵州发展仍属于投资拉动型经济，加速实现贵州"后发赶超"和经济社会发展的新跨越，迫切需要资本充分发挥其杠杆作用。在西部地区，上市公司作为主要经济支柱，在很大程度上代表了西部区域经济的未来。企业资本要素的筹集、使用及效率优化关系着一个企业的成长与发展，也是资本市场发展和创新的最初动力和持久推动力。本书研究的贵州省作为西部典型的欠发达地区，凝集和浓缩了广大西部地区资本市场发展滞后的种种特征、规律和共性。笔者认为，关注企业等市场主体内部的资本结构决策有助于从微观层面了解西部地区资本市场发展的情况。但以往国内外的相关成果大多都集中在对西方发达国家或立足于全国性上市公司资本结构的研究，对区域性尤其是对西部地区上市公司的资本结构问题的研究成果还非常少见。本书就是要补充这方面研究的不足，力图通过理论和实证分析，将贵州作为上市公司资本结构研究的区域性个案，探讨上市公司资本结构的基本特征及其决定因素，并探索欠发达地区有无别具特色的地方，以及研究如何运用相关理论寻求资本结构优化和资本形成的路径，以实现贵州上市公司价值最大化和股东权益最大化。

在经济新常态下，以企业分析为对象，把企业融资和资本结构优化的区域发展背景紧密结合起来，通过分析论证，发现和揭示了欠发达地区企业融资和资本结构优化的宏观与微观、内部与外部影响因素，从宏观、区域和微观，以及存量和增量几个方面进行分析提出企业融资与资本结构优化路径和机制，可以弥补新常态下欠发达地区企业融资研究的薄弱领域，是对欠发达地区的区域性资本结构理论和资本市场发展理论的丰富和完善。西部欠发达地区企业资本结构优化路径，可为相关宏观管理部门、微观企业组织提供决策参考，对于企业资本结构决策实践也具有一定的现实意义。

三、数据来源及处理

本书的宏观数据来源于《中国统计年鉴》、《中国证券期货统计年鉴》以及贵州省和相关省（市、区）的《统计年鉴》，上市公司的微观数据来自中国证券业监督管理委员会、中国上市公司资讯网、中国金融界、中国证券报、新浪财经网等网站披露的上市公司年报数据。作者对贵州上市公司成立后历年（1993—2013年）年度报告中的资产负债表、利润表等财务报表进行了科目归类整理，建立了上市公司的数据库，并采用SPSS软件对数据进行了定量分析。

四、研究结构

研究报告首先简要回顾有关资本结构理论的文献，分析了贵州上市公司发展历程与经营现状，描述和概括贵州上市公司资本结构的统计特征，对贵州上市公司资本结构的决定因素进行了实证分析，剖析了上市公司资本结构形成的宏观影响机制。最后，从区域经济发展、金融环境优化、上市资源培育、企业内部融资环境改善等方面对贵州上市资本结构优化和资本形成的路径提供一些政策建议。

第二节 公司资本结构理论及其发展

学术界对公司资本结构的研究始于20世纪50年代，迄今为止，资本结构理论的发展经历了早期资本结构理论、现代资本结构理论和新资本结构理论三个阶段。

欠发达地区企业资本结构与区域经济发展研究

一、早期资本结构理论

美国财务管理学家大卫·杜兰德（D. Durand，1952）①将早期资本结构理论划分为净收益理论、净经营收益理论和传统折中理论等三种类型。

净收益理论的加权平均资本成本用公式 $K_a = \frac{D}{V}K_d + \frac{E}{V}K_e$ 来表示（式中，D 为债务资本，E 为权益资本，V 为企业价值），在假设权益资本成本（K_e）和债务资本成本（K_d）固定不变，且 $K_d < K_e$，增加负债融资不会增加企业经营风险的前提下，净收益理论认为：由于 $K_d - K_e < 0$，企业债务资本的增加将导致 $\frac{D}{V}$ 的上升，从而引发加权平均资本成本的下降；当 $\frac{D}{V} = 0$ 时，$K_a = K_e$，加权平均资本成本最高；当公司的资本 100% 来自债务资本时，$K_a = K_d$，加权资本成本将降至最低点，公司的市场价值最高，因此企业应当尽可能利用负债融资优化其资本结构。

与净收益理论有所不同的是，净经营收益理论则假定企业加权平均资本成本（K_a）及负债融资成本（K_d）固定不变，且 $K_a > K_d$，负债融资的增加将同时增加企业的经营风险，从而使得股东要求更高的权益资本收益。净经营收益理论的基本公式由净收益理论的公式推导得出：$K_e = \frac{D}{V}(K_a - K_d) + K_a$（式中的变量含义同上）。公式表明，由于 K_a 和 K_d 不变，且 $K_a > K_d$，因此权益资本成本（K_e）会随财务杠杆（D/V）的提高而提高，负债融资的成本节约完全被权益融资的成本上升所抵消，无论企业财务杠杆如何变化，其加权平均资本成本固定不变，企业市场价值也不受财务杠杆变动的影响，因此最佳资本结构也是不存在的。

传统折中理论是对净收益理论和净经营收益理论两种极端观点的折中。该理论认为债务融资成本、权益融资成本和加权资本成本都会随着资本结构的变化而变化，并不是固定不变的，且 $K_d < K_e$。传统折中理论的基本公式表示为：$K_a = K_e + \frac{D}{V}(K_d - K_e)$。根据此式，当企业在一定限度内谨慎地利用财

---

① Durand, David. Cost of Debt and Equity Funds for Business: Trends and Problems of Measurement [M] //Conference on Research in Business Finance. New York: *National Bureau of Economic Research*, 1952: 215 – 247.

务杠杆时，债务融资和权益资本融资不会明显地增加企业的经营风险，因此K_d和K_e基本保持不变；又由于$K_d < K_e$，加权平均资本成本（K_a）会随着债务资本的增加而逐渐下降，使企业市场价值上升。而当企业的财务杠杆上升到一定的边界时，由于过度的负债比率将导致企业经营风险的明显上升从而权益资本成本与债务融资本成本也会明显上升，致使加权资本成本上升、企业价值下降。根据该理论，企业存在一个能使企业价值最大化的最优负债比率，在该最优负债比率点负债融资的边际成本等于权益融资的边际成本。

比较而言，传统折中理论比净收益理论和净经营收益理论更加符合实际，但早期的三种资本结构理论都是建立在经验判断的基础之上的，都没有经过科学的数学推导和统计分析，故其解释力度有限。

二、现代资本结构理论

现代资本结构理论始于弗朗科·莫利迪安尼（Franco Modigliani）和默顿·米勒（Merton Miller）于1958年创立的无公司税的MM理论[1]。莫利迪安尼和米勒在其所著的《资本成本、公司融资和投资理论》中假设了一个无交易成本、投资者与企业无利率差别、公司无税收和破产成本、负债无风险、不存在信息不对称的高度完善的理想化资本市场，并重点讨论了关于财务杠杆与企业价值（命题Ⅰ）以及与股本成本（命题Ⅱ）关系的两个命题。命题Ⅰ（企业价值模型）[2]的结论主要是：无论企业有无负债，企业的加权平均资本成本保持不变，企业的价值独立于其财务杠杆；有负债企业的加权平均资本成本等同于与该企业属于相同的风险等级、无债务企业的权益资本成本，有负债企业的加权资本成本和无负债企业的权益资本成本视企业的风险等级而定；任何企业的市场价值与其资本结构无关，企业的价值等于预期息税前收益除以适用其风险等级的报酬率。命题Ⅱ（企业股本成本模型）的结论表述为：有负债企业的股本成本等于同一风险等级中某一无负债企业的股本成本加上根据无负债企业的股本成本和负债企业的股本成本之差以及负债比率确定的风险报酬；负债的增加将使得有负债企业的股本成本上升。事实上，MM定理的实质就是指公司在理想的资本市场环境中，企业无论以负债筹资

---

[1] 沈艺峰：《资本结构理论史》，经济科学出版社1999年版。
[2] 朱叶：《中国上市公司资本结构研究》，复旦大学出版社2003年版。

欠发达地区企业资本结构与区域经济发展研究

还是以权益资本筹资都不影响企业的市场总价值,公司的价值与公司的资本结构无关。那些偏好债务筹资的企业,在债务比例不断上升的同时也增大了企业的经营风险,并进而反映到股票价格上致使股票价格下降,结果企业以债务融资获取的利益因股票价格的下跌而冲销从而导致企业的总价值保持不变。企业筹资方式的不同仅仅是改变了企业的总价值在股权者和债权者之间分割的比例,而不改变企业价值的总额。

1963年,Modigliani和Miller在理论上又将MM定理向前进一步拓展,放宽了没有税收的假设,认为在存在公司所得税的条件下,由于负债的利息费用是在税前列支的,故公司负债融资可以产生"税盾效应"(tax shields),进而可以增加公司的现金流量和降低税后资本成本,从而能够提高公司的市场价值。有税的MM理论也包含命题Ⅰ和命题Ⅱ两个基本模型。命题Ⅰ为企业价值模型,可表述为:有负债企业的价值为同一风险等级中某一无负债企业价值与加上税盾效应的价值。该命题意味着在考虑企业所得税的情况下,使用负债时的企业价值比未使用负债时的企业价值要多出"税盾效应的价值",企业负债越多其价值越高,当企业负债达100%时的企业价值最大。命题Ⅱ为企业权益资本成本模型,它表示,有负债企业的权益成本等于无负债企业的权益成本加上负债风险报酬,其中负债风险报酬由财务杠杆与企业所得税决定。命题Ⅱ的内在逻辑关系是,企业的权益成本会随着债务资本的增大而增加,尽管股东的财务风险也随债务资本的增加而增加了,但由于税盾效应使权益资本成本上升的幅度小于无税时上升的幅度,所以负债增加了企业的价值。综合上述两个命题,Modigliani和Miller得出与原MM定理完全相反、与早期净收益理论基本一致的结论:财务杠杆的提高会因税收利益机制而增加企业价值,因而企业负债越多其价值也就越高;当公司的所有资本都来源于负债融资时,公司的价值达到最大化。

1977年,米勒进一步将个人所得税引入模型,用来估计财务杠杆对企业的影响。米勒假定企业每年所产生的现金流为税后的息税前收益 $[EBIT(1-T_c)(1-T_e)]$,将无负债企业的市场价值[1]表示为:$V_U = \dfrac{EBIT(1-T_c)(1-T_e)}{K_{eu}}$,式中 $EBIT$ 表示息税前盈余,T_c 为企业所得税税率,

---

[1] 朱叶:《中国上市公司资本结构研究》,复旦大学出版社2003年版。

T_e 为个人所得税税率，K_{eu} 表示无负债企业的权益资本成本。模型说明，个人所得税的存在降低了无负债企业的市场价值。如果企业进行负债融资，在假定企业的经营年限无限的情况下，负债企业的市场价值可表示为：$V_L = V_U + [1 - \frac{(1-T_c)(1-T_e)}{(1-T_d)}]D$，式中 D 为债务总额。上式为米勒模型的一般形式，其含义有：如果不考虑税盾效应，即 $T_c = T_e = T_d = 0$，那么 $V_L = V_U$，这就是无税模型的 MM 定理；如果不考虑个人所得税，即 $T_e = T_d = 0$，则 $V_L = V_U + T_c D$，这就是有税模型的 MM 定理；当股票个人所得税和利息收入个人所得税税率相同（即 $T_e = T_d$），它们对负债企业价值的影响恰好相互抵消，即 $V_L = V_U + T_c D$；如果 $(1-T_c)(1-T_e) = (1-T_d)$，则 $V_L = V_U$，即税盾效应正好被个人所得税所抵消，资本结构对资本成本和企业价值无影响；如果 $T_e < T_d$，因财务杠杆而获得的收益减少。米勒模型证明了个人所得税会在一定程度上抵消负债的税收收益，但在正常税率条件下，负债的税盾效应不会因此而完全消失。米勒模型从逻辑上对资本结构决策进行了一个很好的描述，但其局限性也在于其假设条件不能准确地反映实际市场的运行情况。

权衡理论形成于20世纪70年代。权衡理论事实上是相对于净收益理论、净经营收益理论、MM理论及米勒模型的"权衡",[1] 它证明了公司有一个适度的负债率。以斯科特和梅耶等人为代表的早期权衡理论认为负债企业的市场价值由无负债企业市场价值、负债的税收利益及破产成本现值确定。后来，以迪安吉罗和马苏利斯为代表的后期权衡理论在前期理论基础上又引入代理理论的研究成果和非负债税盾（指企业所享有的固定资产折旧以及投资税收减免等税收利益），从而使权衡理论得到进一步完善。综合而言，权衡理论认为，虽然公司负债融资可产生"税盾效应"，但公司负债融资比例增加的同时也将增大公司还本付息的压力，进而使得公司财务负担过重和增大公司的破产概率，故公司不可能无限制地负债融资，企业最优资本结构的确定就是在负债融资的税收利益与破产成本之间的权衡，只有当公司的边际破产成本与边际税盾收益相等时，公司的资本结构才是最优，公司的资本成本才是最低，公司的市场价值才能实现最大化。

---

[1] 李义超：《中国上市公司资本结构研究》，中国社会科学出版社2003年版。

欠发达地区企业资本结构与区域经济发展研究

总的来说，现代公司资本结构理论的研究基本上是沿着税收对企业资本结构的影响以及破产成本对资本结构的影响两个方向而不断发展的。20世纪70年代以后的研究都表明，在现实世界中公司的市场价值与公司的资本结构是密切相关的，并且公司的最优资本结构是存在的。只有当公司的资本结构达到最优，公司价值的最大化才能实现。

三、新资本结构理论

随着对资本结构问题研究的深入，许多学者把信息非对称引入资本结构的研究领域，分析了信息非对称条件下企业资本结构对企业行为及绩效的影响，从而将资本结构理论向前推进了一步。这些新兴的资本结构理论主要包括代理成本理论、财务契约理论、优序融资理论、信号传递理论、激励理论、控制理论、机会窗口理论等内容。

代理成本理论的代表人物詹森和麦克林[1]认为，信息非对称条件下的上市公司大股东和管理层具有过度投资、损害公司债权人利益的倾向，而公司债权人为保障自身的利益会要求获得更高的收益率，这就产生所谓股东与债权人之间的"代理成本"问题。"代理成本"问题使得公司不能无限度地进行股权融资，转而寻求在股权融资与负债融资之间寻找平衡点，即当公司的边际投资收益率与边际代理成本相等时的负债融资或股权融资比例达到最优时的公司市场价值便达到了最大化。资本结构管理的问题就是如何实现代理成本的最小化。为解决企业经营中的代理成本问题，有些学者提出了财务契约理论，即通过设计一系列合理的、由普通条款、常规条款和特殊条款等限制性条款构成的财务契约，要求企业管理层向债权人或投资者充分披露企业的信息，有利于股东获取有利可图的投资机会和利于债权人规避财务风险，减少企业的代理成本并保证债权人和股东的利益。

优序融资理论是由梅耶（S. Myers, 1984）[2]首先提出来的。优序融资理论认为，非对称信息的存在，促使投资者根据上市公司选择融资结构的行为

---

[1] 詹森、麦克林：《公司理论：管理行为、代理成本和所有权结构》，见《资本结构理论研究译文集》卢俊编译，上海三联书店、上海人民出版社2003年版。

[2] 梅耶：《资本结构之谜》，见《资本结构理论研究译文集》，卢俊编译，上海三联书店、上海人民出版社2003年版。

来判断企业的市场价值，企业资本结构的变化会引起企业股票价格的波动。若公司选择股权融资，则有可能引起市场误解为其资金周转不灵而导致新发行股票的贬值；企业投资行为产生的前提是投资收益能够补偿股票贬值损失，在股票的真实价值小于企业市场价值的情况下，虽然企业愿意投资但投资者不愿意购买股票；虽然债券的真实价值与市场价格之间的差距比股票要小，但发行债券却受制于企业财务状况和容易产生破坏成本。企业最为稳妥的融资方式是以保留盈余进行内部融资以确保股东利益和避免企业价值下跌。当企业内部融资不足以满足企业投资需要时，以企业资产为抵押进行债务融资，对企业价值影响较小，并且在投资盈利的情况下，付给债权人仅仅是固定的利息，而股东仍是最大的受益者，故负债融资不失为一种谨慎而有效的融资方式。据此，梅耶提出了所谓融资方式的啄食顺序原则（The Pecking Order），根据此原则的企业融资方式的选择顺序应是：内部股权融资（即留存收益），其次是债务融资，最后才是外部股权融资。

信号理论研究和探讨的是如何在信息不对称条件下通过适当的方法来向市场传递有关企业价值的信号，以此来影响投资者的决策。信号理论的代表人物罗斯（Ross，1977）认为，在信息不对称的情况下，企业内部人必须通过适当的行为才能向市场传递有关信号和表明企业的真实价值，投资者也唯有通过经营者输送的信息才能间接地评价企业市场价值并决定是否进行投资。资本结构是管理者将内部信息向市场传递的一种工具，财务杠杆提高是一个积极的信号，它表明管理者对企业未来收益有着高预期，投资者将高财务杠杆视作高质量公司的信号，企业的市场价值也会随之上升。利兰－派尔（1977年）也认为，在信息不对称情况下，投融资双方通过信号来传递交流信息可以使项目融资顺畅，而企业最优债务水平就是反映投资项目风险大小的一种信号。哈里斯和拉维夫则认为，债务水平和期限选择可以作为一个信号来反映公司和管理者的决策信息。塔尔莫（Talmon，1984）则进一步指出，信号结构应该包含企业所有重要的融资政策变量，由此才能得出企业市场价值的精确值。

由于普通股有投票权而债务却没有投票权，因此资本结构必然影响企业控制权的分配。20世纪80年代后期以来，有关研究人员探讨了公司控制权市场与资本结构的关系。这一研究领域的代表人物 Harris 和 Raviv（1988）[①]在考察了投票权的经理控制后认为，经理股份的提高可以增大经理的控制权、收益权，也可以提高企业被收购的成本。Stulz（1988）重点研究了股东通过改变在任经理人员持股比例进而影响接管活动的能力上，认为接管发生概率与目标企业负债水平负相关。Israel（1991）进一步认为，如果收购发生，目标企业的负债水平越高，其股东的收益也就越多，同时负债增加又会降低企业被收购的可能性。Aghion 和 Bolton（1992）则在他们的模型中集中讨论了债务契约中的破产机制和设计了一个控制权转移模型，认为负债融资使得经理在经营状况较好时拥有控制权，而经营状况不好时的最优选择是将控制权转移给债权人。

近年来，布罗姆（Browne, F. X, 1994）和兰杰（Rajan, R. G, 1995）等人对各国企业资本结构的比较研究更是极大地拓展了资本结构理论的内涵，认识到资本结构不仅是公司自身的决策问题，而且与一国的经济发展阶段、金融体系以及公司治理机制等外部制度因素密切相关。同时，Ritter（1991，1995，2002）、Baker 和 Wurgler（2000，2002）等学者提出的机会窗口资本结构理论[②]认为，市场效率对公司资本结构和融资决策也存在重要影响，由于市场的无效率，公司融资决策随着债务和权益价值的变化而变化，各种不同情况如表1-1所示。

表1-1　融资决策的不同情况

不同市场情形	正常情况	若股权便宜	若股权非常便宜	若债务便宜
融资选择顺序	（1）内部权益 （2）债权融资 （3）外部权益融资	（1）内部权益 （2）外部权益 （3）债权融资	（1）外部权益 （2）内部权益 （3）债权融资	（1）债权融资 （2）内部权益 （3）外部权益

资料来源：李朝霞：《中国公司资本结构与融资工具》，中国经济出版社2004年版。

总之，现代经济学研究方法和信息经济学的发展为资本结构研究提供了新的思路，由此形成了基于信息不对称的"新资本结构理论"，这些理论强调内部因素，对企业债务的看法不再简单地建立在债务量的大小上，并且在解释性和结论方面更贴近企业资本结构的现实，从而使得其对企业融资活动

---

① 刘志彪等：《上市公司资本结构与业绩研究》，中国财政经济出版社2004年版。
② 李朝霞：《中国公司资本结构与融资工具》，中国经济出版社2004年版。

和资本结构决策更具有指导意义。

综合而言，资本结构理论的发展经历了三个阶段，这些研究成果体现了经济学、管理学、统计学、财务金融学等学科进行公司资本结构研究的多样性和趋同性，这些成果对企业融资方式的选择、企业资本结构决策奠定了理论和方法基础，具有现实的指导意义，也为本书的研究提供了很好的思路。然而，由于这些资本结构理论的假设约束条件使得这些理论在应用上具有很大的局限性，众多的文献以及学者们也并没有告诉我们最优资本结构究竟如何确定，没有得出一个普遍适用的资本结构。事实上，资本结构受许多因素的影响，我们没有办法完全认识。

第三节　国内外企业融资模式比较与启示

一、国外融资模式

企业融资模式可分为内源融资和外源融资两种。所谓内源融资，是指依靠企业自身净财富的积累来满足投资需求。通常内源融资的成本较小，但资金规模受到企业经营业绩和生产状况限制。而外源融资是指某一特定企业的投资是由企业通过向外部融资来提供资金。外源融资按融资方式又可分为直接融资和间接融资两种。直接融资是指资金在盈余单位和赤字单位之间直接融通，只形成一次债权债务关系的资金融通方式。直接融资一般是通过证券市场进行的，如发行股票和公司债券等。间接融资是指资金通过在盈余单位和银行或其他金融中介机构之间、银行或其他金融中介机构和赤字单位之间形成两次债权债务关系而形成的资金融通方式，盈余单位和赤字单位通过银行或其他金融中介机构实现最终的资金融通，其中主要是银行信贷。

一般认为，内源融资并无具有实质性差别的模式，这里所说的融资模式，主要是对外源融资而言。目前发达国家的企业融资主要有两大模式：一种是以英美为代表的以证券融资为主导的模式。另一种是以日本、德国为代表的以银行贷款融资为主导的模式。

（一）英美以证券为主导的融资模式

以证券市场为主导的融资模式，也有学者称之为保持距离型的融资制度。① 由于英美是典型的自由市场经济国家，资本市场非常发达，企业行为也已高度的市场化。因此，英美企业主要通过发行企业债券和股票等方式从资本市场上筹集长期资本，证券融资是企业外源融资的主导形式。这种企业融资方式的选择遵循的是所谓的"啄食顺序理论"②，即企业融资一般会遵循内源融资＞债务融资＞股权融资的先后顺序。企业先依靠内部融资（留利和折旧等），然后再求助于外部融资，而在外部融资中，企业一般优先选择发行债券融资，资金不足时再发行股票融资。这一以证券为主的融资模式能够有效地发挥市场机制和法律监管的作用，证券市场又易于分散、释放和化解金融风险，可以避免金融危机的发生，不会引起整个经济金融领域的动荡。

（二）日本和德国以银行贷款为主导的融资模式

相对于英美等国家以证券融资为主导的外源融资模式，日本和德国的外部资金来源主要是从银行获取贷款的银行导向型的融资模式，在日本和德国分别称为"主银行制度"和"全能银行"融资制度，也有学者称之为关系型融资制度。③ 在这种融资模式中，银行与企业关系密切，一家企业一般都与自己的主办银行有着长期稳定的借贷关系，企业的融资需求全部通过主银行得以满足。另外，银行对于企业的监督与控制也是非常有效的，特别是在企业财务的控制上更是如此。从经济增长的角度来看，银行导向型的融资模式有助于形成技术与资本密集型的大型企业集团使其成为国民经济复苏和崛起的支柱，可以为政府实施"赶超型"的经济政策提供一个载体，有力地推动国民经济快速地增长。

从美、英、德、加、法、意、日等国平均水平来看，内源融资比例高达55.71%，外源融资比例为44.29%。而在外源融资中，来自金融市场的股权融资仅占融资总额的10.86%，来自金融机构的债务融资则占32%。从国别差异上看，内源融资比例以美、英两国最高，均高达75%，德、加、法、意四国次之，日本最低。从股权融资比例看，加拿大最高达到19%，美、法、

---

① 青木昌彦、丁克：《关系型融资制度及其在竞争中的可行性》，《经济社会体制比较》，1997年第6期。
② 张维迎：《公司融资结构的理论契约：一个综述》，《改革》，1995年第4期。
③ 青木昌彦、丁克：《关系型融资制度及其在竞争中的可行性》，《经济社会体制比较》，1997年第6期。

意三国次之,均为13%,英国、日本分别为8%和7%,德国最低仅为3%。从债务融资比例看,日本最高达到59%,美国最低为12%。[①] 西方国家的企业不仅具有较高的内源融资比例,而且从证券市场筹集的资金中,债务融资所占比例也要比股权融资高得多。可见,以上七国企业融资结构的实际情况与啄食顺序理论是符合的。

二、我国企业融资现状

(一) 我国企业融资现状及与国外融资模式比较

我国企业的融资体制经历了财政主导型到金融主导型不同模式的转变。从改革开放到1990年,是间接融资占绝对主导地位的财政主导型融资模式,银行以外的金融市场几乎没有发展,这一时期发行的国债和企业债券的规模都很小。如1986年我国间接融资量为8266亿元,直接融资仅有192.5亿元。1990年以后,我国的证券市场开始发展,先后建立了上海、深圳两大证券交易所。国债、企业债券、金融债券、股票等各类金融工具开始上市流通,证券流通市场的建立带动了直接融资的发展。1999年是中国金融发展的转折点,在这一年,我国直接融资规模首次超过间接融资规模,二者的比例关系为50.1∶49.9。[②] 由此,我国开始进入金融主导型的融资格局。就目前来看,在金融主导型模式下,直接融资的比重正逐步扩大,但间接融资仍占主导地位。在直接融资体系中,货币市场和资本市场得到发展,其中股票市场融资比重上升较快。在间接融资体系中,多种金融机构和非国有金融机构融资比重逐步扩大,国有银行贷款比重下降,但仍占主导地位。

总的来说,我国现阶段的融资模式介于英美以证券为主导的融资模式、日本和德国以银行贷款为主导的融资模式两种模式之间。根据《中国统计年鉴(2014)》显示,2013年,我国全社会固定资产投资总额446294.1亿元,比上年增长19.1%,其中自筹资金达334280.0亿元,国内贷款总额59442.0亿元,自筹资金占绝大部分。

从外在表现来看,企业资本的形成来源于自身积累、财政注资、金融市场融资和引用外资等方面。但在我国不同性质的融资主体中,融资方式各有

---

① 深圳市中小企业服务中心网,http://www.szsmb.gov.cn/content.asp?id=9247.
② 李建军、田光宁:《中国融资结构的变化与趋势分析》,《财经科学》,2001年第6期。

不同。国有企业主要以外源融资为主，对我国国有企业外部融资结构的考察发现与国外融资次序倒置的情况，国有企业最先采取的是股权融资，然后是债权，最后万不得已才是内部融资。① 私营企业则主要以自筹资金为主，但间接融资的比例有所增加；中小企业则更多的是自筹资金或者说是内源融资。我国的民营企业的融资模式正经历从内源融资向外源融资过渡的阶段，间接融资是我国民营企业当前主要的融资方式。

从直接融资方式来看，我国不同性质的企业融资的方式也是相差较大的，国有企业在资本市场上更加具有优势。2013 年，我国在深、沪两市上市公司总数有 2489 家，但大都是国有控股企业，仅有那些产品成熟、效益好、市场前景广阔的高科技产业和基础产业类的少数私营企业可以争取到直接上市筹资，或者通过资产置换获得借"壳"、买"壳"上市融资的机会。由于证券市场门槛高，为筹得更多的资金，各地方政府都竞相推荐大公司上市，这也导致私营企业进入证券市场融资非常困难。创业投资体制不健全，缺乏完备法律保护体系和政策扶持体系，目前通过资本市场公开筹集资金难以成为私营企业的主要融资方式。

以上研究显示，我国企业融资模式既不同于英美以证券为主导的融资模式，也迥异于日德以银行贷款为主导的融资模式。其独特之处在于，不同性质的企业的融资方式是有很大不同的。这一方面源起于我国计划经济时代的融资安排，另一方面则是由不同性质的企业在市场中对融资供给的竞争所决定的。

（二）西部欠发达地区企业融资现状

在我国，企业融资正经历从传统体制下单一的财政主导型融资方式向转轨体制下银行主导型融资方式。在当前的金融制度下，除国有金融制度安排的资本形成模式以外，在我国东部地区还形成了几种非公有制经济的融资机制：苏南模式、温州模式、深圳模式。这些以非国有金融机构占主导的金融组织制度安排增强了东部地区吸纳资金的能力，促进了东部地区金融机构的竞争，提高了金融效率。此外，这些融资机制安排还决定金融机构的投资选择主要是以市场为导向，受到的行政干预较小，经营体现效益原则。但这些模式的成功，都有其特殊的时代背景或地区经济背景，各地区在引入模仿过

---

① http://www.e521.com/ckwk/ny2.jsp?lid=415.

程中，成效并不明显。

长期以来，西部地区并没有形成有自己特色的融资模式，只能依靠金融机构的存贷款作为企业资本形成的主渠道。国家控股的金融机构主要是服务于国有经济的，支持国有企业的改革和发展是其主要任务，因而大量的中小企业、民营企业被排斥在有组织的金融市场之外。

1. 欠发达地区融资环境

中国人民银行于2014年首次对外公布地区社会融资规模数据，据央行统计，2013年我国东、中、西部地区社会融资规模（社会融资规模＝人民币贷款＋外币贷款＋委托贷款＋信托贷款＋未贴现的银行承兑汇票＋企业债券＋非金融企业境内股票融资＋保险公司赔偿＋投资性房地产＋其他）分别为9.04万亿元、3.40万亿元和3.79万亿元，东、中、西部地区社会融资规模分别占同期地区社会融资规模总额的52.2%、19.6%和21.9%，可见西部地区融资规模还比较小。而从资本形成来看，根据《中国统计年鉴（2014）》的数字，在2013年东部地区10个省市资本形成总额为161541.9亿元，占全国资本形成合计额366195.7亿元的44.11%；西部地区12个省市区资本形成总额为89243.7亿元，占全国资本形成合计额的24.37%，仅仅是东部地区的55.24%多一点。从资金来源的角度看，东部地区自筹资金为47623.6亿元，西部地区自筹资金为15087.1亿元，西部地区无论自身资金积累还是外部资金的引入都严重不足。在企业上市权益融资方面，西部地区上市公司数量少，上市融资的规模小，再融资能力不强。外资方面，2013年东部地区利用外资达7201.7亿元；而西部地区利用外资仅仅有1512.2亿元。改革开放以来东部地区一直吸引着大部分外商投资额，但近年来这一状况有所改变，2013年东部利用外资额占全国利用外资总额11130.3亿元中的64.7%，而西部利用外资额占全国比重从2007年的7%上升到13.58%。

总的来看，西部地区的融资需求远远大于供给，"僧多粥少"的局面导致了融资竞争异常激烈，这就使得地方政府在融资过程中扮演着重要的角色。另外，在我国分权化改革的推动下，资本形成已经成为地方政府的核心行为目标。地方政府既具有干预资本形成的主观意愿和动力，又同时拥有影响资本形成的制度空间和可能。这就决定了西部地区的融资在很大程度上依赖于地方政府职能的发挥。

2. 欠发达地区企业融资渠道

一般来说，欠发达地区企业融资方式主要有企业自身积累、银行贷款、证券融资。但绝大多数的中小企业都是通过间接融资（主要是银行贷款）来满足资金需要的。一方面，是因为欠发达地区企业一般自有资本较少，自我积累的意识较差，个别地区中小企业的负债率达到80%以上；另一方面，我国的资本市场目前主要还是为国有企业改组服务，加上大多数中小企业本身难以达到上市标准，中小企业通过证券市场直接融资的可能性很小，而货币市场又很不发达。因此，西部地区企业通过证券融资的难度是很大的。除了以上三种融资方式之外，通过非正规市场私人借贷进行融资也是欠发达地区企业融资的重要渠道。这种私人借贷通常发生在朋友或者家庭成员之间，非正规借贷通常都是短期借贷，期限也比正规借贷更加灵活，申请非正规贷款不需要花费很长时间。但是，当非正规金融市场上的融资范围超越朋友和家庭成员时就遇到了问题，最突出的问题就是拖欠债务和欺诈行为。

3. 欠发达地区企业融资存在的问题

当前欠发达地区企业融资主要存在以下问题：①融资渠道单一，严重依赖于银行贷款。目前欠发达地区企业融资渠道狭窄，其发展主要依靠自身内部积累，即企业内源融资比例过高，外源融资比例相对不足；外源融资中缺乏直接融资渠道，间接融资主要还是依赖于金融机构的贷款。②融资环境建设滞后，征信体系仍不够健全，信息不透明、信息的真实性难以判断。同时，企业的诚信意识淡薄，社会诚信基础薄弱，对失信企业缺乏有效的约束手段。③从企业本身看，企业缺乏主导产品、盈利能力低下，或产品科技含量低，不符合国家产业政策和银行信贷政策规定。④银行贷款结构也不尽合理，贷款明显偏向于国有大中型企业，即使在中小企业内部，也主要是偏向于国有和集体的中小企业。

从上面的分析可以看出，由于历史文化和制度特别是企业制度等社会环境的不同，不同国家、不同地区的企业融资模式是不一样的。在发展的过程中，不必固定模仿哪一个地区的融资模式，只有在实践中不断探索，勇于创新，才能找到适合自己的融资模式。但这并不是说一味地排斥，其他国家或地区的成功经验还是值得借鉴的。

第二章 贵州企业资本结构基本特征

鉴于企业财务数据的可得性，上市公司建立了信息披露机制，关于企业资本结构、融资等财务数据的获得要比非上市企业容易得多，因而本书以上市公司为例，来对欠发达地区的企业资本结构进行研究。资本市场的快速发展为企业提供了更加多样化的融资方式，上市公司在资本市场上直接融资的力度大大增强。融资方式的变化改变了上市公司的融资成本，使上市公司资本结构发生了重大变化。本章经过统计分析，对上市公司的经营绩效、资本结构、融资方式情况进行分析，以发现上市公司资本结构的特征和筹资来源状况。

第一节 上市企业发展现状与特征

一、发展历程

1984年，中国提出了建立资本市场的构想，中国的证券市场开始发展起来，1990年，上海证券交易所成立，深圳证券交易所试开业；1992年10月12日，证监会正式成立。贵州第一家证券业务部自1992年夏天开办，当时在全国的省会城市中是开办证券交易大厅较早的一个。

截至2013年末，贵州上市公司（A股）数量已经达到21家，其中上交所10家、深交所11家，占深、沪两市上市公司总数（共2489家）的0.84%，仅比西藏的10家、青海的10家、宁夏的12家，也少于周边的四川（90家）、湖南（72家）、重庆（37家）、云南（28家）、广西（30家）等省份的上市公司数量，还少于全国31个省（市、区）平均上市公司数量（80家），贵州在全国31个省（市、区）中列倒数第四位，可见贵州上市公司的发展速度较为缓慢（见表2-1、表2-2）。

表 2-1 贵州省上市公司历年上市情况① (截至 2013 年 12 月)

年份	贵州上市公司（户）	当年贵州新上市公司	上市公司注册地变更情况	全国上市公司户数（户）	贵州上市公司个数占全国比重（%）
1994	2	世纪中天（中天城投）、黔凯涤（太光电信）		291	0.69
1995	2			323	0.62
1996	4	黔轮胎、力源液压（中航重机）		530	0.75
1997	7	贵华旅业（天创置业、京能置业）、振华科技、长征电器		745	0.94
1998	8	中国七砂（高鸿股份）		851	0.94
1999	9	南方汇通		949	0.95
2000	10	赤天化		1088	0.92
2001	13	红星发展、盘江股份、贵州茅台、贵航股份	2001 年，黔凯涤注册地变更为深圳市	1160	1.12
2002	13			1224	1.06
2003	13			1287	1.01
2004	17	益佰制药、贵绳股份、航天电器、久联发展		1377	1.23
2005	17	黔源电力	2005 年，天创置业（贵华旅业）注册地变更为北京市	1381	1.23
2006	17			1434	1.19
2007	17			1550	1.1
2008	17			1625	1.05
2009	17			1718	0.99
2010	19	信邦制药、贵州百灵		2063	0.92
2011	20	国创能源（1999 年上市，注册地由重庆市变更为贵阳市，后改名为渝能源）		2342	0.85
2012	21	朗玛信息		2477	0.85
2013	21			2489	0.84

资料来源：中国证券监督管理委员会网站、中国证券监督管理委员会贵州证监局网站。

① 注册地曾为贵州上市公司的还有原黔凯涤，1993 年上市，后于 2001 年 3 月 ST 黔凯涤更名为太光电信，注册地已改为广东省深圳市，不再计入。

表2-2　2013年上市公司按监管辖区分布情况　　　　单位：家

辖区	上交所 2012年	上交所 2013年	深交所 2012年	深交所 2013年	合计 2012年	合计 2013年
北京	100	99	120	120	220	219
天津	19	19	19	19	38	38
河北	18	18	30	30	48	48
山西	18	18	16	16	34	34
内蒙古	16	16	9	9	25	25
辽宁	14	14	30	30	44	44
吉林	17	17	21	21	38	38
黑龙江	23	23	8	8	31	31
上海	145	144	57	57	202	201
江苏	80	80	156	155	236	235
浙江	58	58	152	152	210	210
安徽	29	29	48	48	77	77
福建	20	20	39	39	59	59
江西	15	15	17	17	32	32
山东	39	39	97	97	136	136
河南	26	26	40	40	66	66
湖北	37	37	47	47	84	84
湖南	20	20	52	52	72	72
广东	32	32	153	151	185	183
广西	12	12	18	18	30	30
海南	8	8	18	18	26	26
重庆	18	18	19	19	37	37
四川	36	36	54	54	90	90
贵州	10	10	11	11	21	21
云南	12	12	16	16	28	28
西藏	6	6	4	4	10	10
陕西	18	18	21	21	39	39
甘肃	12	12	13	13	25	25
青海	7	7	3	3	10	10
宁夏	4	4	8	8	12	12
新疆	21	21	18	18	39	39
深圳	12	13	172	171	184	184
大连	13	13	11	11	24	24
宁波	20	20	17	17	37	37
厦门	11	11	18	18	29	29
青岛	8	8	8	8	16	16

注：1. 上市公司数量以首发上市日口径统计。
　　2. 上市公司辖区以注册地口径统计。
资料来源：中国证券监督委员会编：《中国证券期货统计年鉴（2014）》，中国证券监督管理委员会网站。

二、行业结构

表 2-3、表 2-4 显示了目前贵州上市公司的行业分布情况。按中国证监会的行业统计口径来看，贵州 21 家上市公司中，有制造业上市公司 16 家，以机械、电子、医药、设备、仪表、石油、化学、橡胶、塑料、金属、非金属等制造为主，采矿业 1 家，房地产业 1 家，电力、热力、燃气及水生产和供应业 1 家，信息传输、软件和信息技术服务业 1 家，批发和零售业 1 家。

表 2-3 贵州省上市公司行业分布情况① （截至 2013 年 12 月）

证券代码	证券简称	行业划分	主营产品类型
002039.SZ	黔源电力	电力生产业	火电、水电
600112.SH	天成股份	电器机械及器材制造业	变电设备、传动设备、低压电器类、电气仪表、电子元器件
002025.SZ	航天电器	仪器仪表	低压电器类、电子元器件、发电机及附属设备
000540.SZ	中天城投	房地产业	商业地产、物业出租和管理、学校、住宅楼盘
600227.SH	赤天化	化学原料及化学制品	保健酒、氮肥、复合（混）肥、呼吸系统用制剂、泌尿系统用制剂、神经系统用制剂、无机化工原料、循环系统用制剂、原料药、植物类中药制剂
000851.SZ	高鸿股份	信息技术业	CTI 语音软件、MIS 软件、传输设备、交换设备、接入设备、视频产品、视频点播系统、网管软件、无线增值业务、行业专用软件、运营平台系统
002037.SZ	久联发展	化学原料及化学制品	火工产品、民用建筑
600594.SH	益佰制药	医药制造业	植物类中药制剂
000920.SZ	南方汇通	交通运输设备制造业	存储设备、低压电器类、电子元器件、高分子聚合物、环保机械、汽车维修、汽车橡胶配件、重型卡车与专用车
600992.SH	贵绳股份	金属制品业	钢丝类
600367.SH	红星发展	化学原料及化学制品	轻有色金属、食品添加剂、无机化工原料、有机化工原料、重有色金属
600765.SH	中航重机	普通机械制造业	动力机械、发动机设备、风泵机械

① 注册地曾为贵州上市公司的还有原黔凯涤，1993 年上市，后于 2001 年 3 月 ST 黔凯涤更名为太光电信，注册地已改为广东省深圳市，不再计入。

22

续表

证券代码	证券简称	行业划分	主营产品类型
600523.SH	贵航股份	交通运输设备制造业	发动机设备、横向附件、空调器具
000733.SZ	振华科技	电子元器件制造业	半导体分立器件、电话机及配件、电子元器件、集成电路、交换设备
000589.SZ	黔轮胎	橡胶制造业	合成橡胶、轮胎
600519.SH	贵州茅台	饮料制造业	白酒
600395.SH	盘江股份	采矿业	火电、煤制品
600145.SH	渝能源	装修装饰业	建筑卫生陶瓷、复合材料浴缸、塑料制品、五金配件、厨房设备等
002390.SZ	信邦制药	医药制造业	中成药的开发、生产和销售
002424.SZ	贵州百灵	医药制造业	以苗药为主的中成药的生产、销售
300288.SZ	朗玛信息	通信服务业	社区性语音增值业务

资料来源：中国证券监督管理委员会贵州证监局网站。

表2-4 2013年贵州与全国及各省上市公司行业分布比较   单位：家

辖区	农、林、牧、渔	采矿业	制造业	电力、热力、燃气及水生产和供应业	建筑业	批发和零售业	交通运输仓储和邮政业	住宿和餐饮业	信息传输、软件和信息技术服务业	金融业	房地产业	租赁和商务服务业	科学研究和技术服务业	水利、环境和公共设施管理业	教育	卫生和社会工作	文化、体育和娱乐业	综合
贵州	0	1	16	1	0	1	0	0	1	0	1	0	0	0	0	0	0	0
北京	1	11	89	5	16	14	3	2	38	11	17	5	1	3	0	0	3	0
天津	0	2	18	2	0	4	4	0	0	0	6	0	1	0	0	0	0	1
河北	1	1	35	4	1	2	2	0	0	0	0	0	0	0	0	0	0	1
山西	0	6	21	2	0	2	1	0	1	0	0	0	0	0	0	0	1	0
内蒙古	0	4	18	2	1	0	0	0	0	0	0	0	0	0	0	0	0	0
辽宁	1	0	29	4	2	0	2	0	1	0	0	1	0	0	1	0	0	0
吉林	0	0	25	2	0	2	0	0	2	1	4	0	0	0	0	0	0	0
黑龙江	2	0	18	3	1	2	1	0	0	0	0	0	0	0	0	0	0	1
上海	1	3	92	4	6	18	15	1	16	9	24	2	3	1	0	1	3	4
江苏	0	0	178	3	3	15	2	0	7	3	8	2	2	0	1	0	1	4
浙江	0	0	160	3	4	12	0	0	10	3	8	3	0	0	0	0	5	1
安徽	2	2	56	1	3	0	2	0	1	2	0	0	1	0	0	0	2	0

欠发达地区企业资本结构与区域经济发展研究

续表

辖区	农、林、牧、渔	采矿业	制造业	电力、热力、燃气及水生产和供应业	建筑业	批发和零售业	交通运输仓储和邮政业	住宿和餐饮业	信息传输、软件和信息技术服务业	金融业	房地产业	租赁和商务服务业	科学研究和技术服务业	水利、环境和公共设施管理业	教育	卫生和社会工作	文化、体育和娱乐业	综合
福建	4	1	35	1	0	6	2	0	4	2	4	0	0	0	0	0	0	0
江西	0	1	24	2	0	1	2	0	0	1	0	0	0	0	0	0	1	0
山东	6	7	102	2	2	5	4	0	1	0	3	0	1	0	0	0	0	3
河南	2	4	52	3	0	2	1	0	1	0	0	0	0	0	0	0	1	0
湖北	0	1	54	3	3	9	3	0	0	1	6	0	0	2	0	0	2	0
湖南	4	0	45	3	0	4	2	1	3	1	2	0	0	3	0	1	2	0
广东	2	2	130	10	3	5	8	1	6	1	11	3	0	0	0	0	0	1
广西	1	0	21	2	0	1	1	0	1	0	1	0	0	0	0	0	0	0
海南	3	2	8	0	1	1	3	1	0	0	5	0	0	0	0	0	1	0
重庆	0	1	20	3	0	2	2	0	2	0	4	0	0	2	0	0	0	0
四川	0	3	62	7	2	4	4	0	4	2	1	1	0	1	0	0	1	0
云南	2	4	17	2	1	0	1	0	0	0	1	0	0	0	0	0	0	0
西藏	0	1	5	0	1	1	0	0	0	0	1	0	0	1	0	0	0	0
陕西	0	3	23	1	0	2	2	0	1	2	0	0	1	0	0	0	0	2
甘肃	2	3	15	2	0	2	2	1	1	0	1	1	0	0	0	0	0	0
青海	0	2	8	0	0	0	0	0	0	0	0	0	0	0	0	0	0	0
宁夏	0	0	11	0	0	1	0	0	0	0	0	0	0	0	0	0	0	0
新疆	5	1	23	2	3	2	0	0	0	0	1	0	0	0	0	0	0	1
深圳	0	0	104	3	7	10	8	3	16	5	17	6	1	0	0	0	0	2
大连	1	0	9	0	0	5	2	0	0	0	0	0	0	0	0	0	1	0
宁波	0	0	23	1	4	4	2	0	1	0	2	0	0	0	0	0	0	0
厦门	0	1	15	0	0	4	2	0	3	0	1	1	0	0	0	0	0	1
青岛	0	0	14	0	0	1	0	0	1	0	0	0	0	0	0	0	0	0

资料来源：中国证券监督管理委员会编：《中国证券期货统计年鉴（2014）》，中国证券监督管理委员会网站。

贵州上市公司结构主要表现在以下方面：①行业结构。贵州省上市公司以机械、化工、电子等传统制造业为主，制造业为16家，占76.2%，而以信息、生物等高新技术产业为主的公司所占比重相对较低。②产品结构。上市公司产品中低技术水平、低附加值的产品占相当大的比例，而高技术、高附加值的产品所占的比重偏低。从全国来看，一些新兴行业，如信息技术业已占到了5%，医药生物行业已占到了6%左右，科研、文化、租赁、水利等社会服务业占3.5%。③规模结构。从相对规模看，除了贵州茅台以外，许多上市公司在行业中起不到龙头作用，有的甚至在专业化细分市场也没有领先地位。从绝对规模看，上市公司资产规模及营业收入都偏小，这种状况不利于上市公司进行技术创新和应对国内外公司的挑战。由以上资料可看出，贵州上市公司行业分布特点主要集中于传统产业，还缺少以金融、IT 技术、生物工程等为主营的高科技公司，也没有代表先进生产力的高科技类上市公司，更没有以改善地方投资环境为目标的城建基础设施类上市公司和开发地方旅游文化资源的上市公司。

贵州省上市公司行业结构与贵州目前的经济优势基本上是趋同的。这些上市公司在所属行业中具有一定的代表性，在贵州各行业中处于领头羊的地位，如贵州茅台是全国酒业的名优代表，黔轮胎是全国轮胎行业的龙头之一，南方汇通是铁道部的首家上市公司，红星发展是全国最大的碳酸钡生产基地；益佰制药、信邦制药、贵州百灵的上市，有了民营类制药行业的发展；贵阳朗玛信息技术股份有限公司 2012 年 2 月成功在深交所创业板上市，成为登陆资本市场的贵州省信息服务业第一股。它们在加快贵州经济发展中做出了巨大的贡献，但与全国上市公司的总体行业分布仍有一定的差距，这种差距反映出的问题是地方产业结构调整的缓慢和新兴行业的发展滞后。

三、经营绩效

（一）经营状况

起步于 20 世纪 80 年代末期的贵州证券业迅速发展，已初步形成了较为完整的证券市场体系，直接融资功能得到有效发挥。贵州上市公司尽管规模较小，但总体经营情况及盈利状况较好。

2013 年贵州省上市公司股票总市值为 2387.06 亿元（见表 2-5，图 2-1），仅相当于全国总市值 23.91 万亿元的 1%，股票市场价值规模在全国各省份处于第 19 位（见表 2-6）（2013 年末贵州茅台一家企业的市值为 1285.04 亿元，占了全省市值总量的 53.8%，其他企业的市值规模较小）。2013 年末，贵州上市公司总股本为 111.79 亿股（见表 2-7），比 2012 年末增长 2.4%。2007 年以来，贵州上市公司总资产处于快速增长时期，从 2007 年的 395.86 亿元快速增长到 2010 年的 1084.13 亿元、2013 年的 1899.87 亿元（见表 2-8，图 2-2），2013 年比 2010 年增长 75.2%，上市公司总资产在全国 31 个省（市、区）中列 28 位。

表2-5 贵州上市公司股票发展情况

年份	上市公司股票总市值（亿元）	上市公司股票总市值与GDP的比率（%）
1994	4.24	0.81
1995	2.70	0.42
1996	31.81	4.40
1997	82.43	10.23
1998	90.63	10.56
1999	134.44	14.34
2000	284.04	27.58
2001	399.83	35.28
2002	321.14	25.83
2003	260.45	18.26
2004	349.52	20.83
2005	397.64	19.83
2006	1052.55	45.00
2007	2759.93	95.69
2008	1361.27	38.22
2009	2648.30	67.69
2010	3107.3	67.52
2011	2911.47	51.06
2012	3209.06	46.83
2013	2387.06	29.81

资料来源：贵州省统计局、国家统计局贵州调查总队编：《贵州统计年鉴》；股票数据系作者根据上市公司报表的计算。

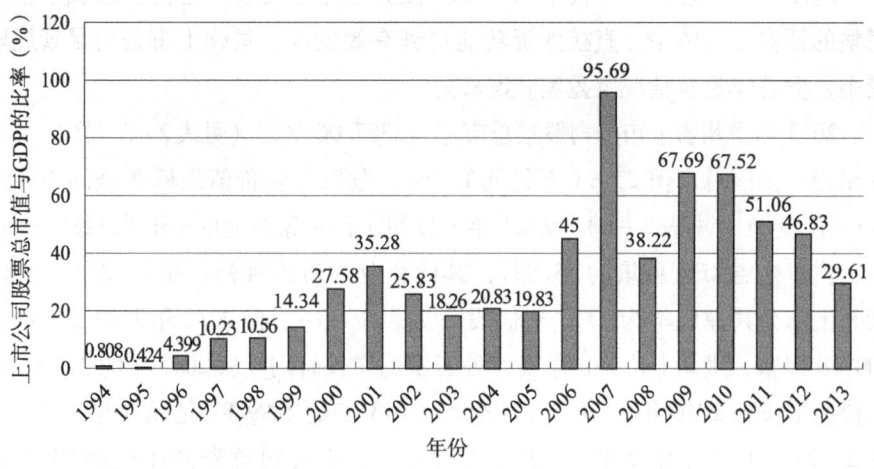

图2-1 贵州上市公司股票总市值与GDP的比率变化情况

表 2-6　2012—2013 年股票市场按监管辖区规模情况

辖区	上市公司家数（家） 2012 年	2013 年	上市公司股本（亿股） 2012 年	2013 年	股票市值（亿元） 2012 年	2013 年
贵州	21	21	109.13	111.79	3209.06	2387.06
北京	219	219	14757.68	15169.03	82267.37	74653.06
天津	38	38	364.92	387.91	2802.71	3589.87
河北	48	48	442.49	467.45	3508.20	3895.68
山西	34	34	498.35	526.87	4502.89	3633.64
内蒙古	25	25	244.54	294.89	3029.79	3037.88
辽宁	42	44	300.10	321.30	1602.02	1892.29
吉林	39	38	227.85	246.80	1897.35	2118.35
黑龙江	31	31	255.99	270.01	1610.92	1920.81
上海	202	201	3085.11	3159.72	21425.77	23848.91
江苏	236	235	1202.76	1304.49	10976.06	12289.07
浙江	209	210	944.09	1172.44	9162.24	13047.24
安徽	78	77	487.33	569.29	4522.42	4671.72
福建	59	59	546.48	660.73	4936.05	5163.46
江西	33	32	198.47	194.74	2057.93	1794.49
山东	136	136	826.83	874.84	7573.64	7909.65
河南	66	66	431.38	487.39	4027.69	4439.04
湖北	84	84	554.08	587.12	4057.80	4999.45
湖南	71	72	412.30	457.78	3380.10	3967.44
广东	185	183	1232.21	1298.86	10678.34	12932.82
广西	30	30	183.87	197.74	1264.48	1367.25
海南	26	26	234.25	305.71	1422.83	1795.71
重庆	37	37	281.35	318.99	2185.45	2805.99
四川	90	90	612.24	658.16	5862.66	5463.48
云南	28	28	171.17	188.79	1982.01	2059.74
西藏	10	10	58.70	69.50	572.31	718.66
陕西	39	39	258.06	276.36	2109.65	2207.05
甘肃	24	25	180.83	260.93	1214.78	1568.52
青海	10	10	89.83	89.83	991.44	747.60
宁夏	12	12	44.60	44.91	381.72	356.99

续表

辖区	上市公司家数（家）		上市公司股本（亿股）		股票市值（亿元）	
	2012年	2013年	2012年	2013年	2012年	2013年
新疆	39	39	261.68	333.61	2493.98	2608.63
深圳	184	184	1539.97	1678.49	17041.88	19320.67
大连	26	24	290.33	311.27	1516.50	1451.40
宁波	38	37	311.09	313.71	1847.58	1878.78
厦门	29	29	121.66	126.56	1091.09	1223.30
青岛	16	16	96.02	108.54	1101.16	1546.14

注：1. 按上市公司注册地口径统计。
  2. 本表中各辖区上市公司股本以"除权日"为股份变动日计算参数，合计数量与表2-3数据有差异。
  3. 由于使用汇率存在差异，本表中各辖区合计股票市值与表2-3数据有差异。
资料来源：中国证券监督管理委员会编：《中国证券期货统计年鉴（2014）》，中国证券监督管理委员会网站。

表2-7　2013年贵州上市公司股票发行情况（A股）

上市公司名称	上市时间	板块类别	总股本（亿股）	流通股（亿股）	募集资金总额（亿元）
中天城投	1994.02.02	主板	12.88	12.78	4.52
黔轮胎	1996.03.08	主板	4.89	4.88	10.06
中航重机	1996.11.06	主板	7.78	7.78	24.44
振华科技	1997.07.03	主板	3.58	3.58	15.44
成控股份	1997.11.27	主板	5.09	5.09	6.98
高鸿股份	1998.06.09	主板	5.16	4.84	20.11
南方汇通	1999.06.06	主板	4.22	4.22	6.19
渝能源	1999.09.23	主板	3.78	3.78	1.80
赤天化	2000.02.21	主板	9.50	9.50	21.54
红星发展	2001.03.20	主板	2.91	2.91	3.80
盘江股份	2001.05.31	主板	16.55	16.55	76.87
贵州茅台	2001.08.27	主板	10.38	10.38	22.44
贵航股份	2001.12.27	主板	2.89	2.88	10.97
益佰制药	2004.03.23	主板	3.61	3.56	2.88
贵绳股份	2004.05.14	主板	2.45	1.64	9.78

第二章　贵州企业资本结构基本特征

续表

上市公司名称	上市时间	板块类别	总股本（亿股）	流通股（亿股）	募集资金总额（亿元）
航天电器	2004.07.26	中小板	3.30	3.29	6.13
久联发展	2004.09.08	中小板	3.27	3.27	8.92
黔源电力	2005.03.03	中小板	2.04	1.70	13.79
信邦制药	2010.04.16	中小板	1.74	1.13	7.16
贵州百灵	2010.06.03	中小板	4.70	2.06	14.80
朗玛信息	2012.02.16	创业板	1.07	0.27	3.01

注：1. 资料来源于中国证监会贵州监管局。

2. ST国创于2011年3月9日迁入贵州，2013年更名为渝能源。

3. 募集资金总额包括首发、增发、配股、可转债等募集的资金。

表2-8　贵州上市公司主要经营情况

年份	全省上市公司总资产（亿元）	全省上市公司营业收入（亿元）	全省上市公司利润总额（亿元）
2012	1587.51	795.34	238.41
2013	1899.87	899.98	256.33

资料来源：作者根据上市公司报表的计算。

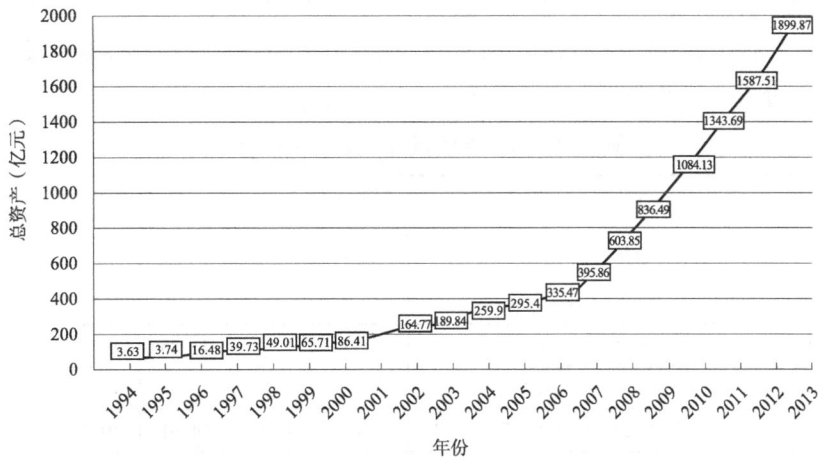

图2-2　贵州上市公司总资产变化情况

2013年末，贵州上市公司营业收入为899.98亿元（见表2-8），实现利润总额256.33亿元，贵州上市公司利润总额在全国31个省（市、区）中列

11 位，尽管贵州上市公司总资产规模小，处于全国靠后位置，但利润总额处于全国中等位置，平均净资产收益率为 23.40%，在全国处于第 1 位。2013 年，贵州上市公司中没有亏损企业，全省上市公司净利润实现 196.57 亿元，较 2010 年增长 132.08%。在全省上市公司中，2013 年净利润增长率在 100% 以上的上市公司分别有中天城投、高鸿股份、渝能源等 3 家上市公司，净利润负增长的有贵航股份、信邦制药、黔源电力、朗玛信息、中航重机、赤天化、红星发展、盘江股份、天成控股等上市公司。2013 年贵州茅台实现利润总额 214.32 亿元，净利润 159.65 亿元，分别占全省上市公司利润总额的 83.6%，净利润总额的 81.2%，利润总额增长率、净利润增长率分别为 20.5%、20.4%。

通过对每股收益、每股净资产、净资产收益率等三项指标的考察，可以对 1994 年以来贵州上市公司的盈利能力和主营业务的盈利能力进行分析。从表 2 - 9 可以看出，贵州上市公司的每股收益、每股净资产、净资产收益率等三项指标比全国水平要好，说明贵州上市公司整体业绩正在逐步得到改善。继 2001 年、2002 年连续两年出现业绩下滑、平均业绩水平低于市场均值之后，2003 年中期贵州上市公司每股收益和净资产收益率两项盈利指标已经重新回到深、沪两市的平均业绩水平上，贵州上市公司业绩恶化的势头得到了初步遏制，之后贵州上市公司的每股收益、每股净资产、净资产收益率等盈利指标总体上逐年上升向好。2013 年，辖区上市公司整体经营稳健，没有 ST 公司，没有未股改公司，也没有重大违法违规公司。

表 2 - 9　贵州与全国上市公司的盈利情况

年份	每股收益 贵州（元）	每股收益 全国（元）	贵州与全国的比率（%）	每股净资产 贵州（元）	每股净资产 全国（元）	贵州与全国的比率（%）	净资产收益率 贵州（元）	净资产收益率 全国（元）	贵州与全国的比率（%）
1994	0.31	0.31	1.00	2.66	2.39	1.11	11.85	13.15	0.9
1995	0.22	0.25	0.88	2.18	2.29	0.95	9.92	11.26	0.88
1996	0.43	0.23	1.87	2.87	2.42	1.19	14.91	10.63	1.4
1997	0.29	0.24	1.21	3.00	2.47	1.21	9.53	11.31	0.84
1998	0.2	0.18	1.11	2.64	2.46	1.07	7.72	8.14	0.95
1999	0.15	0.20	0.75	2.93	2.47	1.19	5.05	8.62	0.59
2000	0.3	0.20	1.50	3.04	2.65	1.15	9.78	8.29	1.18

续表

年份	每股收益 贵州（元）	每股收益 全国（元）	贵州与全国的比率（%）	每股净资产 贵州（元）	每股净资产 全国（元）	贵州与全国的比率（%）	净资产收益率 贵州（元）	净资产收益率 全国（元）	贵州与全国的比率（%）
2001	0.23	0.13	1.77	3.77	2.48	1.52	5.97	5.53	1.08
2002	0.17	0.14	1.21	3.85	2.48	1.55	4.48	5.73	0.78
2003	0.35	0.19	1.84	4.14	2.64	1.57	8.41	7.61	1.11
2004	0.33	0.23	1.43	4.12	2.66	1.55	8.12	9.08	0.89
2005	0.38	0.21	1.81	4.24	2.67	1.59	8.88	7.99	1.11
2006	0.43	0.23	1.87	4.14	2.30	1.80	10.38	11.52	0.9
2007	0.82	0.42	1.95	5.13	2.85	1.80	15.98	16.73	0.96
2008	0.98	0.34	2.88	5.25	2.92	1.80	18.65	12.07	1.55
2009	1.06	0.41	2.59	5.85	3.25	1.80	18.08	13.60	1.33
2010	1.00	0.49	2.04	5.69	3.43	1.66	16.22	16.04	1.01
2011	1.30	0.53	2.45	6.46	3.75	1.72	20.12	15.19	1.32
2012	1.58	0.51	3.10	6.71	4.07	1.65	25.93	13.35	1.94
2013	1.65	0.55	3.00	7.52	4.29	1.75	23.40	13.58	1.72

资料来源：中国证券监督管理委员会编：《中国证券期货统计年鉴（2010—2014）》，中国证券监督管理委员会网站。

从贵州与全国上市公司财务数据的比较来看，虽然贵州上市公司在每股收益、每股净资产方面，除个别年份（1995年）低于全国上市公司外，其他各年份均高于全国上市公司，2013年上市公司每股收益在全国31个省（市、区）中排名居第1位。但实际上这种"高盈利"的特征是被贵州茅台集团的高业绩所掩盖。2013年末，全省上市公司每股收益为1.65元，与2010年的1元增长了65%；其中，2013年每股收益最高的是贵州茅台（14.58元），剔除贵州茅台，其他20家上市公司加权平均基本每股收益只有0.36元，低于全国上市公司0.55元的每股收益水平，2013年还有两家亏损企业（见表2-10）。

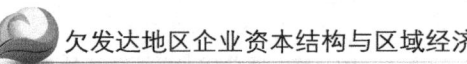

表 2 – 10　2013 年上市公司按监管辖区每股收益分布　　单位：家

辖区	1.00元以上	0.80~1.00元	0.50~0.80元	0.20~0.50元	0.10~0.20元	0.05~0.10元	0~0.05元	亏损	合计
贵州	2	1	4	5	3	1	3	2	21
北京	20	17	42	87	16	14	7	16	219
天津	5	1	5	5	4	5	5	8	38
河北	5	2	5	17	1	6	6	6	48
山西	1	2	2	12	6	1	3	7	34
内蒙古	2	3	6	3	3	1	6	1	25
辽宁	2	3	5	7	5	8	6	8	44
吉林	5	0	4	10	5	4	7	3	38
黑龙江	0	2	4	4	4	4	8	5	31
上海	10	9	34	58	36	17	24	13	201
江苏	18	8	33	77	31	25	25	18	235
浙江	14	10	33	71	29	25	21	7	210
安徽	3	1	19	25	8	7	9	5	77
福建	4	2	5	18	10	10	6	4	59
江西	4	1	5	9	4	4	2	3	32
山东	11	7	20	39	18	15	16	10	136
河南	3	2	9	17	15	7	6	7	66
湖北	3	4	13	21	11	10	9	13	84
湖南	2	1	14	20	8	6	15	6	72
广东	9	9	27	59	30	19	18	12	183
广西	0	0	5	6	7	4	5	3	30
海南	0	0	0	5	7	2	8	4	26
重庆	1	2	5	16	5	1	3	4	37
四川	5	1	5	26	17	9	10	17	90
云南	1	0	3	9	4	1	7	3	28
西藏	0	0	1	2	4	0	3	0	10
陕西	0	0	1	10	13	7	4	4	39
甘肃	1	0	2	9	5	1	3	4	25
青海	0	1	1	1	1	3	1	2	10
宁夏	0	1	1	3	0	0	3	4	12

续表

辖区	1.00元以上	0.80~1.00元	0.50~0.80元	0.20~0.50元	0.10~0.20元	0.05~0.10元	0~0.05元	亏损	合计
新疆	0	3	6	9	4	6	8	3	39
深圳	16	8	24	63	34	10	19	10	184
大连	1	0	1	11	6	1	3	1	24
宁波	1	1	5	17	4	5	2	2	37
厦门	4	1	8	9	1	0	2	4	29
青岛	4	0	2	3	3	2	1	1	16

注：1. 每股指标指境内部分；每股指标均使用整体法来计算。

2. 上市公司辖区以注册地口径统计。

数据来源：上海证券交易所、深圳证券交易所。

资料来源：中国证券监督管理委员会编：《中国证券期货统计年鉴（2014）》，中国证券监督管理委员会网站。

从证券公司来看，截至2013年末，贵州辖区法人证券公司1家（华创证券有限公司）、证券分公司3家、证券营业部54家。证券市场交易额同比增长45.3%，各证券经营机构全年营业收入4.5亿元，实现净利润1.7亿元。从期货市场交易来看，2013年末，贵州省共有期货营业部9家，全年期货成交额7176.7亿元，长99.2%；各期货经营机构营业收入250万元，净利润62万元。

近年来，业绩较为优良、净资产收益率大于5%的贵州上市公司数量和比重都有比较明显的增长，2013年净资产收益率为23.40%，在全国31个省（市、区）中处于第1位；每股净资产为7.52元，在全国31个省（市、区）中处于第1位。从连续三年贵州上市公司与全国其他省份上市公司的盈利能力比较来看，贵州上市公司的盈利状况总体较好。但是，从2013年净资产收益率分布情况来看（见表2-11、表2-12），与深、沪两市进行对比，贵州上市公司2013年末净资产收益率大于5%的公司比例为52.4%，小于0的公司为两家，贵州上市公司净资产收益率大于5%的比重略低于全国上市公司59.9%的平均值。

表2-11 2013年上市公司按监管辖区平均净资产收益率分布   单位：家

辖区	100%以上	60%~100%	40%~60%	30%~40%	20%~30%	10%~20%	5%~10%	0~5%	小于0	净资产为负	合计
贵州	0	0	0	2	1	4	4	8	2	0	21
北京	0	0	1	0	18	85	61	37	17	0	219
天津	0	0	0	0	5	6	9	10	8	0	38
河北	0	0	2	4	1	7	12	14	8	0	48
山西	0	0	0	0	0	3	6	8	9	8	34
内蒙古	0	0	1	0	3	9	1	10	1	0	25
辽宁	0	0	0	0	2	8	7	18	9	0	44
吉林	0	0	0	0	4	11	6	14	3	0	38
黑龙江	0	0	0	1	0	6	6	13	5	0	31
上海	0	0	1	3	8	63	58	55	13	1	201
江苏	0	0	1	5	9	50	73	78	19	1	235
浙江	0	0	0	4	8	65	59	67	7	0	210
安徽	0	0	0	0	2	23	24	22	6	1	77
福建	0	0	0	1	5	11	16	22	4	0	59
江西	0	0	0	0	2	8	11	8	3	1	32
山东	0	0	1	2	5	35	34	48	11	0	136
河南	0	0	0	1	2	11	23	22	7	1	66
湖北	0	0	1	0	3	17	22	26	15	2	84
湖南	0	0	0	0	1	18	24	22	7	0	72
广东	0	0	2	3	15	41	58	52	12	0	183
广西	0	0	0	0	3	3	8	11	5	1	30
海南	0	0	0	0	0	2	7	13	4	0	26
重庆	0	1	0	0	2	10	12	8	4	0	37
四川	0	1	0	1	5	17	23	25	18	0	90
云南	0	0	0	0	2	4	7	12	3	0	28
西藏	1	0	0	0	1	2	3	3	0	0	10
陕西	0	0	0	0	0	5	10	20	4	0	39
甘肃	0	0	0	1	2	6	2	10	4	0	25
青海	0	0	0	0	0	2	2	3	3	0	10
宁夏	0	0	0	0	0	2	2	4	4	0	12

续表

辖区	100%以上	60%~100%	40%~60%	30%~40%	20%~30%	10%~20%	5%~10%	0~5%	小于0	净资产为负	合计
新疆	0	0	0	0	2	8	7	19	3	1	39
深圳	1	1	1	0	11	45	60	53	12	0	184
大连	0	0	0	0	1	4	11	7	1	0	24
宁波	0	0	0	0	1	13	10	11	2	0	37
厦门	0	0	0	0	2	11	8	3	5	0	29
青岛	0	0	0	1	0	6	4	4	1	0	16

注：上市公司辖区以注册地口径统计。

资料来源：中国证券监督管理委员会编：《中国证券期货统计年鉴（2014）》，中国证券监督管理委员会网站。

表2-12　2013年上市公司按监管辖区每股净资产分布　　单位：家

辖区	5.00元以上	3.00~5.00元	2.00~3.00元	1.00~2.00元	0.50~1.00元	0~0.50元	小于0元	合计
贵州	8	9	3	0	0	1	0	21
北京	73	101	31	8	5	1	0	219
天津	9	9	8	8	1	2	1	38
河北	17	12	11	3	2	3	0	48
山西	10	9	8	3	2	2	0	34
内蒙古	7	12	3	3	0	0	0	25
辽宁	8	22	3	4	3	4	0	44
吉林	12	6	11	5	2	1	1	38
黑龙江	6	9	9	6	1	0	0	31
上海	50	70	38	36	2	4	1	201
江苏	92	68	43	24	6	1	1	235
浙江	73	80	40	15	2	0	0	210
安徽	27	33	9	7	0	1	0	77
福建	15	21	13	8	1	1	0	59
江西	16	6	6	3	0	0	1	32
山东	48	43	23	16	2	3	1	136
河南	21	26	11	4	3	1	0	66
湖北	25	31	14	6	1	5	2	84

续表

辖区	5.00元以上	3.00~5.00元	2.00~3.00元	1.00~2.00元	0.50~1.00元	0~0.50元	小于0元	合计
湖南	20	26	14	8	3	1	0	72
广东	45	85	32	16	3	2	0	183
广西	3	15	3	6	0	3	0	30
海南	3	4	7	9	0	3	0	26
重庆	13	10	6	5	1	2	0	37
四川	25	27	13	17	4	4	0	90
云南	9	7	9	2	0	1	0	28
西藏	0	3	4	2	0	1	0	10
陕西	5	17	10	5	1	1	0	39
甘肃	4	8	7	5	1	0	0	25
青海	1	5	0	2	0	1	1	10
宁夏	5	1	1	2	2	1	0	12
新疆	10	16	6	6	0	1	0	39
深圳	65	56	33	19	6	5	0	184
大连	8	9	5	0	1	1	0	24
宁波	12	16	7	1	1	0	0	37
厦门	12	8	4	3	0	2	0	29
青岛	6	3	4	3	0	0	0	16

注：1. 每股指标指境内部分；每股指标均使用整体法来计算。
　　2. 上市公司辖区以注册地口径统计。

资料来源：中国证券监督管理委员会编：《中国证券期货统计年鉴（2014）》，中国证券监督管理委员会网站。

（二）经营能力

公司的应收账款在流动资产中具有举足轻重的地位。公司的应收账款如能及时收回，公司的资金使用效率便能大幅提高。应收账款周转率①就是反映公司应收账款周转速度的比率。它说明一定期间内公司应收账款转为现金的平均次数，它表示公司从获得应收账款的权利到收回款项、变成现金所需

---

① 应收账款周转率计算公式：赊销收入净额/平均应收账款余额。

要的时间。2008年，应收账款周转率超过10次的有贵州茅台、赤天化、盘江股份、南方汇通、益佰制药、中天城投、贵绳股份、黔源电力、黔轮胎几家上市公司，其中贵州茅台的应收账款周转率超过200次。一般来说，应收账款周转率越高越好，表明公司收账速度快，平均收账期短，坏账损失少，资产流动快，偿债能力强。与之相对应，应收账款周转天数则是越短越好。如果公司实际收回账款的天数超过了公司规定的应收账款天数，则说明债务人拖欠时间长，资信度低，增大了发生坏账损失的风险；同时也说明公司催收账款不力，使资产形成了呆账甚至坏账，造成了流动资产不流动，这对公司正常的生产经营是很不利的。但从另外一方面说，如果公司的应收账款周转天数太短，则表明公司奉行较紧的信用政策，付款条件过于苛刻，这样会限制企业销售量的扩大，特别是当这种限制的代价（机会收益）大于赊销成本时，会影响企业的盈利水平。

存货周转率[①]是衡量和评价企业购入存货、投入生产、销售收回等各环节管理状况的综合性指标。它是销货成本被平均存货所除而得到的比率，或叫存货的周转次数，用时间表示的存货周转率就是存货周转天数。存货周转率指标的好坏反映企业存货管理水平的高低，它影响到企业的短期偿债能力，是整个企业管理的一项重要内容。从存货周转率来看，盘江股份、黔源电力超过10次。一般来讲，存货周转速度越快，存货的占用水平越低，流动性越强，存货转换为现金或应收账款的速度越快。因此，提高存货周转率可以提高企业的变现能力。

股东权益周转率[②]即权益周转率，是销售收入与平均股东权益的比值，该指标说明公司运用所有者的资产的效率。黔轮胎、盘江股份、益佰制药的股东权益周转率超过两次。该比率越高，表明所有者资产的运用效率越高，营运能力越强。

总资产周转率[③]是指企业在一定时期业务收入净额同平均资产总额的比率。总资产周转率是考察企业资产运营效率的一项重要指标，体现了企业经营期间全部资产从投入到产出的流转速度，反映了企业全部资产的管理质量和利用效率。通过该指标的对比分析，可以反映企业本年度以及以前年度总

---

① 存货周转次数＝销货成本/平均存货余额。
② 股东权益周转率＝销售收入/平均股东权益。
③ 总资产周转率（次）＝主营业务收入净额/平均资产总额×100%。

资产的运营效率和变化，发现企业与同类企业在资产利用上的差距，促进企业挖掘潜力、积极创收，提高产品市场占有率，提高资产利用效率。从2008年来看，总资产周转率超过一次的有盘江股份、黔轮胎、贵绳股份等企业。一般情况下，该数值越高，表明企业总资产周转速度越快，销售能力越强，资产利用效率越高。

第二节 资本结构基本特征

一、资产负债结构

本节采用描述性统计方法，对贵州上市公司的资本结构进行分析。

（一）资产负债率

资产负债率反映企业负债总额占资产总额的比例，反映企业全部资产中有多少是通过负债经营得来的。由于负债经营具有财务杠杆作用，所以当借入资金的利息率小于这部分资金加以运用获得的投资报酬率时，公司投资人实现盈利。根据贵州上市公司年报数据，作者计算出上市公司历年的加权平均资产负债率（见表2-13），发现上市公司平均资产负债率主要在37%～45%之间，历年平均值为48.6%，分布较为集中。但2004年以后，资产负债率的最高值有逐渐扩大的趋向，离散性越来越大，使得资产负债率标准偏差、峰值和偏斜度相对较大。2001年以后，随着上市公司数目的增多，上市公司资产负债率峰值波动区间为 -0.73～0.30，偏斜度波动区间为0.22～0.89，说明公司资产负债率分布较为集中。当然，近年来上市公司之间资产负债率的离散性有所扩大。

表2-13 贵州上市公司资产负债率的描述统计

年份	加权平均资产负债率（%）	最小值（%）	最大值（%）	标准误差	中值（%）	标准偏差	峰值	偏斜度	公司个数（户）	资产负债率小于50%的公司个数（户）
1994	53.02	53.02	53.02	—	53.02	—	—	—	1	0
1995	55.07	55.07	55.07	—	55.07	—	—	—	1	0
1996	54.93	33.73	67.88	9.86	51.46	17.08	—	-0.12	3	1

续表

年份	加权平均资产负债率（%）	最小值（%）	最大值（%）	标准误差	中值（%）	标准偏差	峰值	偏斜度	公司个数（户）	资产负债率小于50%的公司个数（户）
1997	45.44	32.91	54.63	4.57	41.31	10.22	-2.93	0.23	5	3
1998	43.89	24.11	59.12	5.99	35.18	14.68	-1.72	0.60	6	4
1999	41.62	17.33	62.93	6.50	29.59	17.19	-0.84	0.86	7	5
2000	42.66	14.12	63.17	6.09	33.37	17.23	-0.65	0.62	8	6
2001	34.41	14.80	66.35	4.62	29.20	16.00	0.50	1.16	12	10
2002	34.53	15.63	64.92	4.48	32.18	15.53	-0.11	0.80	12	10
2003	36.61	13.83	67.07	4.70	31.21	16.28	0.30	0.89	12	10
2004	40.70	14.28	74.55	4.49	33.49	17.96	-0.05	0.82	16	13
2005	42.79	13.79	86.25	4.89	35.93	20.15	0.14	0.88	17	12
2006	43.73	13.86	81.91	5.02	36.85	20.68	-0.73	0.49	17	11
2007	37.68	8.75	79.63	4.73	34.56	19.49	-0.28	0.58	17	12
2008	50.04	15.14	88.81	5.17	38.58	21.33	-0.44	0.59	17	11
2009	52.57	14.10	89.56	5.25	36.63	21.65	-0.16	0.75	17	12
2010	51.84	14.73	84.83	4.94	35.25	21.55	-0.61	0.60	19	12
2011	51.71	12.99	86.36	4.38	41.96	19.58	-0.33	0.39	20	14
2012	49.84	1.10	89.86	4.73	40.13	21.67	0.03	0.43	21	14
2013	52.24	2.79	89.98	4.71	41.71	21.59	-0.24	0.22	21	13
历年平均	48.60	—	—	—	—	—	—	—	—	—

注："加权平均资产负债率" =（全部上市公司总负债/全部上市公司总资产）×100%。

1994—2001年，贵州上市公司资产负债率呈总体下降趋势（见图2-3）；2001—2009年，则呈总体上升趋势；2009年以来，则呈总体平稳态势。一般认为，资产负债率以50%为最佳。从表2-13中可以看出，2001年以来，贵州上市公司2001年资产负债率小于50%的公司数有10个，2001年以后各年资产负债率大于50%的公司数大致保持在11~14个。资产负债率发生变动，其原因一方面是各上市公司在上市之初，为了达到证监会的要求，都尽量将其债务剥离，公司上市前几年的资产负债率都较低，随着上市公司的发展，资金需求不断增加，资产负债率逐步提高。另一方面是因为债务融资同股权融资相比具有融资成本较低、执行简便以及避税等作用。

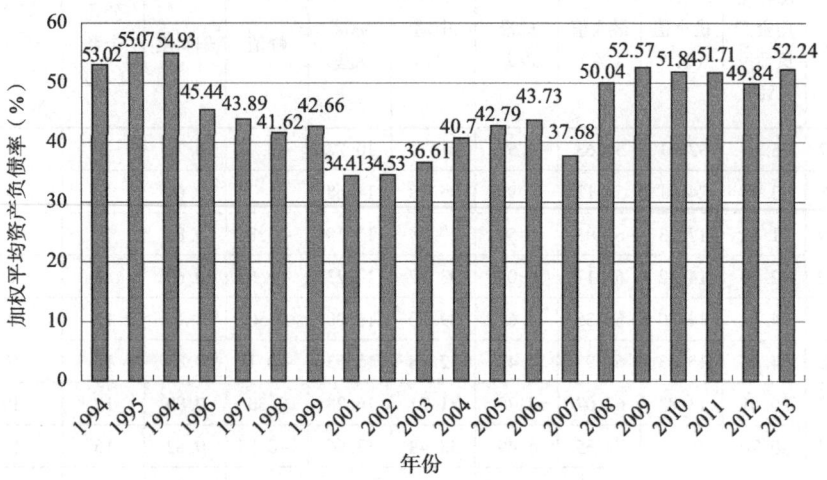

图2-3 贵州上市公司历年资产负债率变化情况

将贵州上市公司的资产负债率水平与全国上市公司的资产负债率水平相比较，结果如表2-14所示，发现除1996年以前的3个年份外，自1997年以后贵州上市公司的资产负债率均低于全国上市公司水平，从1997—2013年这种差距有总体呈"剪刀差"扩大的趋势，说明贵州上市公司具有相对较低的资产负债率，反映出上市公司没有充分利用"财务杠杆"，资金利用效率较低，全省上市企业仍还没有进入快速发展阶段。

表2-14 贵州与全国上市公司资产负债率比较

年份	贵州上市公司（%）	全国上市公司（%）	贵州上市公司与全国上市公司资产负债率差值
1994	53.02	50.80	2.22
1995	55.07	52.20	2.87
1996	54.93	51.32	3.61
1997	45.44	48.06	-2.62
1998	43.89	47.58	-3.69
1999	41.62	50.51	-8.89
2000	42.66	51.18	-8.52
2001	34.41	54.50	-20.09

续表

年份	贵州上市公司（%）	全国上市公司（%）	贵州上市公司与全国上市公司资产负债率差值
2002	34.53	61.56	-27.03
2003	36.61	65.03	-28.42
2004	40.70	66.69	-25.99
2005	42.79	68.88	-26.09
2006	43.73	83.21	-39.48
2007	37.68	83.60	-45.92
2008	50.04	84.14	-34.10
2009	52.57	85.02	-32.45
2010	51.84	85.74	-33.90
2011	51.71	85.72	-34.01
2012	49.84	85.77	-35.93
2013	52.24	85.75	-33.51

资料来源：中国证券监督管理委员会编：《中国证券期货统计年鉴（2009—2014）》，中国证券监督管理委员会网站。

同贵州规模以上工业企业相比，2000—2013年贵州上市公司的资产负债率也要低5至30个百分点（见表2-15）。从全省各类企业比较来看，国有及国有控股工业企业的资产负债最高，私营工业企业的资产负债率最低，也即是说，上市公司的资产负债率低于各类企业的资产负债率水平，其中，与国有及国有控股工业企业的差距最大，与私营工业企业的差距最小。

表2-15 贵州省与全国上市公司及企业资产负债率比较

年份	贵州上市公司（%）	贵州规模以上工业企业（%）	全国上市公司（%）	全国规模以上工业企业（%）
2000	42.66	69.29	51.18	60.81
2001	34.41	62.80	54.50	58.97
2002	34.53	63.99	61.56	58.72
2003	36.61	63.12	65.03	58.96
2004	40.70	66.07	66.69	57.97
2005	42.79	65.26	68.88	57.81

续表

年份	贵州		全国	
	贵州上市公司（%）	贵州规模以上工业企业（%）	全国上市公司（%）	全国规模以上工业企业（%）
2006	43.73	65.80	83.21	57.46
2007	37.68	64.46	83.60	57.48
2008	50.04	66.28	84.14	57.71
2009	52.57	67.00	85.02	57.88
2010	51.84	64.85	85.74	57.41
2011	51.71	64.67	85.72	58.10
2012	49.84	64.90	85.77	57.96
2013	52.24	58.20	85.75	57.81

资料来源：1. 中国证券监督管理委员会编：《中国证券期货统计年鉴（2014）》，中国证券监督管理委员会网站。

2. 全国规模以上工业企业数据来自《中国统计年鉴（2014）》，贵州规模以上工业企业数据来自《贵州统计年鉴（2014）》。

然而，与贵州不同的是，2002年以后，全国上市公司的资产负债率一直高于全国规模以上工业企业的资产负债率水平，且这种差距从2002年的2.84个百分点扩大到2013年的27.94个百分点。与全国各省（市、区）各类企业比较（见表2-16），在上市公司中，2013年，贵州上市公司资产负债率在全国31个省（市、区）中处于29位，仅比陕西、浙江略高。从以上比较分析可以看出，贵州上市公司的资产负债率远比全国和其他省（市、区）上市公司、全国工业企业要低得多，在全国各省（市、区）中处于靠后位置；但贵州规模以上工业企业、国有及国有控股工业企业、大中型工业企业的资产负债率却比全国平均水平要高，在全国31个省（市、区）中处于前列。

表2-16　2013年全国各省（市、区）各类企业资产负债率比较　　单位:%

地区	上市公司	地区	上市公司
全国总计	85.75	山西	56.68
北京	89.57	内蒙古	59.48
天津	62.99	辽宁	59.21
河北	68.35	吉林	62.47

续表

地 区	上市公司	地 区	上市公司
黑龙江	65.71	广 西	63.08
上 海	84.47	海 南	59.50
江 苏	66.73	重 庆	65.73
浙 江	52.01	四 川	58.93
安 徽	53.97	贵 州	52.24
福 建	91.22	云 南	69.09
江 西	55.12	西 藏	55.55
山 东	60.37	陕 西	49.27
河 南	55.78	甘 肃	70.52
湖 北	63.89	青 海	65.37
湖 南	59.07	宁 夏	58.83
广 东	62.08	新 疆	65.84

资料来源：中国证券监督管理委员会编：《中国证券期货统计年鉴（2014）》，中国证券监督管理委员会网站。

从区域来看，2013年上市公司资产负债率高于80%的几个省份分别是福建、北京、上海，北京、上海等经济发展较快省（市）的上市公司往往有较高的财务杠杆；处于60%~70%区间的分别有甘肃、云南、河北、江苏、新疆、重庆、黑龙江、青海、湖北、广西、天津、吉林、广东、山东，其他省份则低于60%。

（二）负债结构

负债结构是公司资本结构的另一重要方面，按负债时间长短可分为流动负债和非流动负债。流动负债指企业在一年内或者超过一年的一个营业周期内需要偿还的债务合计，其中包括短期借款、应付票据、应付账款、预收账款、应付职工薪酬、应交税费和其他应付款等。非流动负债是指偿还期限在一年以上或超过一年的一个营业周期以上的债务，包括长期借款、应付债券、长期应付款等。

统计结果显示，1994—2013年，贵州上市公司的流动负债占总负债的平均比率为67.7%（见表2-17），2007年以前一直高于70%，其中，2004年的比重高达86.8%，2004年以后呈下降趋势，2008年降至历史最低点，为60.2%，2013年上市公司的流动负债率为68.6%。一般而言，短期负债占总负债一半的水平较为合理，偏高的流动负债水平将增加上市公司在金融市场环境发生变化，如利率上调、银根紧缩时，资金周转将出现困难的可能性，从而增加了上市公司的信用风险和流动性风险，是公司经营的潜在威胁。

表2-17 贵州上市公司流动负债占总负债比例

年份	贵州上市公司流动负债占总负债比例（%）	贵州上市公司的长期负债占总负债比例（%）
1994	87.8	12.2
1995	99.2	0.8
1996	77.8	22.2
1997	83.7	16.3
1998	81.8	18.2
1999	74.5	25.5
2000	76.3	23.7
2001	79.3	20.7
2002	84.7	15.3
2003	85.6	14.4
2004	86.8	13.2
2005	80.4	19.6
2006	79.5	20.5
2007	75.7	24.3
2008	60.2	39.8
2009	61.1	38.9
2010	60.9	39.1
2011	66.7	33.3
2012	65.2	34.8
2013	68.6	31.4
1994—2013年平均值	67.7	32.3

总体来看，2008年以前贵州上市公司流动负债过高，长期负债的比重过低，流动负债率主要集中在75%~90%之间。2008年以后贵州上市公司流动

负债率逐渐下降，逐渐接近占一半比例的正常范围，但短期负债占总负债的比例仍比全国上市公司的平均水平较高，这一方面说明上市公司的净现金流量不足，公司要使用过量的短期债务来保证正常的运营；另一方面，流动负债率偏高也与企业债券市场不够发达有着密切的关系。

相对而言，长期负债具有期限长、成本高、风险性低、稳定性强的特点。在资金需求量一定的情况下，提高长期负债比率，就意味着企业对短期借入资金依赖性的降低，从而减轻企业的当期偿债压力。一般来讲，银行为了保持资产的流动性和安全性，很少向企业提供真正意义上的长期贷款。因此，企业的长期债务资本主要来源于债券市场。由于西部地区企业债券市场极不发达，企业缺乏筹集长期债务资本的渠道，因此，其债务融资不得不主要依靠银行贷款。再者，由于短期债务的利息低于长期债务，如果能有效地通过不断更新短期贷款做到短贷长借，更有利于降低企业的利息负担。从银行的角度看，发放短期贷款也有助于控制贷款风险，这些因素都导致贵州上市公司长期债务资本比例远远低于短期债务资本比例。

（三）偿债能力

偿债能力是指企业偿还到期债务的能力，包括短期偿债能力和长期偿债能力。除了资产负债率以外，还可以通过对流动比率①、速动比率②两项指标的考察，对贵州上市公司的短期和长期偿债能力做出分析。从表2-18可以看出，若以通常流动比率为200%，速动比率为100%来衡量，贵州上市公司的资产变现能力整体而言处于正常值之上，除少数企业由于持续经营状况不佳导致变现、偿债能力较弱以外，贵州上市公司目前的债务风险总体还处于比较低的水平。部分企业还可以考虑通过适当举债加大财务杠杆的作用以谋取股东权益的最大化。

---

① 流动比率：是流动资产与流动负债的比率。它表明企业每一元流动负债有多少流动资产作为偿还的保证，反映企业在短期内转变为现金的流动资产偿还到期流动负债的能力。流动比率计算公式：流动比率＝流动资产/流动负债。

② 速动比率：是企业速动资产与流动负债的比率。速动资产包括货币资金、短期投资、应收票据、应收账款、其他应收款项等流动资产，存货、预付账款、待摊费用等则不应计入。速动比率计算公式：速动比率＝（流动资产－存货）/流动负债。

表2-18 贵州上市公司变现、偿债能力分析

年份	流动比率（%）	速动比率（%）
1994	199.1	40.2
1995	167.9	36.8
1996	167.7	92.5
1997	200.8	134.5
1998	186.9	118.3
1999	204.5	137.3
2000	199.8	142.9
2001	247.2	182.8
2002	214.5	148.3
2003	194.8	133.7
2004	178.7	124.0
2005	173.1	122.2
2006	167.6	116.5
2007	207.1	146.1
2008	176.5	123.4
2009	175.1	125.2
2010	196.1	135.8
2011	167.5	110.5
2012	189.0	117.7
2013	172.9	104.2

二、股本结构

（一）流通股比例

国有股比重和流通股比重也是影响资本结构的有关因素。一般情况下，在国有股占主导地位的情况下，企业无法摆脱行政的束缚，经理人员与政府博弈的结果是一部分经理人员利用政府在产权上的超弱控制获得对企业的实际控制权，同时又利用行政上的超强控制转嫁经营风险，由此造成了政府干预与内部人控制相结合的现象，难以形成有效的公司治理。在流通股占比方面，2006年以前，流通股比例不高，2005年末流通股比例仅占38.57%。经过股改，2006年以来国有股比例不断降低，截至2013年末，贵州地区上市

公司21家，总股本11178.53亿股，流通股106.13万股，流通股已占到股本总数的94.94%，流通股比例比2005年的38.57%提高了56.37个百分点，流通股已占到了绝对比重（见表2-19）。

表2-19 贵州上市公司股权结构情况

年份	全省上市公司总股份（亿股）	流通股比率（%）
1994	64.22	30.98
1995	77.06	31.14
1996	258.82	32.57
1997	744.38	32.21
1998	1040.12	33.18
1999	1311.56	36.02
2000	1627.62	37.42
2001	2748.49	36.78
2002	2803.49	36.63
2003	2903.99	36.89
2004	3736.31	36.85
2005	3984.62	38.57
2006	4562.91	46.99
2007	4809.60	51.81
2008	5747.65	56.88
2009	6778.94	66.94
2010	8984.00	75.79
2011	10000.45	84.64
2012	10912.96	92.17
2013	11178.53	94.94

注：1. 国家股包括国家股及国家法人股，股改完成后，国家股仅指限售股国家股及限售国家法人股；

2. 社会法人股指股改完成后，社会法人股仅指限售社会法人股；

3. 社会公众股与上市流通股不一致的原因是指社会公众股中有部分为限售的个人股份。

资料来源：2000—2013年数据来自《贵州统计年鉴》（贵州省统计局、国家统计局贵州调查总队编）；1994—1999年股票数据系作者根据上市公司报表的计算。

（二）股本规模

2013年末，贵州上市公司总股本规模为111.79亿股，平均每个上市公司 5.32 亿股。10 亿股以上的上市企业有盘江股份、中天城投、贵州茅台（见表 2-20），5 亿~10 亿股的上市企业有赤天化、中航重机、高鸿股份、天成控股，3 亿~5 亿股的上市企业有黔轮胎、贵州百灵、南方汇通、渝能源、益佰制药、振华科技、航天电器、久联发展 8 家公司，2 亿~3 亿股的有红星发展、贵航股份、贵绳股份、黔源电力 4 家公司，1 亿~2 亿股的有信邦制药、朗玛信息两家企业。2013 年末，全国上市公司总股本为 24323.46 亿股，平均股本为 14.97 亿股。相比全国上市公司，贵州上市公司股本规模偏小。

表 2-20 2013 年全国上市公司股本规模情况

股本规模	全国上市公司合计		贵州	
	公司数（个）	比例（%）	公司数（个）	比例（%）
1 亿以下	65	2.61	0	0.00
1 亿~2 亿	436	17.52	2	9.52
2 亿~3 亿	420	16.87	4	19.05
3 亿~5 亿	556	22.34	8	38.10
5 亿~10 亿	534	21.45	4	19.05
10 亿以上	478	19.20	3	14.29
合计	2489	100.00	21	100.00

资料来源：中国证券监督管理委员会编：《中国证券期货统计年鉴（2014）》，中国证券监督管理委员会网站。

三、融资结构

（一）融资规模

一般来说，上市公司常见的融资方式主要包括内源融资和外源融资两个渠道，其中内源融资是指公司的内部积累，主要是由留存盈利和折旧组成。外源融资即企业的外部资金来源，主要包括直接融资和间接融资，直接融资除了企业首次上市募集融资（IPO）外，还包括企业债券融资、增发新股融资、配股融资和可转换债券融资等；间接融资是指企业来源于银行、非银行金融机构的贷款等债务融资。企业资本结构理论的主要任务就是研究企业在债券、股票和留存收益三种融资方式之间选择的动机和适当的比例。截至 2013 年末，贵州上市公司募集资金历年总额累计为 291.63 亿元（见表 2-21），平均每户上市公司历年累计募集13.89亿元。仅以2013年为例,贵州上市公司募集资金为4.6亿元(见表2-22),平均每户上市公司募集0.22亿元;全国上市公司境内募集资金总额为3750亿元,平均每户上市公司募集1.5亿元;相比而言,在2013年贵州上市公司募集资金要低于全国平均水平。

表2-21 贵州上市公司融资情况

年份	上市公司(户)	募集资金总额(亿元)
2000	9	35.98
2001	13	72.87
2002	13	75.06
2003	13	75.06
2004	17	87.58
2005	17	90.57
2006	17	90.57
2007	17	108.14
2008	17	114.92
2009	17	206.28
2010	19	214.12
2011	20	241.83
2012	21	272.03
2013	21	291.63

表2-22 2013年按监管辖区划分上市公司募集金额情况   单位:亿元

辖区	主板	中小板	创业板	合计
贵州	4.60	0.00	0.00	4.60
北京	136.07	29.50	13.82	179.39
天津	53.13	0.00	0.00	53.13
河北	163.07	1.30	0.00	164.37
山西	60.75	9.69	0.00	70.44
内蒙古	150.15	0.00	0.00	150.15
辽宁	26.81	0.00	0.00	26.81
吉林	83.97	14.49	0.00	98.46
黑龙江	45.35	0.00	0.00	45.35
上海	139.97	3.40	3.90	147.27

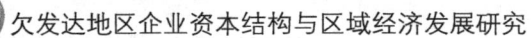

续表

辖区	主板	中小板	创业板	合计
江苏	19.07	34.46	1.38	54.91
浙江	104.34	44.03	8.10	156.47
安徽	71.97	42.20	4.86	119.03
福建	300.84	0.00	0.00	300.84
江西	28.64	4.99	0.00	33.63
山东	43.48	31.55	0.00	75.03
河南	50.32	33.12	12.95	96.39
湖北	148.65	0.75	0.91	150.31
湖南	111.40	12.08	0.00	123.48
广东	127.29	32.01	0.00	159.30
广西	88.88	2.67	0.00	91.55
海南	58.97	0.00	0.00	58.97
重庆	54.86	9.20	1.10	65.16
四川	68.24	16.68	0.00	84.92
云南	238.32	12.87	0.00	251.19
西藏	25.08	0.00	0.00	25.08
陕西	51.66	0.00	0.00	51.66
甘肃	170.87	2.11	0.00	172.98
青海	0.00	0.00	0.00	0.00
宁夏	1.78	0.00	0.00	1.78
新疆	73.16	46.90	0.00	120.06
深圳	450.57	88.36	0.00	538.93
大连	40.00	0.00	0.00	40.00
宁波	6.53	0.93	0.00	7.46
厦门	24.90	0.00	0.00	24.90
青岛	6.02	0.00	0.00	6.02

注：1. 募集金额为上市公司股票募集金额，并以股票上市日口径统计。

2. 上市公司辖区以注册地口径统计。

数据来源：上海证券交易所、深圳证券交易所。

资料来源：中国证券监督管理委员会编：《中国证券期货统计年鉴（2014）》，中国证券监督管理委员会网站。

2007年，贵州省企业在债券市场首次发行短期融资券，直接融资渠道有所拓展，2013年贵州全省发行公司债、可转债、可分离债、中小企业私募债、企业债、短期融资券、超短期融资券、中期票据、中小企业集合票据、非公开定向债务融资工具、资产支持票据等公司信用类债券融资额达到208.10亿元（见表2-23），但在全国各证券监管辖区中，债券发行额位于全国31个省（市、区）的倒数第7位，融资总量较少，融资结构仍以银行信贷融资为主，银行贷款是推动当前经济发展的主要资金供给来源，企业筹措资金过度依赖于银行，风险集中。在2013年，贵州省社会融资规模达3543.8亿元，分结构看，信贷融资仍占50.8%，占比仍然最大，委托贷款、未贴现银行承兑汇票快速增长，非信贷融资占比提升至49.2%，非金融机构股票、债券市场直接融资比重仍然偏小。直接融资比重小主要是因为上市企业数量少，未能形成直接融资的规模效益。

表2-23 2013年全国按证券监管辖区划分的公司信用类债券发行额情况　　单位：亿元

辖区	公司债	可转债	可分离债	中小企业私募债	企业债	短期融资券	超短期融资券	中期票据	中小企业集合票据	非公开定向债务融资工具	资产支持票据	合计
贵州	6.00	0.00	0.00	0.50	72.00	26.60	0.00	25.00	0.00	78.00	0.00	208.10
北京	399.40	10.00	0.00	22.37	2086.50	2517.80	6089.00	2351.50	0.00	1097.10	0.00	14528.67
天津	4.00	0.00	0.00	10.75	232.50	191.50	0.00	254.00	0.00	338.00	0.00	1030.75
河北	50.00	0.00	0.00	0.00	97.00	96.00	0.00	49.00	1.60	112.00	0.00	402.60
山西	47.00	0.00	0.00	0.00	186.00	164.00	0.00	57.00	0.00	375.00	5.00	834.00
内蒙古	0.00	0.00	0.00	10.80	97.00	149.00	0.00	74.00	0.00	93.50	0.00	400.80
辽宁	6.00	0.00	0.00	3.00	143.50	158.00	40.00	157.00	0.77	74.00	0.00	607.27
吉林	0.00	0.00	0.00	0.00	18.00	27.00	0.00	29.00	0.00	83.00	0.00	157.00
黑龙江	30.00	0.00	0.00	0.00	50.00	16.00	0.00	51.00	0.00	53.20	0.00	195.20
上海	189.60	26.00	0.00	7.60	23.50	473.00	290.00	399.90	0.00	173.00	0.00	1568.60
江苏	46.95	25.00	0.00	112.45	564.00	790.10	0.00	394.30	15.96	550.70	35.00	2525.26
浙江	38.20	0.00	0.00	34.46	270.50	404.20	0.00	318.00	2.90	209.50	0.00	1268.76
安徽	15.00	3.20	0.00	6.70	101.00	227.50	10.00	103.00	0.00	170.00	0.00	636.40
福建	20.00	0.00	0.00	6.95	172.00	184.50	0.00	111.00	2.80	79.00	0.00	571.25
江西	23.50	0.00	0.00	2.00	136.00	93.00	6.00	125.50	0.00	54.00	0.00	440.00
山东	59.00	0.00	0.00	29.09	228.30	586.00	205.00	254.20	5.50	290.40	0.00	1654.49
河南	86.00	0.00	0.00	0.60	179.00	211.00	0.00	102.00	4.45	390.30	0.00	973.35

续表

辖区	公司债	可转债	可分离债	中小企业私募债	企业债	短期融资券	超短期融资券	中期票据	中小企业集合票据	非公开定向债务融资工具	资产支持票据	合计
湖北	0.00	0.00	0.00	12.97	224.00	269.00	70.00	181.00	2.27	113.00	0.00	872.24
湖南	8.50	0.00	0.00	0.00	229.00	129.10	0.00	159.00	2.60	141.48	0.00	669.68
广东	107.50	0.00	0.00	7.08	168.50	227.50	523.00	318.20	1.40	56.00	0.00	1429.18
广西	0.00	0.00	0.00	2.00	49.00	125.00	0.00	60.00	2.68	130.00	0.00	368.68
海南	28.00	0.00	0.00	0.00	66.50	0.00	0.00	7.00	0.00	5.00	0.00	106.50
重庆	15.00	0.00	0.00	23.45	201.00	92.10	0.00	253.90	3.50	70.00	0.00	658.95
四川	37.50	0.00	0.00	0.00	160.00	272.50	0.00	155.00	8.01	129.90	8.00	762.91
云南	2.50	0.00	0.00	0.65	85.00	198.40	0.00	73.90	0.00	142.00	0.00	502.45
西藏	0.00	0.00	0.00	0.00	0.00	0.00	0.00	0.00	0.00	0.00	0.00	0.00
陕西	10.50	0.00	0.00	0.00	119.00	209.00	0.00	249.50	0.00	161.00	0.00	744.00
甘肃	0.00	4.61	0.00	0.00	36.00	104.00	0.00	150.00	0.00	83.00	0.00	377.61
青海	50.00	0.00	0.00	0.00	20.00	13.50	0.00	60.00	0.00	45.00	0.00	188.50
宁夏	0.00	0.00	0.00	0.40	10.00	10.00	0.00	0.00	0.00	5.00	0.00	25.40
新疆	35.00	0.00	0.00	0.00	81.50	153.40	0.00	104.00	4.80	90.00	0.00	468.70
深圳	58.20	16.00	0.00	7.59	60.00	144.40	84.00	99.80	0.00	30.00	0.00	479.99
大连	0.00	0.00	0.00	0.50	38.00	57.00	218.00	97.50	0.00	116.00	0.00	502.00
宁波	16.00	0.00	0.00	0.00	21.00	69.20	0.00	4.00	0.00	56.00	0.00	166.20
厦门	2.00	0.00	0.00	0.85	10.00	78.00	0.00	55.00	0.00	9.00	0.00	154.85
青岛	2.00	0.00	0.00	0.00	17.00	48.50	0.00	33.00	1.20	0.00	0.00	99.70
合计	1393.35	84.81	0.00	302.75	6252.30	8515.80	7535.00	6916.20	60.44	5603.08	48.00	36711.73

资料来源：中国证券监督管理委员会编：《中国证券期货统计年鉴（2014）》，中国证券监督管理委员会网站。

（二）融资结构

国内关于公司融资方式计算方法的文献较多，更多的学者采用郑江淮等①（2001）的计算方法，为便于将贵州上市公司与全国上市公司的融资结构作比较研究，本书也借鉴此方法来进行统计计算，结果如表2-24所示。

---

① 该计算方法是将"内源融资"按"未分配利润"与"累计折旧"之和计算；"股权融资"按"股本"与"资本公积金"之和计算；"债务融资"按"长期借款"、"短期借款"及"其他"合计计算，"其他"包括"应付款"等内容。

统计结果表明，贵州上市公司在 2001 年以前年份的内部筹资在融资结构中的比例是非常低的，但 2001 年以后一路攀升，从 2001 年的 11.3% 上升到 2013 年的 47.3%（见表 2-24）。外部筹资（股权融资与债务融资之和）的比重虽占主体地位，但比重已从 2001 年的 88.7% 降至 2013 年的 52.7%。

表 2-24　贵州上市公司融资结构　　　　　　　　　单位：%

年份	所有上市公司 内源融资	所有上市公司 股权融资	所有上市公司 债务融资	未分配利润大于0的上市公司 内源融资	未分配利润大于0的上市公司 股权融资	未分配利润大于0的上市公司 债务融资	未分配利润小于0的上市公司 内源融资	未分配利润小于0的上市公司 股权融资	未分配利润小于0的上市公司 债务融资
1994	11.4	59.1	29.5	11.4	59.1	29.5	—	—	—
1995	1.4	60.4	38.2	1.4	60.4	38.2	—	—	—
1996	14.3	44.9	40.8	14.3	44.9	40.8	—	—	—
1997	12.5	56.5	31.1	12.5	56.5	31.1	—	—	—
1998	14.5	56.6	28.9	14.6	55.8	29.7	13.8	68.6	17.6
1999	13.2	56.2	30.6	13.1	55.6	31.3	14.1	69.1	16.9
2000	17.5	54.8	27.7	17.8	53.1	29.1	14.6	69.5	15.9
2001	11.3	68.8	19.8	16.5	70.8	12.7	-14.5	59.1	55.4
2002	17.7	63.1	19.2	19.8	61.2	19.0	-8.6	86.6	22.0
2003	22.7	62.4	20.6	25.2	60.2	20.8	-13.1	94.8	18.3
2004	23.1	52.6	24.2	25.6	51.7	22.7	-4.2	63.3	40.9
2005	28.3	47.0	24.7	31.3	45.5	23.3	6.0	58.8	35.2
2006	28.7	44.3	27.0	31.6	42.7	25.7	4.7	57.4	37.9
2007	27.5	47.0	25.5	32.5	43.4	24.1	-6.1	71.1	35.0
2008	26.7	30.5	42.8	27.7	29.0	43.3	-16.1	97.6	18.5
2009	35.8	25.7	38.5	35.8	25.7	38.5	—	—	—
2010	37.8	27.4	34.8	37.8	27.4	34.8	—	—	—
2011	42.2	24.9	32.9	42.2	24.9	32.9	—	—	—
2012	46.1	22.6	31.3	46.1	22.6	31.3	—	—	—
2013	47.3	19.7	32.9	47.3	19.7	32.9	—	—	—
1994—2013年平均值	37.4	30.6	32.2	38.4	29.6	32.1	-2.9	68.2	34.7

在外部筹资结构中，2008 年以前，除 1996 年等个别年份上市公司股权

融资比重小于债务融资比重外，其余年份均以股权融资为主，但随着2008年股市走低以后，股权融资受挫，从2009—2013年贵州上市公司在股市上融资额仅新增85.35亿元。同时，随着贵州省自2010年开始实施"工业强省"战略，作为区域经济发展重要支撑的上市公司，与全省其他企业一样，也开始了新一轮的扩张性发展。在股市融资形势未有较明显改善时，企业转向债务融资，效益较好的企业同时加大了内源融资力度，因此债务融资和内源融资在企业筹资中的比重上升较快，而股权融资比重降到了2013年的19.7%。在债务融资方面，其比重在2001年以前一直占到27%以上，在2001年、2002年比重降至20%以下，2002年以后债务融资的比重有所上升，2008年债务融资比例超过股权融资比例，达到42.8%，之后的2009—2013年贵州上市公司债务融资比重维持在31%~38%。

在统计的上市公司里，在有些年份，有些上市公司的未分配利润为负值，也就是说此类上市公司外部融资比例实际上超过了100%，企业的融资完全依赖外部融资。在未分配利润大于0的上市公司里面，2008年以前股权融资在企业融资结构中占主导地位，2008年以后内源融资和债务融资的比重有所上升，2008年债务融资比例超过股权融资比例，达到43.3%，2013年股权融资比重降到19.7%。在未分配利润小于0的上市公司里面，历年股权融资比重均超过了50%，占有绝对地位。

在贵州上市公司的融资结构中，业绩好的贵州茅台企业可充分使用其未分配利润、累计折旧等内源融资手段，使内源融资比重在一段时间内大幅提升。在2013年剔除贵州茅台后，全省其他上市公司由于企业内部可使用的融资额度有限，内源融资比重从47.3%降到了29.6%（见表2-25），下降了17.7个百分点；股权融资比重从19.7%上升到25.5%，上升5.8个百分点；债务融资比重从32.9%上升到44.9%，上升了12个百分点，债务融资也是除贵州茅台外的其他上市公司融资增长的主要来源。可见，业绩效益好的上市公司与业绩效益一般的上市公司的融资方式有较大差别。

总的来说，贵州上市公司内源融资的比例普遍相对较低，外源融资占据较大比重，少数上市公司在部分年份的融资结构甚至完全依赖外源融资；在外源融资中，企业处于平稳发展期时股权融资所占比重高于债务融资比重，企业处于扩张发展期债务融资所占比重高于股权融资比重；上市公司的债务融资结构主要表现为短期流动负债比率普遍较高，长期负债比例普遍较低。

表 2-25 剔除贵州茅台后的贵州其他上市公司融资结构 单位:%

年份	所有上市公司 内源融资	所有上市公司 股权融资	所有上市公司 债务融资	未分配利润大于0的上市公司 内源融资	未分配利润大于0的上市公司 股权融资	未分配利润大于0的上市公司 债务融资	未分配利润小于0的上市公司 内源融资	未分配利润小于0的上市公司 股权融资	未分配利润小于0的上市公司 债务融资
1994	11.4	59.1	29.5	11.4	59.1	29.5	—	—	—
1995	1.4	60.4	38.2	1.4	60.4	38.2	—	—	—
1996	14.3	44.9	40.8	14.3	44.9	40.8	—	—	—
1997	12.5	56.5	31.1	12.5	56.5	31.1	—	—	—
1998	14.5	56.6	28.9	14.6	55.8	29.7	13.8	68.6	17.6
1999	13.2	56.2	30.6	13.1	55.6	31.3	14.1	69.1	16.9
2000	17.5	54.9	27.7	17.8	53.1	29.1	14.6	69.5	15.9
2001	12.6	64.5	22.9	19.7	65.9	14.5	-14.5	59.1	55.4
2002	18.5	58.9	22.6	21.1	56.2	22.7	-8.6	86.6	22.0
2003	22.2	60.5	24.4	25.4	57.6	25.0	-13.1	94.8	18.3
2004	21.2	51.4	27.4	24.1	50.0	25.9	-4.2	63.3	40.9
2005	24.9	46.1	29.0	28.1	44.0	27.9	6.0	58.8	35.2
2006	25.4	43.2	31.4	28.6	41.0	30.4	4.7	57.4	37.9
2007	13.5	53.5	33.0	17.8	49.7	32.5	-6.1	71.1	35.0
2008	11.9	33.4	54.6	12.7	31.6	55.7	-16.1	97.6	18.5
2009	25.3	28.0	46.7	25.3	28.0	46.7	—	—	—
2010	26.4	31.1	42.5	26.4	31.1	42.5	—	—	—
2011	28.4	29.6	42.0	28.4	29.6	42.0	—	—	—
2012	29.8	28.5	41.7	29.8	28.5	41.7	—	—	—
2013	29.6	25.5	44.9	29.6	25.5	44.9	—	—	—
1994—2013年平均值	25.1	34.6	40.5	26.0	33.5	40.7	-2.9	68.2	34.7

因此,贵州上市公司的资金来源表现出"以外源融资为主导,股权融资和债务融资并重"的特征。显然,这与国内许多学者所认为的中国上市公司"轻债务融资重股权融资"有所不同,贵州上市公司经历了"股权融资、债务融资、内源融资"→"债务融资、股权融资、内源融资"→"内源融资、债务融资、股权融资"的演变过程,融资结构的变化与资本市场形势、企业成长阶段高度关联,尽管企业也表现出明显甚至强烈的股权融资需求,但在股权融资不畅且处于扩张性融资需求时,也会毫不犹豫转向债务融资和内源

融资。根据啄食顺序原则（C. Mayer，1984），企业融资方式的选择顺序应是内部股权融资（即留存收益，约占资金来源的 50%～97%），债务融资（约占 11%～57%），外部股权融资（约占 3.3%～9%）。处于新常态时期和"工业强省"扩张发展期的贵州上市公司融资结构与经典理论的融资顺序也是类似的。

第三节 资本结构基本特征小结

鉴于企业财务数据的可得性，上市公司建立了信息披露机制，关于企业资本结构、融资等财务数据的获得要比非上市企业容易得多，因而本书以上市公司为例，来对欠发达地区的企业资本结构进行研究。通过统计分析，发现贵州企业的资本结构具有以下特征：

（1）资产负债率分布比较集中，近年来呈总体上升趋势。计算结果表明，贵州上市公司历年的加权平均资产负债率主要在 37%～45%，历年平均值为 48.6%。尤其是 2001 年以后，随着上市公司数目的增多，上市公司资产负债率峰值波动区间为 -0.73～0.30，偏斜度波动区间为 0.22～0.89，说明公司资产负债率分布较为集中。但近年来资产负债率的最高值有逐渐扩大的趋向，离散性越来越大，使得资产负债率标准偏差、峰值和偏斜度相对较大，资产负债率的最高值有逐渐扩大的趋向。

（2）资产负债率偏低。将贵州上市公司的资产负债率水平与全国上市公司的资产负债率水平相比较，1997 年以后贵州上市公司的资产负债率均低于全国上市公司水平，从 1997—2013 年这种差距有总体呈"剪刀差"扩大的趋势，说明贵州上市公司具有相对较低的资产负债率，反映出上市公司没有充分利用"财务杠杆"，资金利用效率较低，企业还没有进入较快速发展阶段。总体来看，贵州上市公司的资产负债率远比全国和其他省（市、区）上市公司、全国工业企业要低得多，在全国各省（市、区）中处于靠后位置，但贵州规模以上工业企业、国有及国有控股工业企业、大中型工业企业的资产负债率却比全国平均水平要高，在全国 31 个省（市、区）中处于前列。北京、上海等经济发展较快省（市）的上市公司往往有较高的财务杠杆。

（3）流动负债率偏高。负债结构是公司资本结构的另一重要方面。据统计 1994—2013 年，贵州上市公司的流动负债占总负债的平均比率为 61.1%，

2007年以前一直高于70%，其中2004年的比重高达86.82%，2004年以后呈下降趋势。总体来看，近年来贵州上市公司流动负债率主要集中在65%~75%，流动负债略偏高，长期负债的比重过低。

（4）债务风险总体较低，尚有一定负债空间可挖掘。除了资产负债率以外，还可以通过对流动比率、速动比率两项指标的考察，对贵州上市公司的短期和长期偿债能力做出分析得出，若以通常流动比率为200%，速动比率为100%来衡量，贵州上市公司的资产变现能力整体而言处于正常值之上，除少数企业由于持续经营状况不佳导致变现、偿债能力较弱以外，贵州上市公司目前的债务风险总体还处于比较低的水平。部分企业还可以考虑通过适当举债加大财务杠杆的作用以谋取股东权益的最大化。

（5）流通股比例比全国上市公司低，股本规模较小。2006年前流通股比例不高，2005年末流通股比例仅占38.57%。经过股改，2006年以后国有股比例不断降低，2013年流通股比例比2005年的38.57%提高了56.37个百分点，流通股已占到股本总数的94.94%，已占到了绝对比重。从股本结构来看，贵州上市公司股本规模相对较小，2013年末平均每个上市公司的股本为5.32亿股，而全国上市公司平均股本为14.97亿股，与全国相比，贵州上市公司股本规模偏小。

（6）公司融资结构以外源融资为主。贵州上市公司经历了"股权融资、债务融资、内源融资"→"债务融资、股权融资、内源融资"→"内源融资、债务融资、股权融资"的演变过程，融资结构的变化与资本市场形势、企业成长阶段高度关联，尽管企业也表现出明显甚至强烈的股权融资需求，但在股权融资不畅且处于扩张性融资需求时，也会毫不犹豫转向债务融资和内源融资。总的来说，贵州上市公司内源融资的比例普遍相对较低，外源融资占据较大比重，少数上市公司在部分年份的融资结构甚至完全依赖外源融资；在外源融资中，企业处于平稳发展期时股权融资所占比重高于债务融资比重，企业处于扩张发展期债务融资所占比重高于股权融资比重；上市公司的债务融资结构主要表现为短期流动负债比率普遍较高，长期负债比例普遍较低。因此，贵州上市公司的资金来源表现出"以外源融资为主导，股权融资和债务融资并重"的特征。这与啄食顺序原则（C. Mayer, 1984）企业融资方式的选择顺序比较类似。

第三章 企业资本结构的主要影响因素

为考察企业资本结构的决定因素,本书以资产负债率、非流动负债率、流动负债率这三个指标来表征公司资本结构特征的变量,选用区域经济发展水平、经济周期因素、行业特征、企业特征、股权结构等 10 余项解释变量,对影响企业资本结构的宏观、区域及微观因素进行了分析。

第一节 主要影响因素与变量设计

从资本结构研究的历史来看,大规模地从实证的角度研究公司资本结构的决定因素是在 20 世纪 80 年代。其中以 S. Titman 和 R. Wessels(1988)的论文最具代表性,他们认为对美国公司而言,公司资产的抵押价值、公司的非负债税盾、公司的成长性、公司产品和服务的不可替代性、公司所处的行业、公司的规模、公司收益的稳定性以及公司的盈利能力等都是公司资本结构的决定因素。此外,Orgler 和 Taggart(1983)、Osterberg 和 Thomson(1990)等学者从单个行业的角度分析了这些行业中公司资本结构的决定因素。近期还有学者从股价的惯性(inertia)这个角度分析了资本结构的决定因素,认为公司资本结构取决于外部股票市场的影响,而不是公司内部的最优化决策(I. Wlech,2002)。

笔者选用资产负债率(DR)、非流动负债/总资产(L – DR)、流动负债/总资产(S – DR)这三个指标来表征公司资本结构特征的变量,即作为被解释变量。资产负债率越高,表明公司资本结构中来源于负债融资的资本越多;反之,来源于股权融资的资本越多。同时,基于资本结构影响因素的理论分析、上市公司信息披露情况和现实经济中数据信息获取的可行性,本书设计出区域经济发展水平、经济周期因素等 10 余项解释变量。

第三章 企业资本结构的主要影响因素

一、宏观经济因素

市场经济条件下的一个国家或地区的经济往往是在波动中发展，一般情况下不会呈现较长时间地增长或较长时间地衰退。企业的经营状况甚至财务状况也会随着宏观经济的波动而呈现周期性的变化。在宏观经济衰退、萧条的不景气阶段，多数企业因生产经营举步维艰、财务状况常常陷入窘境而尽可能压缩负债甚至采用"零负债"策略；在经济复苏、繁荣的景气阶段，企业往往会因市场供求旺盛、销售顺畅和利润水平上升的利好情况而增加负债，加速发展。

本书以金融机构法定存款利率（i_1，为一年期定期存款利率）、法定贷款利率（i_2，为1~3年期贷款利率）、通货膨胀率（CPI，采用居民消费价格指数）来反映金融体制的约束水平。

二、区域经济发展水平

国外研究表明，国家或地区的制度环境、不同的经济社会发展水平对公司资本结构存在一定影响。如 Booth 等（2001）发现证券总市值/GDP、银行总贷款/GDP、实际 GDP 增长率、通货膨胀率以及 Miller 税务项能够对17个国家总债务比率27.5%的变化做出合理解释。而从世界主要国家的证券化率来看，如表3-1、表3-2所示，经济发展与证券化程度也有一定相关关系。另外一些研究成果也说明，资本结构和经济发展水平存在一定的相关关系。

本书以地区生产总值增速（GRGDP）、全社会固定资产投资增速（GRIFA）、上市公司股票市值[①]与 GDP 的比率（RMG = MVS/GDP）来反映地区经济发展情况。由于本书研究的仅是贵州单个省份的上市公司，在加入区域变量时必须与其他省份进行比较，本书之前的研究成果《西南地区上市公司资本结构的决定因素分析》[②]中对贵州、四川、重庆、云南、西藏等西南地区五省（市、区）的上市公司资本结构作过研究，证实上市公司资本结构与省际特征变量具有相关性，说明上市公司资本结构也受区域经济条件的影响。

---

① 股票市值指在某特定时间内当时全部股份乘以市场价格（收市价）。
② 见《贵州社会科学》2008年第6期。

表3-1 贵州经济与股票市值发展指标 单位：%

年份	生产总值增速	全社会固定资产投资增速	上市公司股票总市值占GDP的比率	上市公司流通股票市值占GDP的比率
1994	8.40	17.24	0.81	0.25
1995	7.50	14.50	0.42	0.13
1996	8.90	13.15	4.40	1.41
1997	9.00	17.73	10.23	3.44
1998	8.50	23.33	10.56	3.52
1999	8.80	10.17	14.34	5.24
2000	8.40	17.95	27.58	9.50
2001	8.80	32.08	35.28	12.35
2002	9.10	18.26	25.83	9.01
2003	10.10	16.90	18.26	6.43
2004	11.40	9.88	20.83	7.40
2005	12.70	17.10	19.83	7.65
2006	12.80	17.60	45.00	21.14
2007	14.80	24.30	95.69	49.58
2008	11.30	25.20	38.22	21.74
2009	11.40	31.50	67.69	45.38
2010	12.80	30.00	67.52	51.17
2011	15.00	60.10	51.06	43.22
2012	13.60	53.10	46.83	43.17
2013	12.50	32.60	29.81	28.30

资料来源：贵州省统计局、国家统计局贵州调查总队编：《贵州统计年鉴》；股票数据系作者根据上市公司报表的计算。

表3-2 世界主要国家的证券化率

国家	2012年 GDP（10亿美元）	2012年 证券化率（%）	2013年 GDP（10亿美元）	2013年 证券化率（%）
中国	8227.10	44.34	9396.65	42.03
美国	15684.80	114.92	16799.70	143.07
日本	5959.72	63.49	4542.84	99.85

续表

国家	2012 年 GDP (10 亿美元)	2012 年 证券化率 (%)	2013 年 GDP (10 亿美元)	2013 年 证券化率 (%)
英国	2435.17	134.81	2671.61	165.96
中国	8227.10	44.34	9396.65	42.03
法国	2612.88	105.70	2830.68	126.30
德国	3399.59	42.28	3763.10	51.32
俄罗斯	2014.77	40.52	2039.63	37.94
印度	1841.72	69.08	1757.22	64.74
巴西	2252.66	57.22	2049.28	49.76
南非	384.31	245.35	322.88	291.69
韩国	1129.60	91.67	1353.51	91.22

注：1. 计算证券化率所使用股市市值数据来自世界交易所联合会，即该经济体的世界交易所联合会会员交易所国内股市市值之和；

2. 计算证券化率的 GDP 使用的是各国统计局公布的 GDP。

3. 2012 年 GDP 数据来源于世界银行，2013 年采用的是各国统计局公布的 GDP，并以 2013 年 12 月 31 日的汇率折算为美元。

数据来源：世界银行、世界交易所联合会。

三、微观因素

(一) 行业特征

美国上市公司的统计研究表明，美国同行业公司比不同行业公司的资产负债率更为相似，而且一个行业平均负债率的高低排名往往在一段时期内是相当稳定的。比如以美国市场为例，医药食品、仪器设备等行业具有低负债的资本结构，纺织、钢铁、航空等行业具有较高的负债率，而电信、天然气等受管制的行业，其资本结构中的负债率最高 (Harris and Raviv, 1991)。我国学者对全国上市公司的分析也表明，在采用较广义的行业分类情况下，通过计算仍然可以发现不同行业的公司呈现出不同的财务杠杆。

由于行业特征的变量难以恰当量化，本书采用如下几个指标作为衡量行业因素的代理变量。

(1) 行业资产比率。用 IAR 表示，指的是某行业所有上市公司资产占全部上市公司资产的比率；

(2) 行业营业收入比率。用 IMOIR 表示，指某行业所有上市公司营业收入占全部上市公司营业收入的比率；

(3) 行业营业利润率。用 IPR 表示，指行业内所上市公司营业利润和占全部上市公司营业利润和的比率。

本书行业划分按照中国证监会的划分办法，对贵州上市公司行业划分为房地产业、制造业、信息技术、电力煤气及水的生产和供应、采掘业五大类进行分析。

(二) 公司规模

国外大量的实证研究表明企业规模与资本结构之间存在着相关关系。Baxter 和 Cragg（1970）的研究结果表明大企业倾向于债券融资（包括债券、可转换债券和优先股），而负债率越高的企业越难以进行债券融资。Wamer 和 Ang、Chua 和 McConnell 的实证表明直接破产成本是造成企业价值下降的重要原因。Smith（1979）则证实了小企业面临着更高的股权发行成本，因而有可能面临着较高的负债水平。Titman 和 Wessles（1988）的研究得出短期负债比率与企业规模负相关的结论，认为小企业可能面临着较高的长期融资交易成本。Moh'd（2000）和国内大部分学者的研究结论认为上市公司资本结构与其企业规模正相关（陆正飞，辛宇，1998；王娟，杨凤林，1998；沈根祥，朱平芳，1998；张则斌等，2000；洪锡熙，沈艺峰，2000；冯根福等，2000）。

企业规模可从投入和产出两个角度来衡量，本书分别采用总资产（TA）与营业总收入（MOI）的自然对数两个指标反映企业规模因素，即 LnTA 和 LnMOI。

(三) 公司股权结构

公司的股权结构决定了公司的治理结构，选择有效率的治理结构问题近似于为企业选择一个恰当的资本结构的问题。Jensen 和 Meckling（1976）指出公司管理层与外部股东之间的利益冲突将导致管理层以股东利益为代价进行次优投资，以谋求自身福利的改善。Kim 和 Sorensen（1986），Agrawal 和 Mandelker（1987），Mehran（1992）的实证分析发现内部股东持股比率与企业负债水平正相关；而 Friend 和 Hasbrouk（1988），Friend 和 Lang（1988），Jensen、Solerg 和 Zom（1992）以及 Moh'd（2000）则证实了两者存在负相关关系。中国证券市场与西方发达国家证券市场一个显著不同的特征，就是存在着约占总股本三分之二的不可流通的国家股和法人股，且国家在很多上市公司中都是居绝对控股地位的第一大股东，在这种股本结构下，上市公司在资本市场的功能注定也不能很好地发挥出来，必然也会反映在公司的资本结构中。我国学者大都绕过股权结构对资本结构的影响，直接探讨股权结构与企业绩效的关系。

本书以产权比率（PSS）、流通股比率（PCS）等指标反映企业股权结构。其中，产权比率是负债总额与股东权益总额之比，反映由债权人提供的资本与股东提供的资本的相对关系，其计算公式为：

产权比率 =（负债总额/股东权益总额）×100%

（四）公司的盈利能力

Myers 和 Majluf（1984）的融资排序理论（Pecking order）认为，公司利用留存收益来进行融资的成本要低于负债融资，而负债融资的成本又低于股权融资，因此盈利能力越强的公司，其利用留存收益进行融资的倾向性就会越强，相应的负债融资的比例就会越低。Brander 和 Lewis（1986）则从盈利能力对企业风险偏好的影响出发，认为高盈利企业偏好于选择高风险项目，进而可能选择较高的负债水平。傅元略则从总资产收益率与平均负债利率的角度分析了企业盈利能力与其负债水平的关系，认为总资产收益率大于平均负债利率是企业增加负债的前提条件，这隐含着企业盈利能力与其负债水平正相关的结论。

本书选用营业利润率（MRM）、净资产收益率（ROE）来衡量企业的盈利能力。

（五）公司的成长性

企业成长表现为营业收入的增加、资产规模（既可能是有形资产，也可能是无形资产）的扩张。成长性较高的公司面临的投资机会也会非常多，对资金的需求也会旺盛。Myers（1977）认为由于代理成本的存在，成长中的公司由于其未来投资选择更富弹性，其债务代理成本很可能更高，因而预期成长性应该与负债水平负相关。如果公司发行短期债务而非长期债务，则可能减少上述代理成本，短期负债率应与企业成长性正相关。减少上述代理成本另一有效方法是发行可转换债券（Jensen, Meckling, 1976; Smith, 1979），这意味着可转换负债率与成长性存在正相关关系。然而，虽然成长性可以增加企业价值，但它既不具有抵押价值，又不一定形成当期应税收入，因而基于代理理论的负债与成长性之间的关系也可能方向相反（Titman，Wessles，1988）。此外，新兴产业中的企业一般具有较高的成长性，同时也具有较大的经营风险和较高的破产概率（冯根富等，2000），因而有可能使得成长性与负债率呈现负相关关系。另外，Rajan 和 Zingales（1995）用资产的市价账面比率（即托宾 Q 值）来测量成长机会。现有的实证结论与理论分析一样，也没有得到一致的结论。

企业成长性可从企业成长的实际成果和企业成长的潜在可能两个角度来衡量，本书分别采用营业收入增长率（MOIG）、总资产增长率（TAG）和托宾 Q 值[①]。

$$\mathrm{MOIG}_t = \frac{\mathrm{MOI}_t - \mathrm{MOI}_{t-1}}{\mathrm{MOI}_{t-1}} \times 100\%$$

$$\mathrm{TAG}_t = \frac{\mathrm{TA}_t - \mathrm{TA}_{t-1}}{\mathrm{TA}_{t-1}} \times 100\%$$

$$Q_{it} = \frac{\mathrm{FMV}_{it}}{\mathrm{FABV}_{it}} = \frac{D_{it} + \mathrm{TE}_{it} \times P_{it}}{\mathrm{FABV}_{it}}$$

式中，MOI_t 代表第 i 家公司第 t 期的营业收入；TA_t 代表第 i 家公司第 t 期的总资产；D_{it} 代表第 i 家公司第 t 期的负债账面价值；TE_{it} 代表第 i 家公司第 t 期的公司总股本；P_{it} 代表第 i 家公司第 t 期的公司股票年末收市价。

（六）信号或公司的股利政策

股利政策是关于公司是否发放股利、发放多少股利、何时发放股利等方面的方针和策略。影响股利政策的因素主要有法律因素、企业因素、股东因素及其他因素，根据不同的因素，企业应权衡利弊得失，制定最佳的股利政策。许多研究认为，股利是一种成本很高的收益信号。一般而言，资本结构和股利分配政策存在双向因果关系，影响股利分配政策的企业因素包括企业资产的流动性、举债能力、投资机会、资本成本等；公司资产负债率越高，其股利支付率就越低；公司股利支付率越高，其资产负债率就越低，这说明上市公司一般不通过债务资金而主要通过权益资金支付现金股利。公司的股

---

① $Q = \mathrm{FMV}/\mathrm{FARV}$，其中：FMV 代表企业市场价值，FARV 代表企业资产重置价值。

利包括股票股利和现金股利，公司的股利政策不仅反映了公司税后盈余的分配方式，同时还具有一定的反映公司未来发展状况的信息含量。股利支付方面有很好声誉的公司在进入权益市场时信息不对称问题不很严重（John 和 Williams，Miller 和 Rock，1985）。另外，如果股息支付代表了公司财务健康的信号，公司应该有更好的债务承受能力，因而公司股利支付率应该与其杠杆率成正相关。代理理论认为，股利是代表股票未来收益的信号（Jensen，1992），未来收益高的公司可更多地使用内部资金而较少的借债，股利支付应该与杠杆率成负相关。

本书以现金股利支付率（CD）来反映公司的股利分配政策，用股利支付额/净利润来表示股利支付率。

（七）公司的税负水平

对一个上市公司而言，主要的税负有增值税、营业税、消费税等流转税和所得税。Modigliani 和 Miller（1963）引入企业所得税后得到企业价值与其负债水平负相关的结论；Farrar 和 Selwyn（1967）发现股东的潜在收益取决于企业所得税、个人所得税和资产利得税等三个因素的相互作用，正反两方面的结果都可能出现；Stapleton（1972）则认为，对多数投资者而言，股息所得超过资本利得税，因而投资者倾向于企业采取保留盈余融资；冯福根等（2000）得出企业实际所得税税率与账面短期负债比率及市值资产负债率正相关的结论。更多的学者认为，由于负债融资的利息支出是在税前列支的，具有抵税的作用，因此，平均税率高的上市公司，其负债融资的动机就会相对较强，其资本结构中负债融资的比例就会相对较高，以便更充分地享受"税盾效应"；反之，平均税率低的上市公司，其资本结构中负债融资的比例就会越低。

本书采用企业实际所得税税率（RRT）作为所得税因素衡量指标，由应交所得税（TAX）和税前利润（EBT）计算而得。因资料获取的难度，本书忽略个人所得税对资本结构的影响。

$$RRT = \frac{TAX}{EBT} \times 100\%$$

（八）抵押价值

Scott（1977）认为通过发行担保债务企业可以增加其股权价值；优序融资理论（Myers，Majluf，1984）认为提供债务可以缓解管理者与外部股东之间的信息非对称程度。基于上述理由，具有较高可抵押资产的企业可能有较高的负债水平，由负债企业股东的次优投资倾向可以推出企业负债与其资产抵押价值正相关的结论（Jensen，Meckling，1976；Myers，1977）。有些学者也认为，经理人员的过度在职消费可能导致资产抵押价值与负债水平负相关。提高负债水平可以增加经理人员面临的破产威胁，因而抑制其在职消费倾向，当然，这同时需要债权人的监管。监管需要成本，公司越是缺乏抵押价值，其监管成本就越高。因此，缺乏抵押价值的企业有可能选择较高的负债水平，以限制经理人员的在职消费（Grossman，Hart，1982）。就实证分析结论而言，大多数结论支持了企业负债水平与其资产抵押价值正相关的理论假说（Bradley，1984；Malitz，1985；Friend，Lang，1988；沈根祥，朱平芳，1999）。但也有一些学者如 Kim 和 Sorensen（1986）、Titman 和 Wessles（1988）、冯福根（2000）等的分析不支持上述结论。

本书用存货（INV）和固定资产（CA）占总资产（TA）的比例（RCT）、无形资产[①]（INT）占总资产的比重（RNT）等指标构建企业抵押价值的衡量体系。

$$RCT = \frac{INV + CA}{TA} \times 100\%$$

$$RNT = \frac{INT}{TA} \times 100\%$$

（九）非负债税盾

在一个考虑企业所得税、个人所得税及非负债税盾的模型中，Deangelo 和 Masulis（1980）发现，折旧及投资的税收减免等非负债税盾是负债融资税收优惠的一种有效替代，这就意味着如果企业预期现金流面临着较高的非负债税盾，则企业可能选择较低的负债水平。然而，从已有的实证结果看，非负债税盾对企业负债的影响有不确定的。Titman 和 Wessles（1988）的研究没有得到具有显著性的结论。沈根祥等（1999）、冯福根等（2000）的实证则支持了 Deangelo 和 Masulis 的观点。Moh'd（2000）的实证结论则与沈根祥、冯福根的结论完全相反，得出两者之间具有显著正相关关系。

本书用固定资产折旧（DEP）与总资产之比（RDT = DEP/TA）来反映

---

① 无形资产是指企业所拥有的没有物质实体的，可使企业长期获得超额收益的资产。

企业面临的非负债税盾。

（十）收入波动性或公司经营风险

收入波动性意味着经营风险。企业收入波动幅度越大，其面临的经营风险越高。就企业融资而言，高风险企业可以面向特定投资者（风险投资者）筹集权益资本，但却难以在金融市场上以负债方式筹集资金，因为债权人一般属于风险规避型投资者。这就意味着反映企业经营风险的收入波动性越强，企业的负债水平就会越低（Bradley，1984；Titman，Wessels，1988；冯福根等，2000）。

本书采用公司营业收入偏离其历年平均收入的程度（RVOL）反映企业收入的波动性。

$$RVOL_{ij} = \left| \frac{x_{ij} - \overline{x_i}}{\overline{x_i}} \right| \times 100\%$$

式中，$RVOL_{ij}$ 为第 i 个公司第 j 年营业收入偏离其平均收入的程度；x_{ij} 为第 i 个公司第 j 年营业收入；$\overline{x_i}$ 为第 i 个公司营业收入平均值。

第二节　实证分析过程

一、数据与方法选择

本节的分析样本是贵州上市公司在1993—2013年的混合样本，并剔除了期间注册地已迁出贵州的公司，样本容量共249个。本节的分析方法采用主成分分析法，运用SPSS软件分析影响资本结构的因素。即通过线性变换将相关变量转换为无关变量，并将其按方差递减的次序排列，以反映其对被解释变量影响程度的强弱。在此基础上进行回归分析，不仅可以消除原始解释变量的相关性造成的信息重叠及干扰，而且可以简化分析过程、优化分析结果。

二、模型构建

本节的分析模型建立在主成分分析基础之上。首先，经过主成分分析得到主成分向量。然后，用所得的主成分作为新的解释变量进行回归分析，以便判断解释变量与被解释变量之间的内在逻辑关系。其回归模型如下：

资产负债率：$DR = \alpha_0 + \alpha_1 f_1 + \alpha_2 f_2 + \cdots + \alpha_k f_k + \varepsilon$

长期负债率：$L-DR = \beta_0 + \beta_1 f_1 + \beta_2 f_2 + \cdots + \beta_k f_k + \varepsilon$

流动负债率：$S-DR = \lambda_0 + \lambda_1 f_1 + \lambda_2 f_2 + \cdots + \lambda_k f_k + \varepsilon$

式中，f_i 为主成分因子（$i = 0, 1, \cdots, k$）；k 值为所选主成分个数，视主成分分析结果而定；α_i、β_i 为回归系数；ε 为误差项。

三、模型分析

（一）主成分的提取

运用 SPSS 统计分析软件，对反映 10 类因素的 20 多个原始变量进行降维处理，提取主成分（公共因子）。按解释 70% 方差的标准决定成分取舍，提取前 8 个主成分作为进一步分析的变量，这 8 个主成分萃取了原始变量 74.766% 的信息含量（见表 3-3）。以这 8 个主成分构建回归模型，既有效地简化了模型，又涵盖了原始变量的绝大部分信息。

表 3-3 主成分的提取

主成分	特征值	贡献率（%）	累积贡献率（%）
1	3.839	15.994	15.994
2	3.636	15.152	31.146
3	2.660	11.083	42.228
4	2.343	9.764	51.992
5	1.684	7.016	59.008
6	1.511	6.294	65.302
7	1.250	5.209	70.511
8	1.021	4.255	74.766

注：提取方法：主成分分析。

（二）主成分（因子）辨识

为了便于主成分命名，我们选择斜交旋转方法，得到因子负荷矩阵，以便分化因子负荷，有利于主成分命名（见表 3-4）。

表3-4　因子负荷矩阵及主成分命名

变量	因子							
	1	2	3	4	5	6	7	8
GRGDP	0.055	0.742	-0.022	-0.36	0.001	-0.228	-0.106	-0.072
GRIFA	0.011	0.678	-0.029	-0.416	-0.241	-0.127	0.13	0.162
RMG	0.051	0.403	0.165	0.5	-0.494	0.307	0.023	0.021
i_1	-0.381	-0.081	0.805	-0.319	-0.045	0.053	-0.013	0.152
i_2	-0.375	-0.191	0.835	-0.234	-0.016	0.069	-0.023	0.1
CPI	-0.297	0.131	0.737	-0.269	0.085	-0.105	-0.203	-0.128
IAR	0.872	0.094	0.283	-0.044	0.226	0.22	0.167	-0.01
IMOIR	0.898	0.087	0.271	-0.045	0.208	0.183	0.138	0.018
IPR	0.894	0.089	0.272	-0.045	0.212	0.19	0.143	0.012
LnTA	-0.174	0.846	-0.093	0.217	0.099	0.238	-0.123	0.022
LnMOI	0.054	0.839	-0.052	0.151	0.156	0.129	-0.232	0.063
PSS	-0.647	0.302	-0.189	0.012	0.254	0.241	0.221	-0.147
PCS	0.052	0.697	-0.003	-0.333	-0.071	-0.026	0.196	-0.052
MRM	0.046	-0.093	0.213	0.68	-0.045	0.201	-0.401	-0.142
ROE	0.01	0.366	0.342	0.533	-0.115	-0.023	-0.25	0.114
MOIG	-0.145	0.163	0.108	0.443	0.421	-0.468	0.362	0.057
TAG	-0.133	0.124	0.215	0.565	0.34	-0.475	0.308	0.083
托宾Q值	0.197	0.008	0.12	0.159	-0.761	-0.08	0.395	0.023
CD	-0.028	-0.297	-0.1	0.133	-0.055	0.118	-0.007	0.676
RRT	-0.094	-0.049	-0.069	0.063	-0.344	0.004	0.234	-0.387
RCT	-0.54	-0.048	-0.108	-0.058	0.311	0.527	0.107	-0.099
RNT	0.224	0.115	-0.076	-0.089	-0.102	-0.531	-0.447	-0.014
RDT	0.252	-0.109	-0.441	-0.23	0.091	0.017	-0.224	0.254
RVOL	-0.38	0.284	-0.08	-0.032	-0.073	0.112	0.485	0.431
因子命名	INDUSTRY	MACSIZE	FIANCE	PROFIT	GROW	VALUE	RISK	DIVIDEND

注：因子提取方法：主成分分析法；旋转方式：斜交旋转。

根据表3-4输出结果对保留的因子逐次辨识：

因子1载荷量较大的变量包括IMOIR（行业营业收入比率）、IPR（行业营业利润率）、IAR（行业资产比率），反映了行业状况，故将因子1命名为行业因子（INDUSTRY）。

因子 2 载荷量较大的变量包括 LnTA（总资产）、LnMOI（营业收入）、GRGDP（地区生产总值增速）、PCS（流通股比率）、GRIFA（全社会固定资产投资增速），主要是反映行业企业规模和宏观发展情况，可命名为宏观规模因子（MACSIZE）。

因子 3 载荷量较大的变量集中在 i_2（金融机构法定贷款利率）、i_1（金融机构法定存款利率）、CPI（通货膨胀率），可命名为金融环境因子（FIANCE）。

因子 4 载荷量较大的变量主要有 MRM（营业利润率）、TAG（总资产增长率）、ROE（净资产收益率），可看作是企业盈利能力因子（PROFIT）。

因子 5 对托宾 Q 值有最大载荷，同时在 MOIG（营业收入增长率）、TAG（总资产增长率）有较高的载荷，可看作是企业成长性因子（GROW）；

因子 6 载荷量较大的是 RNT（无形资产占总资产的比重）、RCT（存货和固定资产占总资产的比例）变量，这个指标可命名为抵押价值因子（VALUE）。

因子 7 对 RVOL（营业收入波动性）有最大的载荷，可命名为企业风险因子（RISK）。

因子 8 对 CD（现金股利支付率）有最大的载荷，可命名为股利因子（DIVIDEND）。

（三）回归分析

利用 SPSS 软件，在主成分分析过程中同时得到主成分因子值（回归法分析）。以主成分因子值为解释变量，分别对资产负债率、流动负债率、非流动负债率三个被解释变量采用线性回归方法估计资产负债率模型的有关参数（见表 3-5、表 3-6、表 3-7）。

表 3-5　资产负债率模型及其显著性检验

	原始参数值		标准化参数值	t	Sig.
	B	Std. Error	Beta		
常数项	41.17	0.815		50.519	0.000
INDUSTRY	-5.019	0.849	-0.261	-5.912	0.000
MACSIZE	4.655	0.825	0.242	5.64	0.000
FIANCE	0.597	0.824	0.031	0.724	0.047
PROFIT	-1.559	0.84	-0.081	-1.856	0.065

续表

	原始参数值		标准化参数值	t	Sig.
	B	Std. Error	Beta		
GROW	3.751	0.82	0.195	4.575	0.000
VALUE	9.646	0.848	0.502	11.38	0.000
RISK	3.22	0.84	0.168	3.831	0.000
DIVIDEND	-2.51	0.819	-0.131	-3.064	0.002

表3-6 流动负债率模型及其显著性检验

	原始参数值		标准化参数值	t	Sig.
	B	Std. Error	Beta		
常数项	82.457	1.147	—	71.859	0.000
INDUSTRY	3.605	1.195	0.177	3.016	0.003
MACSIZE	-1.659	1.162	-0.082	-1.428	0.155
FIANCE	0.270	1.160	0.013	0.232	0.816
PROFIT	1.510	1.183	0.074	1.276	0.203
GROW	-2.131	1.154	-0.105	-1.846	0.046
VALUE	-7.273	1.193	-0.358	-6.094	0.000
RISK	-1.647	1.183	-0.081	-1.391	0.165
DIVIDEND	1.769	1.153	0.087	1.534	0.126

表3-7 非流动负债率模型及其显著性检验

	原始参数值		标准化参数值	t	Sig.
	B	Std. Error	Beta		
常数项	17.312	1.148	—	15.075	0.000
INDUSTRY	-3.635	1.196	-0.178	-3.039	0.003
MACSIZE	1.802	1.163	0.088	1.550	0.122
FIANCE	-0.301	1.161	-0.015	-0.259	0.796
PROFIT	-1.569	1.184	-0.077	-1.326	0.186
GROW	2.082	1.155	0.102	1.802	0.073
VALUE	7.338	1.194	0.360	6.144	0.000
RISK	1.653	1.184	0.081	1.396	0.164
DIVIDEND	-1.714	1.154	-0.084	-1.485	0.139

表3-5表明，在95%的置信水平上，行业因子（INDUSTRY）、宏观规模因子（MACSIZE）、金融环境因子（FIANCE）、成长性因子（GROW）、抵押价

值因子（VALUE）、风险因子（RISK）、股利因子（DIVIDEND）与资产负债率显著相关；企业盈利能力因子（PROFIT）与资产负债率的相关程度不显著。

从表3-6可以看出，与流动负债率显著相关的变量有行业特性（INDUSTRY）、抵押价值因子（VALUE）、成长性因子（GROW）。其他因子与非流动负债率的相关程度不显著。

与非流动负债率显著相关的变量（见表3-7）有行业特性（INDUSTRY）、抵押价值因子（VALUE）与非流动负债率显著相关。其他因子与非流动负债率的相关程度不显著。

对资产负债率、流动负债率、非流动负债率的回归方程进行显著性检验的拟合参数（见表3-8）也说明解释变量较好地解释了被解释变量。

表3-8 回归方程的相关参数及显著性检验

项目	R	R^2	Ad. R^2	F	Sig. F
资产负债率	0.753	0.567	0.552	39.249	0.000
流动负债率	0.482	0.233	0.207	9.095	0.000
非流动负债率	0.485	0.236	0.210	9.247	0.000

总之，通过对贵州上市公司的研究，发现行业特征、宏观经济与企业规模、金融环境、企业成长性、抵押价值、企业经营波动风险、股利政策是影响上市公司资本结构的重要因素，公司的实际所得税税率、非负债税盾等因素对贵州上市公司资本结构的影响并不显著。这说明，影响其他国家公司资本结构的宏微观因素在贵州地区也起着非常类似的作用。并且贵州上市公司的资本结构不仅受企业内部因素的影响，而且还受社会经济制度等外部因素的影响，是各种因素相互冲突、相互交融的结果。

第三节　资本结构形成的宏微观因素分析

一、区域金融环境

（一）区域经济发展高度依赖金融业发展

以索洛、斯旺、米德为代表的新古典区域均衡增长理论认为，资本是区域经济增长的一个重要因素。按照现代经济增长理论，一国或地区的长期经济增长最终取决于实际产出能力的提高,而这种产出能力提高的根源在于资本、劳动力的积累以及整个生产制度效率的提高,其中资本要素就是资源配置、组合、转化的连接器和推动器。长期以来,在粗放经济增长方式与现有社会分工格局下,贵州资本要素的发展的总体特征可归纳为储蓄、投资水平逐年增长,但水平偏低,金融资产总量小,来源少,资金缺口大,供求矛盾突出,金融约束与金融抑制现象严重。贵州资本积累长期滞后,其内在原因可以总结如下:

(1) 区域经济基础差。贵州财政仅仅是"吃饭财政",尤其是一些山区仍相当贫困,经济运行中的主要矛盾和困难仍十分严峻。比较来看,贵州的经济发展是恶性循环的:Y低→S低→I低→Y低(Y为收入,S为储蓄,I为投资),即收入水平约束了储蓄与投资的增长,储蓄与投资水平又进一步约束了收入的增长。这包括贵州在内的西部地区经济要实现跨越式发展,就必须打破恶性循环,实现经济增长方式的良性循环(Y高→S高→I高→Y高),这样,资本多→收入多……由此转化成良性循环。

(2) 资金内生机能差。资金运行处于低投入—低效益—低积累—低产出的低水平循环状态,资本生成与资本积累能力差,资本形成能力严重不足,从而实际投资与全省或其他较发达地区相比存在明显差异,并且这种差异呈现扩大趋势。

(3) 经济活动主体弱质。贵州的特色产品主要是劳动力密集型产品和初级产品,产业项目质量水平较低,产业产品结构不适应市场需求的矛盾较为突出,企业整体效益不佳,导致市场主体对信贷有效需求和承贷载体不足,使金融机构无法在准确评估企业资信状况的基础上,拓展信贷领域,增加企业贷款。另外,新增信贷投量后劲乏力、民间投资启动较慢等问题也是导致贵州资本积累长期滞后的原因。

由于资金短缺并缺乏健全的内在"造血"功能,难以形成内部资金的良性循环,并由此导致经济发展所需的物力、人力、技术、信息等资源配置的不充分和不合理。当前,贵州的发展属投资拉动型经济增长模式,资金需求巨大,特别是在西部大开发、支持特色经济发展的新形势下,资金供求矛盾更加突出,金融滞后将会更成为制约贵州经济社会发展的瓶颈因素。在市场经济条件下,一般都是通过两种方式来获得资金,即内源融资和外源融资。但目前贵州多属"吃财政饭"的地区,内源直接融资量十分拮据,贵州发展的大量资金主要还是要依赖于信贷资金、政策转移性资金、招商引资、民间资本等多种融资渠道的参与。

20世纪90年代以后，贵州金融体制改革不断深化，金融资产结构由单一的银行资产向市场化和多元化方向发展，初步形成了以银行业为主体，证券业、保险业和其他金融业共同发展的现代金融体系。其中，作为金融业主体的银行业形成了以国有商业银行为主体，政策性银行、股份制银行、地方商业银行以及合作金融机构等并存的多层次的银行体系，积极吸收存款，不断拓宽信贷业务，有力地支持了全省经济社会发展。尤其是自省内银行业金融机构启动股改以来，资产规模持续增长，2013年全省银行类金融机构共有4649个，从业人员近6万人，资产总额达到17287.8亿元。2013年贵州省金融机构人民币各项存款额13265.01亿元，是2005年的4.8倍；金融机构人民币贷款余额达10104.30亿元，是2005年的4.4倍，银行业金融机构的吸储与放贷能力逐年增强，为地方经济发展提供金融支持打下了坚实的基础。2013年，全省金融业实现增加值433.53亿元，比上一年增长16.5%，比同期GDP增长速度要高4个百分点，比第三产业快3.9个百分点。金融业保持快速增长，成为服务业中增长最快的行业，对经济增长的贡献度持续提升。同时，贵州加快实施"后发赶超"战略，强劲的增长潜力将派生出旺盛的金融需求，贵州工业强省、新型城镇化战略的深入推进也将为金融资本向产业发展提供了战略契机，为金融业的发展营造得天独厚的条件。

金融业是一个高附加值的产业，它对经济发展的贡献，不仅体现为自身所直接创造的增加值，更重要的是它对地区经济发展的促进作用。本研究报告用金融机构人民币存款余额和贷款余额作为衡量金融业发展的指标，用地区生产总值（GDP）衡量经济发展状况，以1990—2013年为样本，以变量Y_{GDP}来解释地区生产总值，以金融机构人民币存款余额（X_d）和金融机构人民币贷款余额（X_l）为解释变量，通过建立回归模型对贵州经济发展与金融业发展之间的关系进行探讨。数据分析使用软件SPSS，相关分析结果发现（见图3-1，表3-9），Y_{GDP}与金融机构人民币存款余额（X_d）之间的相关系数达0.998，与金融机构人民币贷款余额（X_l）之间的相关系数达0.998，表明地区生产总值与金融机构人民币存款余额和贷款余额之间存在高度正相关关系，经济增长可以由金融机构人民币存款余额和贷款余额来解释。

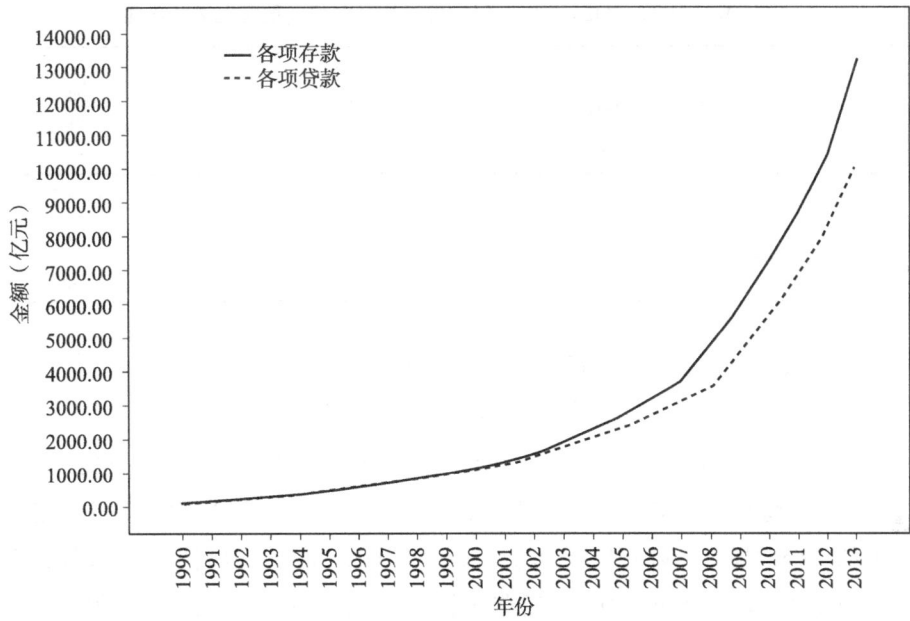

图 3-1 贵州省 1990—2013 年金融机构存贷余额情况

表 3-9 1990—2013 年贵州经济发展与金融业发展相关系数

项目		地区生产总值（亿元）	金融机构存款余额（亿元）	金融机构贷款余额（亿元）
Y_{GDP}	Pearson Correlation	1	0.998 **	0.998 **
	Sig. (2-tailed)	—	0.000	0.000
	N	24	24	24
X_d	Pearson Correlation	0.998 **	1	1.000 **
	Sig. (2-tailed)	0.000	—	0.000
	N	24	24	24
X_l	Pearson Correlation	0.998 **	1.000 **	1
	Sig. (2-tailed)	0.000	0.000	—
	N	24	24	24

注：** Correlation is significant at the 0.01 level (2-tailed).

根据以上分析，建立模型：$Y = a + b_1 X_d + b_2 X_l$。其中，$a$ 为常数，b_1 表示金融机构人民币存款余额对 GDP 的影响系数，b_2 表示金融机构人民币贷款余额对 GDP 的影响系数。运用 SPSS 软件进行回归分析，结果如表 3-10 所示。

欠发达地区企业资本结构与区域经济发展研究

表3-10　1990—2013年贵州经济发展与金融业发展回归分析结果

	Unstandardized Coefficients（非标准化系数）		Standardized Coefficients（标准化系数）	t	Sig.
	B	Std. Error	Beta	—	
GDP	273.924	83.075	—	3.297	0.003
X_d	0.363	0.314	0.601	1.154	0.262
X_l	0.317	0.415	0.397	0.763	0.454

根据表3-10结果，可得到如下的估计方程，
$$Y = 273.924 + 0.363X_d + 0.317X_l$$

对表3-10的回归检验得出，可决系数 $R^2 = 0.996$，经过修正的 R^2 为0.996，F检验值为2579.01。可决系数 R^2 和经过修正的 R^2 接近于1，表明模型的拟合效果非常好；F检验的相伴概率为0，反映变量间呈高度线性，回归方程高度显著，金融机构人民币存款余额（X_d）和贷款余额（X_l）能够很好地解释全省经济增长情况。$b_1 = 0.363$，$b_2 = 0.317$ 说明金融业发展对经济发展具有促进作用。在其他变量保持不变的条件下，每增加100亿元的存款，GDP将增加36.3亿元；每增加100亿元的贷款，GDP将增加31.7亿元。这就是说，提高金融业发展水平，尤其是增加信贷投放额度，将有利于推动经济快速增长。

总的来看，企业资本结构同样受到区域金融经济因素的制约。一个地区的经济发展阶段、市场发育程度、金融市场运行状态和历史文化背景等都会影响企业资本结构，影响企业融资约束水平进而影响企业发展。

（二）区域经济落后，融资成本较高

贵州上市公司这一融资结构与亚洲一些发展中国家或地区的非金融类公司融资结构有相似之处（见表3-11）。这些国家或地区具有各自不同的社会经济制度及文化背景，但其非金融类企业融资结构却都以外源融资为主导，且外源融资中又以负债融资为主体。分析这种相似性的根源，本书认为这是由于贵州上市公司正处于发展阶段的结果。其原因主要有：

（1）企业扩张。李义超（2003）认为，发展中国家上市公司规模相对较小，上市公司出于增强自身竞争力的考虑，必然追求企业规模超常扩张，而内源融资只能使企业以算术级数增长，只有通过外源融资才能实现企业规模的超常增长。本报告认为，贵州作为中国发展较滞后的地区，区域内上市公

司的规模相对较小，必然也趋向于通过外源融资来实现其规模的扩张，其结果就表现为企业的外源融资占据了主要地位。

表 3-11　东亚及其他一些发展中国家或地区非金融公司的融资结构　　单位:%

国家或地区	年度	内源融资	外源融资				其他
			负债合计	贷款	债券	股本	
韩　国	1970—1979	27.6	57.3	52.5	4.8	14.8	0
	1980—1989	38.3	46.0	32.4	13.6	15.6	0
中国台湾	1965—1980	37.3	44.6	42.9	1.7	24.1	-6.2
	1981—1990	29.9	39.8	33.6	6.2	28.6	1.8
印　度	1970—1985	23.3	62.4	47.8	14.6	13.2	1.1

资料来源：财政部世界银行业务司：《东亚奇迹》，中国财政经济出版社 1995 年版，第 154 页；赵德志：《中国融资体制改革》，中国经济出版社 1999 年版，第 208 页。

（2）股权融资约束。从证券市场的现实情况看，贵州经济发展在全国处于落后位置，贵州的上市公司的整体形象也极弱，再加上新股发行价格偏低，贵州上市公司通过资本市场融资的计划受到了相当程度的制约。这与当前我国证券市场的现实状况相符。

（3）社会资源配置。贵州上市公司虽然受到股权融资的约束，但在西部地区，上市公司作为被社会公众所认可的企业精英，常常有着更加诱人的发展前景和经济效益。在要素追逐利润的利益驱动下，优化资源配置的结果必然是社会资金向上市公司集中，具体表现为上市公司的外源主导型融资。

因此，企业内部的扩张冲动、宏观资本市场的股权融资约束、区域内的要素逐利行为等因素，铸就了贵州上市公司外源融资为主的融资结构特征，这也是欠发达地区上市公司融资结构的显著特征。

贵州上市公司资产负债率水平相对偏低的主要原因可作如下分析：

（1）从历史原因来看，在贵州企业上市前的较长时间里，企业自有资本不足，资金匮乏，企业不得不靠大量举债来维持生产经营。长期以来形成的单一化融资体制导致了国有企业的过度负债问题，增加了国企还款付息压力和出现财务风险的可能性。而企业经过股份制改组并获得上市资格后，可以通过发行新股和后续的配股活动获得大量资本金，从而直接降低了资产负债比率。

（2）从体制原因看，我国股市正处于不断发展和完善中，股权的约束机制和外部监管机制还未建立起来的阶段，经营者可以滥用资金，随意分红派息，因而上市企业大都不愿举债。

（3）从企业特征来看，贵州上市公司资产负债率偏低的原因也受企业地理位置、规模大小和经营效益等的影响。从地理位置看，由于地区交通、通信条件对商品销售、运输的制约程度较深，资金周转速度也较慢，从而影响企业负债水平。从企业规模来看，贵州的企业规模都偏小，经济实力、竞争能力、盈利能力和抗风险能力都相对低于发达地区的上市企业，偿债能力相对较弱，资产负债率要偏低些。从企业经营效益来看，贵州上市企业经济效益普遍低于全国平均水平，投资回报率偏低，银行出于风险考虑对企业贷款也较为谨慎，因此企业的资产负债率也就不一样。

（4）贵州上市公司资产负债率水平偏低意味着企业还处于低速发展阶段。从积极的角度来看，资产负债率普遍偏低表明公司的财务风险较小，偿债能力强，投资行为比较谨慎。但是从消极的角度来看，资产负债率低表明公司的资本成本较高，并且也意味着企业处于较低速发展阶段。因为，在一个国家的不同经济发展阶段，企业负债比率产生差异的原因在于经济发展周期引起的景气波动。经济增长时期，企业面临的经济环境和市场条件比较好，大量举债可增强企业的发展能力，并获得大量盈利。反之，在经济发展滞缓时期，企业由于所处外部环境恶化，若负债过度，非但不能盈利，反而容易陷入债务危机的困境。在经济由高速进入中高速的新常态时期，由于上市公司相对良好的盈利预期以及较为完善的公司治理结构，成为银行可以信赖的稳健信贷目标，因而上市公司生产经营活动对银行借款明显增加，资产负债率上升。

二、企业发展因素

（一）影响比较显著的因素

1. 企业成长性

分析结果显示，企业的成长性（包括总资产增长率、主营业务收入增长率指标）与企业的财务杠杆具有显著的正相关关系。这说明，和通常所说的如果企业成长性越好，则企业更倾向于股权性融资的一般性特点不同，尽管贵州上市公司也有股权融资的强烈偏好，却由于整体质量和形象的相对弱势，往往在股票市场上融资的成本较高、机会较少。但是在贵州范围内，上市公司属于稀有资源，往往代表着具有良好的信誉和很高的信贷担保能力，企业获得银行信贷等债务的能力较强，因而企业的成长性与企业财务杠杆显著相关。同时，由于我国证券市场再融资条件的约束，企业在获取资金以支持成长性投资机会时，选择的融资方式往往只能依靠于以银行信贷为主的债权性融资。上述分析也表明，现有市场的融资渠道并不能满足贵州上市公司成长性融资的内在需求。

郭大维（2007）分析了转型时期中国企业资本结构的现状，他将企业发展分为三阶段，并结合企业的发展阶段探讨企业资本结构。[①] 其一，企业创立阶段——单一股权资本结构。这一阶段企业资金需求量并不大但具有高风险，这一时期企业的生存发展主要依靠决策人对创业的独到理解和企业高效率的运转以抓住每一个可能稍纵即逝的机会，所以在此时一个高度集中的股权结构是必需的。其二，成长扩张阶段——股权集中和债权增加复合结构。这阶段创业企业的资金需求量迅速上升，于是企业必然采用高负债资本结构，但企业很难靠销售收入积累和私人融资等方式解决资金需求。其三，成熟阶段——多样化资本结构。这一阶段企业经营状况良好，资金利润率大于负债利润率，正是充分利用财务杠杆的最佳时机，企业可以通过债权融资或股权融资来扩充资本总额，这要由企业根据自身状况决定（见表3-12）。

表3-12 泛家族式企业资本结构分析结果

发展阶段 资本结构	创立阶段	发展阶段	成熟阶段
负债比率	高或低	高	适中
股权集中程度	高，绝对控股	高，绝对控股但比例逐渐下降	相对控股
中国企业资本结构存在问题	企业死亡率过高	中小企业融资难问题	上市公司股权融资偏好问题

资料来源：郭大维：《发展视角下中国企业资本结构现状分析与对策》，《北方经济》，2007年第1期。

2. 行业特性

分析结果显示，贵州上市公司的行业特征与企业的财务杠杆比率具有显著的相关关系，说明贵州上市公司的行业特征表现出对债务融资或股权融资

---

① 郭大维. 发展视角下中国企业资本结构现状分析与对策[J]. 北方经济，2007（1）.

需求的更强偏好。一般情况下，不同行业企业资产负债率产生差异的原因主要有资产流动性差别与资金密集度的差别。资产流动性较强的行业，其周转能力或变现能力较强，偿债能力一般要大于资产流动性较弱的行业，因而负债比率要高些。如商业企业一般比工业企业负债率要高，与劳动密集型企业相对而言，技术密集型企业资产利润率较高，资产负债率也高些。在成熟的市场经济条件下，由于市场的调节作用，不同行业的这种特点尤为明显。即使是同一企业，在不同发展时期，受产品生命周期的影响，企业的负债率水平也往往变化不定。

3. 盈利能力

统计结果显示，贵州的上市公司的主营业务利润率与资产负债率、流动负债率、长期负债率呈负相关。企业的盈利状况与企业的财务杠杆呈显著的负相关关系表明，我国股票市场的存在为上市公司提供了良好的外部融资环境，赢利性越好的优良企业，越容易以配股或增发的方式获得股权性融资，表现为企业财务杠杆比率的降低。这也说明，盈利能力是决定贵州上市公司资本结构的一个重要因素。

4. 抵押或资产担保价值

模型的回归结果显示，上市公司的固定资产与存货价值、无形资产价值与企业的总负债率显著负相关。我国企业的上市条件之一是企业上市的前三年必须盈利，显然，上市公司的固定资产担保价值确实有利于企业获得经营性需要的债务融资，企业的固定资产担保价值越高，其流动债务比率也越高。但是，当企业在进行外部债务性融资时，能否获得长期性债务融资的条件更多的是取决于企业资产的质量。但由于长期性贷款有一定风险，这也加强了银行对于长期性资金的"惜贷"行为。

5. 企业规模

有些研究结果认为，规模较大的公司，一方面具有 Kim 所指出的破产概率低的特点，即公司的规模越大，公司经营的业务范围也会越广，业务的广泛性可以降低公司的经营风险，从而公司破产的可能性就越小，破产成本也就越低；反之，公司的规模越小，公司破产的可能性就越大，破产成本也就越高。另一方面，规模大的公司可以利用自身资产抵押贷款融资或发行债券融资的可能性较高，越容易获得短期的流动性债务以满足经营活动的需要，企业的债务融资的比重就越大，但对上市公司的增发、配股等权益性融资行为而言，资产规模大并不构成优势。因此，规模大的公司其负债融资的倾向性较大，资产负债率相对较高。

6. 股利政策

有些研究结果认为，现金股利支付率与总资产负债率、流动负债率负相关，表明现金股利支付率也是上市公司资本结构的决定因素。虽然当前现金分红的上市公司数量不多，连续现金分红的上市公司数量就更寥寥无几了。但是，当前某些上市公司的分红的目的是为了进一步从股市"圈钱"，即从股市获得股权融资的好处，因此与负债率呈负相关。

7. 宏观背景

宏观经济发展背景（全社会固定生产投资增长速度）是影响资本结构的一个因素。从地区发展的历史来看，发达国家或地区的经济是良性循环的：Y 高→S 高→I 高→Y 高；发展中国家或地区的经济是恶性循环的：Y 低→S 低→I 低→Y 低。近几年来，贵州经济增长的速度、全社会固定生产投资的增长速度有所加快，整个区域的宏观发展背景趋好，企业的发展规模也相应扩张。而欠发达地区的企业规模扩张就必须打破恶性循环，引进外资，这样，资本多→收入多……由此转化成良性循环，而引进外资也是外源融资的一种有效途径，所以这也在一定程度上决定了贵州要将外源融资作为首选，其中，包括来自金融机构在内的各方借款的债务融资。通过研究发现，省份哑变量可以解释不同地区资本结构一定程度的变化。比较发达的省份有较高的负债率，而比较落后的省份的负债率则比较低。

（二）影响不显著的因素

根据实证结果，另外一些因素与资产负债率的相关程度不高，实证结果与理论假设有所背离，一定程度上说明了贵州上市公司在进行融资结构的选择时，这些因素并不是企业微观财务结构的显著影响因素。事实上，上市公司的融资决策更多由企业的经营活动需要以及融资的环境条件等决定。由于贵州上市公司数量少，统计样本量较小，小样本量的数据统计误差相对也较大，在统计时应该适当扩大统计置信区间。同时，考虑到中国的上市公司尤其是欠发达地区上市公司的经营或融资行为与市场经济的经营行为还不能完全适应，尽管本报告的实证研究已证实理论假设的一些因素也未必能够影响贵州上市公司的融资决策。

第四章 企业资本结构优化的基本思路

中国经济进入新常态已经成为社会各界广泛形成的共识。经济新常态意味着，我国经济增长速度将由高速增长转为中高速增长，经济发展方式将从规模速度型粗放增长转向质量效率型集约增长，经济结构将从增量扩能为主向调整存量、做优增量并举的方向调整，经济发展动力将从传统增长点转向新的增长点，整个经济将向形态更高级、分工更复杂、结构更合理的阶段演化。同样，在宏观经济大背景下，企业资本结构也将进入模式创新、结构趋优、升级转型的新常态。

第一节 新常态下企业融资环境分析

一、企业融资宏观环境分析

"十三五"时期，国际经济将长期保持中低速发展态势，具体表现在全球金融危机爆发以来，世界多极化、经济全球化还在深入发展，发达经济体和新兴经济体的复苏步伐不如预期；美欧再工业化战略以及新一轮科技革命和互联网条件下的商业模式创新，将会对全球产业分工格局产生重大影响；TPP、TTIP等各类跨区域贸易协定的生效，将会带来新一轮的全球投资贸易规则变化；全球能源与资源版图和地缘政治环境也都在悄然变化，等等，总之，未来国际经济将可能长期保持中低速发展态势。

"十三五"时期，我国战略机遇期内涵、条件、要求已有新变化。十八大以来，以习近平同志为总书记的新一届中央领导集体，根据新形势、新变化、新要求，先后提出了一系列重大战略谋划，提出"两个一百年"的奋斗目标，强化"三期并存"的发展阶段（即我们正处在全面建成小康社会的关键时期，处在转变发展方式和深化改革的攻坚时期，同时还处在大有可为的战略机遇期)，做出了"四化同步"的路径设计和"四个全面""五位一体"的总体布局，特别是提出了长江经济带、内陆开放等与贵州发展密切相关的一系列对外开放和区域合作战略构想。这些变化既是我国战略机遇期内涵、条件、要求的新变化，也对贵州"十三五"经济社会发展产生影响，提出了新的要求，是我们制定"十三五"规划的根本遵循，需要我们结合贵州实际，加强对这些变化背后的成因、内涵和潜在影响的分析研究，深刻领会机遇期内涵、条件变化对贵州的影响，为科学编制规划提供支撑。总体来看，我国经济发展仍处于战略机遇期，但经济发展的内涵和内外条件发生了改变，外需低迷内需不振，亟待转变经济发展方式和进行结构调整，从经济社会发展水平、消费结构、产业结构、就业结构、城镇化率等一系列指标判断，我国"十三五"时期开始由以解决生存型阶段为目标转为跨入以实现全面小康、促进人的全面发展为目标的发展型新阶段，加快改革、着力转变发展方式、由经济大国迈向经济强国仍是发展的主线，以扩大内需为总体目标，以调整经济结构为中心环节，以深化市场化改革为基本路径，强化市场在资源配置中的基础性作用，进一步完善市场经济体制，更加注重改善民生、保持社会和谐稳定，更加注重统筹国内国际两个大局，努力实现经济平稳较快发展。

"十三五"时期，中国经济发展阶段进入新常态的五年。新常态的主要特征是：中高速、中高端、新动力、新矛盾。一是中高速，就是说"十三五"将进入经济速度换挡期，经济增速已经告别过去长时期两位数增长的阶段，进入7%左右的中高速增长阶段，事实上这个判断是相对于我国过去增速而言的，对于全球经济增速来讲还是比较高。贵州也一样，增速会有一个比较大的下调。二是中高端。"十三五"经济增长将更多地以国内需求增长替代外贸需求来支撑，产业结构将呈现向服务型经济发展的转变，工业结构将呈现向先进制造业发展的转变。三是新动力，到"十三五"时期，投资的边际效应肯定会减弱（2011年投资弹性系数为0.57，这意味着投资每增长1个百分点，将带动GDP增长0.57个百分点。而到了2013年，投资弹性系数下降为0.45，即投资增长1个百分点仅能拉动GDP增长0.45个百分点），而且后续资金也很难保障到位，从长远健康发展来看，要逐步转向更多依靠创新驱动、大众创业。四是新矛盾，如产能过剩、地方债偿还、房地产空置率较高等风险的苗头,需要对能源原材料等过剩产业、房地产开发、地方政府融资进行统筹谋划,建立长效发展新机制。面对新常态,要求我们必须深入研究,准确把握对经济社会发展方方面面的影响,适应新常态,科学谋划符合发展实际的中长期发展战略,提出思路对策。

"十三五"时期是贵州总体奋斗目标和全面深化改革进展迈上新阶段的五年。贵州"十三五"规划目标是到2020年,惠及全省人民的小康社会全面建成。据此测算,2014年实现度为76.4%,预计到2020年实现度可以达到90%。因而,"十三五"时期,贵州经济社会发展的水平、质量、内涵和要求都将比"十二五"有进一步提高,这需要我们加快推进重点领域改革,比如传统产业转型提升问题、投融资模式创新问题、民营资金进入问题、国资国企改革问题等应该是破题的时期,全面深化改革将取得突破性进展。

二、企业融资面临的机遇与挑战

贵州企业融资机遇与挑战并存,但总体来看,机遇大于挑战。

一是政策优势叠加。贵州企业融资迎来政策优势叠加汇集期,除了与其他省市区共同享有政策之外,还享有一些特有政策。比如,国务院《关于进一步促进贵州经济社会又好又快发展的若干意见》(国发〔2012〕2号文件)赋予了贵州的战略定位,这些战略定位及布局将使贵州产业和企业享受到包括融资支持在内的特殊政策支持。政策汇集叠加将为贵州企业加快发展迎来良好机遇。

二是区域经济发展带来新机遇。国家把内陆开放作为我国新一轮对外开放的重要举措,全国区域经济战略布局重心正向中西部倾斜,大力推进"一带一路"战略和长江经济带建设,为处于西南内陆的贵州发展带来了千载难逢的发展契机。国内经济转型升级和产业转移步伐加快,为培育和促进特色优势产业和优质企业发展创造了良好条件。贵州围绕"两加一推"主基调,深入实施开放带动、创新驱动战略,为企业发展与改善融资条件奠定了良好的区域发展环境。

三是全球经济转型升级和绿色发展带来的绿色融资战略机遇。全球经济正在进行着一场深刻的转型升级革命,对创新资本支持模式产生了需求;贵州正在贯彻落实"两条底线"的指示,选择绿色发展道路,贵州推进产业转型升级发展契合了绿色金融发展的本质要求,企业发展也将得到较大的融资支持。

四是工业强省积累的产业基础和资本支撑。近年来,贵州大力实施工业强省战略,强化项目建设,全力推进以工业为重点的产业经济发展,全省经济快速发展,多项主要经济指标增速位居全国前列,为企业融资奠定了坚实的产业基础。同时,随着工业强省战略实施,发展环境不断优化,发展平台不断完善,将会吸引更多的外部资本配置于贵州企业的发展,为企业融资增强了产业基础支撑。

五是市场起着决定性作用的机遇。十八届三中全会通过的《关于全面深化改革若干重大问题的决定》,强调要发挥市场的决定性作用,为走在市场高端同时有能力创造市场的企业提供了机会,这为欠发达地区企业建立健全现代企业制度,运用市场经济规则和现代企业制度来配置资本等资源提供了市场机遇。

六是后发优势凸显。在市场对资源配置起决定性作用,以及资金、技术、人才、管理等发展要素流动加快的背景下,随着贵州交通、通信等基础设施的改善,因欠发达所拥有的市场空间大、要素成本低、生态环境好等特点将得到凸显,是企业投资所要考虑的因素,贵州成为理想投资场所和资本集聚高地。

七是企业融资的"新常态"面临一些新常态的特征。主要有:(1)随着中国经济进入增速换挡期,企业依靠劳动力和资源投入获得"暴利"的时代已经结束,而主要依靠信息、知识和技术这些新要素的"微利"时代已经到来,企业资本要素仍然扮演着核心要素的作用,但要更加与产业升级、技术创新、人力资本等要素紧密结合才能使资本价值产生创造性增值。(2)以现代信息技术、高新技术武装起来的互联网金融和融资将成为企业发展的新趋势,改变着企业的生产、储存、营销全过程,产生新的金融配置业态,发展出新的盈利模式,引领着企业的发展趋势,并且带来新的创造力和竞争力。(3)全国各省市区都高度重视融资环境的建设,出台了较多的优惠政策,贵州企业融资在金融环境、融资模式、融资渠道、金融产品和业态创新等方面面临的竞争加剧。

第二节 优化企业资本形成的基本思路

区域经济发展环境和水平在一定程度上决定着区域内各类企业的融资效

率，使企业的融资结构受到影响。企业资本结构不仅受到公司治理等内部环境的影响，还受到外部环境的影响。由于西部地区的经济发展水平相对落后，导致西部地区的企业与东部发达地区的企业面临不同的内外部融资环境。在经济发展水平较高的区域，金融体系相对发达，企业所面临的系统性风险较低，企业外源融资的成本较低，股权融资相对容易。同时，区域内的企业盈利能力较强，内源融资充裕，从而可以降低资产负债率。而在西部欠发达地区，区域内上市公司的规模相对较小，必然也趋向于通过外源融资来实现其规模的扩张，但通过资本市场融资的计划受到了一定程度的制约，其结果就表现为企业既努力于股权融资，也努力争取银行贷款等间接融资。

对贵州上市公司资本结构的优化是个动态的过程，在结合当前贵州上市公司现状的基础之上，更应着眼于贵州资本市场的发展与完善。贵州上市公司融资机制的形成，应从存量和增量两个方面进行。存量调整是基础，但更重要的在于形成增量上的规范性和规律性。尤其在2008年以来的国际金融危机背景下，对贵州这样的欠发达地区的企业资本结构优化来说，应从全球金融危机来审视贵州企业融资环境发展的不足，进一步加快企业的区域融资环境建设，进一步控制欠发达地区企业融资"深度抑制"所产生的区域经济系统性风险，为贵州经济"后发赶超"创造良好的金融服务环境。

一、优化企业资本形成环境

（一）改善区域经济发展环境

新常态下，贵州发展仍处于重要战略机遇期，发展仍是第一要务，贵州经济发展的基本面仍是总体向好，经济正在向形态更高级、分工更复杂、结构更合理的阶段演化。新常态下的发展要突出加速发展、加快转型、推动跨越的主基调，重点实施工业强省战略和新型城镇化带动战略，把推进工业转型升级、提升山地现代高效农业和现代服务业发展水平作为加快转变经济发展方式的主攻方向，把深化改革、扩大开放、优化发展环境作为加快经济发展的强大动力，把创新驱动作为加快转变经济发展方式的重要支撑，把大力发展循环经济、绿色经济作为建设生态文明示范区的重要内容，扎实推进开放型后发赶超步伐，为实现与全国同步全面建成小康社会奠定扎实基础。

（二）改善区域金融环境

对上市公司资本结构的优化是个动态的过程，应着眼于资本市场的发展与完善的基础之上。

（1）完善金融组织机构体系，加快各类金融机构发展，形成以国有金融机构为基础，地方银行、股份制银行、外资银行等多种金融机构并存的多层次、多元化、竞争有序的金融组织结构体系。

（2）加快多层次资本市场建设，培养和发展区域性（西南或西部）资本市场，完善股票市场和债券市场结构，支持上市公司做强做大，增强上市公司增发、配股的再融资功能，发展企业债券市场。

（3）创造良好的金融生态环境，健全企业法人治理结构，使融资活动融于企业产权运营和变革中，建立多元化投融资体制，切实改善信用环境，优化区域金融生态。

（4）积极培育、发展和引进中介服务机构，强化社会监督。

（5）增强防范和化解金融风险的能力，注意防止金融风险跨业、跨市场转移，促进金融业可持续发展。

二、加快企业转型升级发展

发挥企业、政府、社会三个车轮的作用，抓住新一代信息技术带来的技术机会，尽快用现代信息化技术和高新技术，改造企业，加快转型升级、增速换挡步伐，始终使企业走在"新常态"的潮头。

（一）优化区域产业结构

行业特性与公司资本结构的显著相关关系，表明贵州上市企业资本结构的优化首先要考虑到公司的行业特征以及同行业中公司的平均状况，在此基础之上再来选择适合自身发展的资本结构。在工业领域，要实施创新驱动导向型的转型升级，坚持走新型工业化道路，突出特色，优化布局，以产业园区为载体，着力推进产业绿色发展、循环发展、低碳发展，推动信息化和工业化的深度融合，实施"多张名片"产业提升工程、实施"四个一体化"推进工程、战略性新兴产业培育工程、产业绿色发展工程，按生态化理念推动特色优势产业转型升级。在服务业发展方面，要实施知识导向、融合发展型的服务业转型升级，围绕"工业强省"和"城镇化带动"两大战略，大力发展生产性服务业，优化发展生活性服务业，加快发展旅游业，培育发展文化产业，优化服务发展布局，促进服务业集聚发展，增强服务业与工业、农业互动协调，完善服务功能，提升服务水平，增强服务业的协调竞争力。在农业发展方面,要实施高效精致型的农业转型升级,以优势明显、特色突出、潜力可观的生态畜牧业、蔬菜、茶叶、马铃薯、精品水果、中药材和特色杂粮等产业为重点,按照高产、优质、高效、生态、安全的要求,深度挖掘资源和市场潜力,走"区域化布局、集约化发展、标准化生产、产业化经营、规模化推进"的道路,把贵州山地高效农业提升到一个新水平。

(二) 培育优质企业资源

(1) 优化产业结构,做强矿产、旅游、能源、生物等比较优势产业的资源一体化和深加工,延长产业链,引导产业结构逐步升级,充分利用资本市场的资源配置功能促使资金、技术、人力等资源集中流向具有地区比较优势的行业中。

(2) 大力发展高新技术产业、战略性新兴产业、基础设施产业和生态农业类、环保类等新兴行业,增加科技行业的投入,以促进上市公司质量升级。

(3) 加大中小企业发展力度,扶持接续上市资源。

(4) 提高上市公司的盈利能力,通过增强公司变现能力、财务状况和盈利能力来调节负债权益比例,优化资本结构。

三、形成西部企业的良性融资机制

贵州上市企业融资机制的形成,应从存量和增量两个方面进行。存量调整是基础,但更重要的在于形成增量上的规范性和规律性,主要从如下几个方面进行。

(1) 通过改革和制度创新,建立国有企业的现代企业制度,形成合理法人治理结构,使融资活动融于企业产权运营和变革中。只有在合理产权制度基础上,企业才会对资金的使用支付其真实的成本,从而不存在免费成本,企业的融资方式选择才有意义。

(2) 培养和发展西南地区资本市场,特别是证券市场,增加市容量,完善股票市场和债券市场结构,以满足企业融资需要。

(3) 企业根据收益与风险,自主选择融资方式,合理确定融资结构,以资本成本最低实现企业价值最大化,这是企业融资机制形成的标志。

(4) 发展企业债券市场,优化上市公司融资结构。通过扩大企业债券的发行规模、减少对企业债券市场运行的不必要的行政干预以及完善法规体系等多个方面来促进企业债券市场的发展和完善,以此推动资本市场的均衡发展，优化上市公司融资结构。在目前上市公司"软约束"的特殊情况下，发债融资将迫使企业增加经营压力，增强资金成本意识，建立有效的自我约束机制。

（5）严格配股审批制度，规范上市公司融资行为。鉴于上市公司在配股融资方面存在着无序现象，因此需进一步加强对上市公司配股融资的市场监管，如可考虑将目前配股审批的单点控制改为全过程监管，即严格跟踪审查公司配股之后的相关行为，如配股资金使用是否严格按照原计划进行，项目收益情况是否与预期一致等。跟踪审查的结论应作为公司配股资金的首要条件，从而加强对配股公司资金使用上的约束，提高募集资金的使用效益。

四、运用资本原理推进企业改革的深化

欠发达地区企业改革的目的是要实现"政企分开"，转换企业运行的机制，使企业真正成为"自主经营、自负盈亏、自我约束、自我发展"的法人实体，能够按照市场经济的要求有效地配置资源，提高经济效益。要实现"政企分开"，转换企业运行的机制，首先必须落实资本制度，运用资本原理来推进企业改革和建立健全现代企业制度。

（1）进一步明晰产权关系。要通过清产核资或资产评估，确定企业的资产数量，清理分离经营性资产和非经营性资产，确定企业的经营性资产数量、资本数量及其权益主体，负债数量及其权益主体，建立"资产负债"关系，维护企业资产的明晰化及各主体的权益。

（2）在资本制度的基础上明确企业经营管理的责任关系，建立由资本担保的横向责任关系，使企业从关心资本的完整、增值和增长上，重视其经营行为的资本效应，规范经营活动。

（3）根据资本投入确立内部组织关系，科学合理地构建股东会、董事会等最高决策层、经营管理层、经营操作层等企业内部组织，改变企业内部机构设置不符合资本原则的状况，使企业架构更符合资本对经济效率的要求。

第五章 改善企业发展的区域经济金融环境

国发〔2012〕2号文件明确提出贵州要努力走出一条符合自身实际和时代要求的后发赶超之路,确保与全国同步实现全面建成小康社会的宏伟目标。"十二五"以来,贵州经济社会发展稳中有进、稳中向好,经济增长速度在全国居于前列,但贵州也面临较大的问题和挑战。在经济新常态背景下,必须牢牢守住发展与生态两条底线,加快经济"后发赶超",切实为改善企业发展奠定良好的区域经济金融环境。

第一节 加快新常态下的区域经济转型发展

一、贵州经济发展特点

本书从经济发展水平、工业化和城镇化水平、开放合作水平及发展动力等方面对贵州与西部各省(市、区)的发展阶段特征作比较。

(一)经济高位平稳增长,但总量和人均差距较大

经济发展既要看总量规模,又要看人均规模。在某种程度上,人均量更能衡量区域经济发展水平。本研究选取人均GDP作为衡量经济发展水平的指标。如果将人均GDP比作人均GNI的话,结合西部各省(市、区)的人均GDP,根据世界银行官方网站最新公布的收入分组标准,西部各省(市、区)分属于三个不同的发展水平。西藏、云南、甘肃、贵州4省区达到"中低收入国家"水平,其余8省(市、区)份达到"中高收入国家"水平,内蒙古处于"中高收入国家"向"高收入国家"迈进的阶段。

2013年,西部各省(市、区)经济仍保持较快的增长速度,经济总量不断增大,人均GDP进一步提高,除内蒙古、宁夏两个自治区外,各省(市、

区）增速都在10%以上，高于东部地区1.73个百分点，高于中部地区1.6个百分点，高于全国平均水平1.03个百分点。其中，增速在10%以下的有2个自治区，分别是内蒙古、宁夏；增速在10%~12%（含10%）的有6个省（市、区），分别是陕西、新疆、甘肃、青海、广西、四川；增速在12%以上的有四个省（市、区），分别是贵州、重庆、云南、西藏。增长最快的贵州，增速为12.5%，与天津并列全国第1位。

经济的高速增长，带来了经济规模的不断扩大，12个省（市、区）中，有6个省份进入了万亿元俱乐部，分别是四川、内蒙古、陕西、重庆、云南、广西，其中，地区生产总值位列前三位的是四川、内蒙古和陕西，分别为2.64万亿元、1.69万亿元和1.62万亿元。同时，各省（市、区）的人均GDP进一步提高，2013年，西部12个省（市、区）中，人均GDP超过5000美元以上的有7个，分别是内蒙古、重庆、陕西、宁夏、新疆、青海和四川，其中内蒙古的人均GDP达到10900美元；其他5个省（市、区）中，贵州和甘肃的人均GDP低于4000美元，最低的贵州，为3701美元，排全国倒数第一。总体来看，西部地区整体经济发展水平不断提升，但各省（市、区）处于不同发展水平，贵州经济发展水平在西部地区靠后。

从贵州近年来发展势头来看，经济高位平稳增长，但总量和人均差距较大。2013年，全省生产总值8086.86亿元，比上年增长12.5%，增速与天津并列全国第一。经济持续保持较快增长势头，增速高于全国，高于西部，位列前茅。全年财政总收入1918亿元，比上年增长16.7%，其中公共财政预算收入破千亿元，达到1206.41亿元，比上年增长19%。公共财政预算支出3028.66亿元，比上年增长11.9%。全省金融机构人民币各项存款余额达到13265.01亿元。但是经济规模总量较小，2013年，贵州GDP排全国第26名，位于甘肃、海南、宁夏、青海、西藏之前，仅仅只有广东GDP的12.9%、江苏GDP的13.5%、山东GDP的14.6%、浙江GDP的21.4%。从人均水平来看，2013年，全省人均生产总值为22922元（全国倒数第一），比上年增加3218元，相当于全国平均水平的52.91%（2012年为49.84%、2011年为45.57%），2013年、2012年、2011年贵州人均生产总值与全国平均水平的相对差距分别缩小3.06、4.27和2.65个百分点。2010年，贵州人均生产总值13119元，仅及全国平均水平的42.92%、西部平均水平的58.37%。仅就这一项指标而言，要完成《意见》提出的目标任务，未来几年贵州经济增长速度就需要达到15%以上，考虑到贵州历史欠账较多的实际情况，实际增速还需要更快。根据世界银行按汇率法计算和按购买力平价法加权计算（GDP为2011年数据，人口为2010年数据），用人均GDP来对比，贵州人均GDP与乌克兰、印度尼西亚、蒙古、埃及大体相当，比斯里兰卡、菲律宾好一点点（见图5-1）。

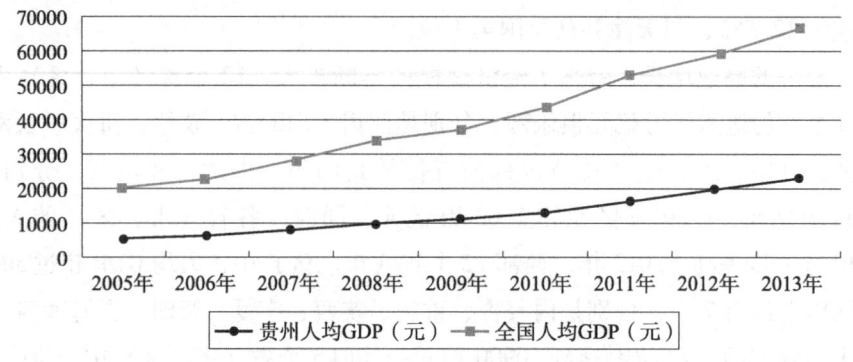

图5-1　贵州与全国人均GDP的差距

（二）经济增长动力属于"投资+工业"的增长驱动型

投资、消费、出口被称为拉动经济发展的三大动力。在全球经济疲软，外部市场不振的背景下，投资和消费成为拉动西部各省（市、区）经济发展的强劲动力，但是由于各省（市、区）的经济社会发展水平不同，投资和消费的动力效应也不同。

从投资总量来看，2013年，西部地区固定资产投资为109261亿元，除青海和宁夏外，其余10个省（市、区）固定资产投资都在6000亿元以上，其中有5个省（市、区）超过一万亿元，最多的四川省达到20326亿元。从增速看，2013年，西部地区固定资产投资同比增长22.75%，除内蒙古（19.72%）、重庆（19.45%）、四川（19.28%）外，其余省（市、区）固定资产投资增速均超过全国平均水平（20.71%），其中：西藏增长30.64%，居全国及西部第一位，贵州、云南、甘肃、宁夏，分别居全国第二位到第五位。

从贵州近年来发展情况看，产业结构继续调整，但产业层次总体较低，第二、第三产业对经济增长的贡献最明显。2013年，第一产业、第二产业和第三产业占生产总值的比重分别为12.9%、40.5%和46.6%，从三次产业对经济增长的贡献率来看，第二、第三产业拉动效果最明显，第一产业增加值对经济增长贡献率仅为5.3%，拉动GDP增长0.7个百分点；第二产业增加值对经济增长贡献率为46.8%，拉动GDP增长5.8个百分点；第三产业对经济增长贡献率为47.9%，拉动生产总值增长6个百分点（见表5-1）。

表5-1 三次产业对全省经济增长的拉动效果和贡献情况

指标		2006年	2007年	2008年	2009年	2010年	2011年	2012年	2013年
三次产业对经济增长的拉动（%）	地区生产总值	12.8	14.8	11.3	11.4	12.8	15.0	13.6	12.5
	第一产业	0.8	0.6	1.0	0.6	0.6	0.2	1.1	0.7
	第二产业	5.5	5.4	3.3	4.8	6.6	7.0	6.7	5.8
	#工业	4.9	5.0	3.1	3.5	5.3	5.9	5.3	4.5
	第三产业	6.5	8.8	7.0	6.0	5.6	7.8	5.8	6.0
三次产业贡献率（%）	地区生产总值	100.0	100.0	100.0	100.0	100.0	100.0	100.0	100.0
	第一产业	6.6	3.8	9.2	5.5	5.0	1.1	7.5	5.3
	第二产业	42.8	36.6	29.2	41.8	51.1	46.8	49.7	46.8
	#工业	37.9	33.7	27.0	30.8	41.6	39.2	38.8	36.2
	第三产业	50.6	59.6	61.6	52.7	43.9	52.1	42.8	47.9

资料来源：贵州省统计局、国家统计局贵州调查总队编：《贵州统计年鉴》。

总的来看，贵州经济高速增长的动力是"投资+工业"，经济发展仍处于以工业和投资为特征的发展阶段。按支出法地区生产总值来计算，2013年贵州最终消费支出、资本形成总额、货物和服务净流出分别为4535.82亿元、5261.41亿元、-1790.4亿元。可以看出，投资是拉动经济的主要力量，对经济高速增长形成有力支撑，仍属于典型的"投资拉动型"经济，"投资拉动型"将是当前及今后一个时期贵州经济发展的重要特征。

（三）工业化水平处于初级向中级迈进阶段

2013年，西部地区工业增加值保持平稳增长。12个省（市、区）同比增速均高于11%，明显高于全国的9.7%，重庆、贵州、陕西的增速都在13%以上，分别为13.6%、13.6%、13.1%，广西、新疆、青海、宁夏、云南、西藏、内蒙古的增速在12%~13%之间，分别为12.9%、12.9%、12.6%、12.5%、12.3%、12.2%、12%，仅甘肃和四川的增速低于12%。其中，重庆和贵州增速并列居全国第二位及西部第一位。基于钱纳里经济社会增长阶段划分法，根据2013年西部各省（市、区）人均GDP数额，可大致得出2013年西部各省（市、区）中有11个处于工业化中级阶段，分别是云南、四川、重庆、广西、内蒙古、西藏、陕西、甘肃、宁夏、青海和新疆，其中云南、西藏、甘肃、宁夏刚刚从工业化初级阶段进入中级阶段，陕西、重庆、宁夏、青海和新疆处于工业化中级阶段向高级阶段迈进的时期，而贵州省处于工业化的初级阶段，即将向中级阶段迈进，贵州的工业化水平处于西部地区最低水平（见表5-2）。

表5-2 2013年西部12省（市、区）规模以上工业增加值增长率

地　　区	规模以上工业增加值增长率（%）
重庆市	13.6
贵州省	13.6
陕西省	13.1
广西壮族自治区	12.9
新疆维吾尔自治区	12.9
青海省	12.6
宁夏回族自治区	12.5
云南省	12.3
西藏自治区	12.2
内蒙古自治区	12
甘肃省	11.5
四川省	11.1

（四）社会发展水平处于较低水平

近年来，西部地区在经济发展取得较大成就的同时，社会发展也取得重大突破。各省（市、区）在就业、教育、医疗卫生、保障性住房方面取得长足进步。从就业来看，2013年，西部12个省（市、区）中，新增就业人数前三位是四川、陕西、重庆，分别为205.36万人、94.11万人和48.83万人，新增就业岗位最少的后三位是青海、宁夏和西藏，分别为2.5万人、4.76万人和5.83万人。从教育来看，2013年，西部各省（市、区）的小学适龄儿童入学率在99%以上，初中阶段毛入学率在90%以上，教师师资力量不断加强，平均小学师比下降到16.1，初中师比下降到13.7。同时，职业教育、高等教育等也蓬勃发展。从医疗卫生和社会保障来看，其发展不足是西部地区社会发展的一大短板。2013年，西部各省（市、区）的医疗卫生条件有了较

大的改善，卫生机构床位数和卫生技术人员数增加较快。12个省（市、区）中，每万人卫生技术人员数在50个以上的有5个省区，分别是新疆、内蒙古、陕西、青海和宁夏，分别为64、60、60、57和56个，其余的都在50个以下，广西、重庆、四川、云南和甘肃分别为44、42、47、42和43个，最少的是西藏和贵州，为37和36个。12个省（市、区）中，每万人病床数在50张以上的有新疆、四川和青海，分别为60.65、52.63、51.11张，内蒙古、重庆、贵州、云南、陕西、甘肃、宁夏7个省（市、区）每万人病床数在40~50张之间，最少的是广西和西藏，分别为39.67和35.26张。综合来看，医疗卫生资源相对充足的有新疆、青海、陕西、内蒙古、四川、宁夏，其余的省区医疗卫生资源相对匮乏。此外，保障性住房、城镇居民基本生活保险、新农合等取得较大进展（见表5-3）。

表5-3 2013年西部12省（市、区）部分社会发展指标情况

地 区	新增就业人数（万人）	小学师比	中学师比	每万人卫生技术人员数（人）	每万人卫生机构床位数（张）
内蒙古自治区	33.07	11.85	11.12	60	48.07
广西壮族自治区	15.04	19.77	16.68	44	39.67
重庆市	48.43	17.27	13.36	42	49.64
四川省	205.36	17.21	13.41	47	52.63
贵州省	27.21	18.43	18.23	36	47.61
云南省	35.46	17.03	15.38	42	44.84
西藏自治区	5.83	15.65	13.92	37	35.26
陕西省	94.11	13.96	10.88	60	49.19
甘肃省	45.32	13.3	12.28	43	44.95
青海省	2.5	17.6	13.34	57	51.11
宁夏回族自治区	4.76	17.7	14.68	56	47.59
新疆维吾尔自治区	20.74	13.48	10.67	64	60.65

二、推进经济转型发展

"后发赶超"是指欠发达地区由于存在后发优势，可通过学习、借鉴和吸收发达地区在现代化进程中的经验，选择更好的发展道路和更开放的政策，

欠发达地区企业资本结构与区域经济发展研究

加快制度变迁和技术升级，尽量减少不必要的代价，避免或少走弯路，在较短的时间内实现快速发展，逐步缩小与发达地区的差距，逐步跟上甚至超过一些发达地区。面对西部各省（市、区）你追我赶的发展态势，立足贵州的发展基础，贵州要以科学发展观为指导，抢抓国家加快工业转型升级、新型城镇化、"四化同步"、加大内需等战略机遇，立足于资源、综合区位等优势，坚持加速发展、加快转型、推动跨越的主基调，加强交通等基础设施的建设，重点实施工业强省战略和城镇化带动战略，打造具有特色优势和核心竞争力的现代产业体系，把积极扩大开放作为加快转变贵州经济发展方式的重要举措，把推进经济结构战略性调整和经济转型升级作为加快转变经济发展方式的主攻方向，把科技进步和创新作为加快转变经济发展方式的重要支撑，把大力发展循环经济、绿色经济作为建设生态文明示范区的重要内容，把深化改革、扩大开放、优化发展环境作为加快贵州发展的强大动力，积极促进经济发展与人口、资源、环境相协调，为实现与全国同步全面建设小康社会奠定扎实的物质基础。

（一）金融危机以来世界经济转型特点

经济转型是指一种经济运行状态转向另一种经济运行状态，是一个国家或地区的经济结构和经济制度在一定时期内发生的根本变化。具体地讲，经济转型是经济体制的更新，是经济增长方式的转变，是经济结构的提升，是支柱产业的替换，是国民经济体制和结构发生的一个由量变到质变的过程。

从历次大规模经济与金融危机后的世界产业发展趋势来看，发达国家在稳住经济基本面之后一般都会发动新一轮的技术与产业革命。经济全球化使世界各国更加紧密联系相互依存，每次世界经济危机对世界各国来说都意味着经济衰退，通货膨胀，失业率上升，财富的大量流失，同时也是经济崛起的机遇。进一步调整宏观经济政策，加强对经济的干预，推动总供给和总需求的平衡。在产业政策方面，归纳起来其经济转型的规律是：调整产业政策，发展优势产业，发展高科技，推动产业结构优化。对未来五年或十年的产业结构、产业发展次序、产业发展趋势进行规划，提出实现这一规划应采取的政策措施，包括财政、金融、投资、技术、地区发展、企业管理、进出口等多种措施，目的是优化经济结构。美国等西方国家在试图寻找一个能够形成较长产业链并能提供巨大就业空间的超级产业，以作为实体经济发展的基础，对包括钢铁、汽车、机械、纺织等传统产业，在政策上支持企业进行兼并、转让股份和改造等产业升级；逐渐削减消耗资源多、效益低下的工业部门；同时国家加强了对高新技术，包括微电机领域、信息技术、生物工程、新材料新能源、宇航技术和海洋开发等高科技领域的投资；建立国际战略联盟进行国际间的协调合作，联合共同攻关，推动高科技发展。同时，大力发展科技教育和基础设施建设，推动高新技术的研发和利用，为经济结构转型升级提供各方面的保证。

巴西、印度、俄罗斯、南非等金砖国家为应对金融危机，加快经济转型。如巴西着重调整产业结构；印度着重发展制造业，以解决严峻的就业问题。俄罗斯摆脱过度依赖资源和原材料，积极研发高新技术，将节能环保、核技术、航天通信、生物医疗、战略信息技术作为发展创新型经济的五大战略方向。南非实施新经济增长战略，以促进南非矿业、制造业、交通业、农业、旅游业、绿色产业、金融业、高新技术产业等行业全面快速发展。

从国内经济转型来看，金融危机之后，全国许多地区提出了经济转型的构想，并且许多地区还制定了经济转型规划。国内经济转型可分为东北老工业基地、以三角为代表的东部沿海地区、西部地区等三大区域的经济转型（见表5-4），

表5-4 我国各区域转型特点

区域	特点	问题	措施
东北老工业基地	新困旧难牵绊产业升级	能源开采业进入了萎缩期，钢铁、化工、重型机械、汽车、造船、飞机、军工等制造业整体水平落后	以产业结构调整为主、创新驱动为动力的经济转型，着力发展替代产业、接续产业，推进产业技术升级和经济制度创新
长三角和珠三角	改革开放的前沿阵地，经济工业化和现代化的"核心地带"	出口型企业面临转型难题。以及在发展新兴产业过程中，解决"转型盲区""产业断层"和"技术鸿沟"和中小企业的顺利转型等问题	推进产业技术进步、转变经济增长方式，与世界经济接轨，参与世界竞争
西部地区	利用资源，跳出资源	经济发展方式粗放，产业链条短，经济增长主要依靠投资拉动，消费和出口的贡献较小，发展要素缺乏	延伸产业链条，构筑科技含量高、产业关联度强、就业容量大的资源型产业集群，处理好产业发展和生态环境保护的关系

欠发达地区企业资本结构与区域经济发展研究

并且三大区域的经济转型有着明显区别。东北产业结构调整的难点在于众多国有企业的转型,西部可持续道路难在保护生态环境的同时还要因地制宜发展新兴产业。沿海经济区不仅要完成转型更要完成升级。总体来看,当前全国的经济转型,无论是南方还是北方,都把科技放在了突出位置,创新驱动是经济发展的强大引擎。因此,当前经济转型的实质就是用现代科技改造传统产业,发展高新技术产业和新兴产业,提高经济发展中的高科技含量,使之具有可持续发展能力。

(二) 围绕优势产业加快促进经济转型升级

在经济新常态下,贵州发展仍处于重要战略机遇期,发展仍是第一要务,贵州经济发展的基本面仍是总体向好,经济正在向形态更高级、分工更复杂、结构更合理的阶段演化。新常态下的发展阶段的转变意味着经济领域"破"与"立"的转换,能不能适应新常态,关键看深化改革和结构调整的力度。要突出加速发展、加快转型、推动跨越的主基调,重点实施工业强省战略和新型城镇化带动战略,把推进工业转型升级、提升山地现代高效农业和现代服务业发展水平作为加快转变经济发展方式的主攻方向,把深化改革、扩大开放、优化发展环境作为加快经济发展的强大动力,把创新驱动作为加快转变经济发展方式的重要支撑,把大力发展循环经济、绿色经济作为建设生态文明示范区的重要内容,扎实推进开放型后发赶超步伐,为实现与全国同步全面建成小康社会奠定扎实基础。

1. 加快推进工业经济转型升级

坚持走新型工业化道路,突出特色,优化布局,以产业园区为载体,着力推进产业绿色发展、循环发展、低碳发展,推动信息化和工业化的深度融合,按生态化理念推动特色优势产业转型升级。

(1) 实施"五张名片"产业提升工程。以优质烟草、白酒、茶、民族医药、特色食品"五张名片"产业为重点,加强品牌建设,做大做强具有贵州特色和比较优势的特色轻工业,烟草业要着力促进烤烟实现标准化、规模化、集约化生产,白酒业加快构建以名优白酒为主体、上下游配套的产业集群,茶产业要加快推进茶叶规模化、标准化生产并形成多个茶旅一体化产业集群,民族医药业要以"专、精、特、新"为发展方向打造具有突出产业特色的、上下游产业紧密关联的现代医药产业集群,特色食品业要坚持"基地化、规模化、品牌化、市场化和生态化"发展理念加快发展以粮油、茶叶、果蔬、畜禽产品等为主的特色食品产业。加快把贵州建设成为全国重要的优质烟草基地、优质白酒基地、中药现代化基地和南方重要的绿色食品加工基地。

（2）实施"四个一体化"推进工程。遵循循环经济发展理念，优化资源配置，大力推进煤电磷、煤电铝、煤电钢、煤电化"四个一体化"发展，构建从矿产开采到精深加工一体化产业协调配套发展的循环产业链。煤电磷一体化产业要大力发展精细磷化工，煤电铝一体化产业着力构建完整铝产业链，积极发展高纯度氧化铝、高强度铝合金和高性能铝质板、带、箔、管、棒、型材、线材等铝深加工产品，煤电钢一体化产业要实施纵向、横向产业链延伸，煤电化一体化产业重点发展推进多产业耦合发展。

（3）实施战略性新兴产业培育工程。坚持领先发展，寻求重点突破，优先推动电子及新一代信息技术、新材料、高端装备制造等重点领域突破，加快规划建设云存储、云计算中心和配套的数据处理基地，加快推进贵阳、遵义等国家级新材料产业基地建设，建成全国以航空航天为主的高端装备制造业基地。

（4）实施产业绿色发展工程。加快建立健全以企业为主体、市场为导向、产学研相结合的技术创新体系，加快制定产业技术路线图，着力实施一批重大科技专项进行集中攻关和联合开发，力争在一些重大领域的重点技术研发上率先突破。加快建设生态工业园区，实现土地集约利用、废物综合利用、能量梯级利用、废水循环利用和污染物集中处理，继续推进煤、电、磷、铝、钢铁等重点耗能行业的企业节能改造，限制高能耗、高污染行业发展。

（5）实施企业成长工程。积极实施大企业、大集团培育计划，鼓励和支持省内外煤、电、铝、磷、钢铁等行业龙头企业按照大型化、基地化、规模化、一体化、多联产的要求，形成一批跨行业、跨所有制、跨区域的大型企业集团，引导中小企业围绕大型优强企业重点发展下游精深加工产业和关联产业，促进产业集群发展。积极实施品牌战略，以品牌引领产业发展。

2. 加快现代服务业转型发展

围绕"工业强省"和"城镇化带动"两大战略，大力发展生产性服务业，优化发展生活性服务业，加快发展旅游业，培育发展文化产业，优化服务发展布局，促进服务业集聚发展，增强服务业与工业、农业互动协调，完善服务功能，提升服务水平，增强服务业的协调竞争力。

欠发达地区企业资本结构与区域经济发展研究

（1）大力发展生产性服务业。加快建设多层次金融市场体系，发展一批地方商业银行和投资担保机构，鼓励有条件的地区建立社区银行、农村小型金融组织等金融机构，积极培育和扶持具有良好发展前景的企业上市融资，积极引进保险金融机构。加快发展现代物流业，大力推进物流服务的社会化、专业化和信息化，推动制造业与物流业联动发展，大力发展第三方物流。以咨询业、科技孵化业、科技风险投资业、科技信息服务业为重点，推动科技服务业加快发展。以数字贵州建设为龙头，大力发展信息服务业。大力发展会计、审计、税务、法律、企业管理、市场调查、资产管理、专利、商标代理评估、工商咨询、设备租赁、工业和创意设计等中介专业服务业，创新技术手段和服务方式。

（2）优化发展生活性服务业。以提高服务科技含量、规范服务环境和提高服务质量为目标，改造提升商贸流通等传统消费服务业，加快发展房地产业、社区服务业、民生保障性等新兴消费服务业，不断满足人民群众日益增长的消费需求。

3. 加快山地现代农业转型升级发展

立足贵州气候、资源和生物多样性的特点和优势，因地制宜、突出重点，统筹规划、分类指导，坚持"农户主体、政府扶持、社会支持、市场运作"相结合的推进机制，发挥好农民的主体作用，强化政府的引导和服务，凝聚各方力量；继续强化政策、科技、人才、装备等基础条件对优势特色产业发展的支撑，加大投入力度，提高综合能力，夯实发展基础。根据资源禀赋、产业发展、市场需求等实际情况，以优势明显、特色突出、潜力可观的生态畜牧业、蔬菜、茶叶、马铃薯、精品水果、中药材、大鲵和特色杂粮等产业为重点，按照高产、优质、高效、生态、安全的要求，以"做大总量，提高质量，拓展市场，增加效益"为主攻方向，深度挖掘资源和市场潜力，走"区域化布局、集约化发展、标准化生产、产业化经营、规模化推进"的道路，扩大基地规模、扶持龙头企业、培育知名品牌、开拓两个市场、拉长产业链条、壮大产业规模、形成产业集群，把贵州优势特色产业发展提高到一个新水平。

三、推进山地特色的新型城镇化

（一）城镇化水平处于加速发展阶段

2013年，西部各省（市、区）城镇化进程不断加快，根据诺瑟姆理论，

12个省（市、区）中，有11个进入城镇化加速发展阶段，分别为云南、贵州、四川、重庆、广西、内蒙古、陕西、甘肃、宁夏、青海和新疆，其中，内蒙古、重庆、宁夏、陕西的城镇化率都高于50%，分别为58.71%、58.34%、52.02%和51.31%，青海、四川、广西、新疆、甘肃的城镇化率处于40%~50%之间，分别为48.51%、44.9%、44.82%、44.47%和40.13%，云南、贵州的城镇化率位于30%~40%间，分别为39.31%和37.83%，而西藏为22.75%，处于城镇化的初始阶段。比较而言，贵州的城镇化水平在西部地区靠后（见表5-5）。

表5-5 2013年西部12省（市、区）城镇化情况

地　区	城镇化率（%）	全国排名（名）
内蒙古自治区	58.71	9
广西壮族自治区	44.82	25
重庆市	58.34	10
四川省	44.90	24
贵州省	37.83	30
云南省	39.31	29
西藏自治区	22.75	31
陕西省	51.31	17
甘肃省	40.13	28
青海省	48.51	20
宁夏回族自治区	52.02	16
新疆维吾尔自治区	44.47	26

新型城镇化是实现现代化的标志、动力和必由之路，是进一步化解城乡"二元结构"、解决"三农"问题、统筹城乡发展、扩大就业和促进经济发展的根本途径。西部大开发特别是2010年以来，贵州城镇化呈现加快发展的良好态势，城镇化水平不断提高，城镇功能更加完善，城乡人居环境得到较大改善，城镇化对经济的拉动作用进一步显现。但是，贵州城镇化进程仍较滞后，城镇化发展总体水平较低、质量不高、综合竞争力不强的状况还没有根本改变，主要表现在：城市空间分布不尽合理，规模不足，市州等区域性中心城市辐射带动能力较弱，县城集聚产业和吸纳农村人口的作用尚未充分显现，出省务工农村劳动力超过600万人；城镇功能不完善，公共服务水平较

低，促进农业人口向城镇转移的农村配套改革滞后，大部分进城农民工处于半市民化状态，"准城镇化"现象明显；少数干部群众对具有山地特色的城镇化工作方向、重点把握不准，新型城镇化特色培育不足，城镇规划建设和管理水平有待大幅提升；城镇生态环境基础相对脆弱，城镇建设所面临的环境承载压力、传统文化保护压力不断加大。总体上看，贵州城镇化发展既面对诸多难题，更面临巨大机遇，加快推进的条件趋向成熟，必须遵循城镇发展规律和把握新型城镇化正确方向，从各地实际出发，走出一条符合山地实际的有特色的新型城镇化道路。

（二）加快推进山地特色的城镇化建设步伐

坚持因地制宜、因势利导，以"美丽乡村、绿色小镇、山水城市、和谐社区、多彩贵州"为发展路径，通过现代基础设施的连接和公共服务的延伸，使城乡发展融为一体，走组团式发展的山地城镇化道路，促进大中小城市和绿色小镇协调发展。

1. 借鉴瑞士山地城镇化发展经验，打造"东方瑞士"

以科学发展观为指导，坚持尊重规律、因地制宜、因势利导，借鉴瑞士经验，牢固树立尊重自然、顺应自然、保护自然的理念，以绿色、循环、低碳发展为主要途径，以转变发展方式、改善环境质量、创新体制机制为重点，以"美丽乡村、绿色小镇、山水城市、和谐社区、多彩贵州"为发展路径，走组团式发展的山地城镇化道路，促进大中小城市和绿色小镇协调发展，使城乡发展融为一体，通过20年的发展，把贵州打造成为经济发展、人民富足、宜居宜业、乡村美丽、生态良好、民生幸福的"东方瑞士"。

2. 优化城镇发展布局，完善城镇体系

加快发展黔中城市群，提高贵阳在全国区域性中心城市地位，做大做强贵州省域核心城市和遵义区域核心城市，大力推动区域性中心城市组团式发展和县级城市扩容提质，加快培育发展一批旅游明星城市，有重点地发展城郊型、工矿型、旅游型、交通枢纽型和商贸型城镇等一批具有发展优势和潜力的重点城镇和特色小城镇，加快制定城市组团同城化发展规划，加快形成以大带小、以小补大、以城带乡、统筹发展的新格局，逐步形成"黔中城市群—区域性核心城市—次区域性中心城市组团—重点城镇—特色小镇"的"一群、两核、多组团、多星、多点"的城镇空间发展格局。

3. 切实提升现代城市规划建设水平和管理能力

加强城镇发展定位研究,健全规划建设体制机制,推进城镇外延扩张与内涵提升并重发展,着力推动智慧城市、生态城市、宜居宜业城市发展。强化城镇的文化元素建设,延续城镇历史文脉和民族文化,打造一批历史记忆厚重、时代特色鲜明、民族风貌突出的美丽城镇。加快城镇路网基础设施建设,加强铁路、公路、港口、机场、城市公共交通的有机衔接,推进黔中城市群、区域性中心城市组团内部多层次城际快速交通网络建设,增强中心城市的辐射带动能力。加快城镇市政公用设施建设,完善城镇功能,提高城镇吸引人口聚集的能力。强化社会治理,建立强有力的城市专业管理队伍,利用现代信息技术推进数字化城市管理,提高城市动态管理、精细管理水平。适当调整、撤并一些城市(镇)的行政区划,加快撤县(市)设区、撤乡建镇(办)、撤村建居步伐,增加建制区、街道办事处、居民委员会数量,实行城市管理体制。加快同城化步伐,进一步合理配置城市资源,拓展城市发展空间。

4. 加快推进产城互动和"两化"融合发展

坚持产业为基、以产兴城、依城促产,把就业和生计作为推进新型城镇化的前提条件,加快构建城镇产业支撑体系,推进产业集聚、就业增加、人口集中、土地集约、产城融合。制定产城互动、工业化与城镇化"两化"融合的专项规划,在发改委或经信委设立"两化"融合发展的推进机构,加快推动生产力布局与城镇体系相匹配。围绕产业发展需求完善城镇功能,加快公共服务向产业集聚区延伸覆盖,强化产业园区载体建设,实现城镇产业集聚发展,促进城镇扩张,有序推进产业园区化、园区城镇化、产城一体化。支持城市新区、产业集聚区与所在行政区管辖范围严密套合,促进产城合一、园镇合一。

5. 加快推动生态城镇建设

以生态城镇、美丽乡村建设为抓手,制定绿色生态城镇标准体系和建设专项规划,科学合理地确定排污总量的控制指标,探索建立绿色建筑、绿色能源、清洁空气等领域的管理方式,建设低碳生态节能环保综合性示范城镇。在市州级中心城市设立水权、土地、林权、探矿权、采矿权的评估、审批、交易等交易市场,探索建立统一、开放、有序的资源初始产权有偿取得机制。市州级城市要建立排污权交易一级市场和二级市场,组建专业的排污权交易中介机构。推行分质供水和阶梯式水价制度，建立绿色电价机制。积极争取建立国家循环经济试点。创新城镇生态文明建设管理体制机制，建立生态文明建设管理机构。

6. 以人为本，有序推进农业转移人口市民化

以人的城镇化为核心，坚持自愿、分类、有序，推进农业转移人口市民化，提高城镇人口素质和居民生活质量，优先解决在城镇稳定就业和生活的农民工及其家属、失地农民和持农村籍大中专学生的户口问题，稳步推进城镇基本公共服务常住人口全覆盖。拓宽住房保障渠道，把符合条件的农业转移人口纳入城镇住房保障体系，与城镇户籍人口同等享受住房保障待遇。将稳定就业的农民工纳入住房公积金制度覆盖范围，支持农民工家庭购买普通商品住房。以流入地全日制公办中小学为主，保证农民工随迁子女接受义务教育后在流入地参加升学考试，实现农民工随迁子女在流入地参加中考和高考。推进城乡最低生活保障制度统筹发展，探索将农民工及其随迁家属纳入城镇社会救助和养老服务范围。深化农村配套改革，建立农业人口转移的促进机制，切实保障农民土地承包经营权、农户宅基地用益物权和农民集体经济收益分配权，积极探索农民相关权益的实现形式，消除农民进城的后顾之忧。以中心村为重点，以美丽乡村、新农村建设和农村危房改造为契机，优化农村人居环境，加快发展农村新型社区。

7. 完善新型城镇化推进机制

深化重点领域和关键环节改革，不断破解土地、资金等要素制约和难题。建立城乡统一的建设用地市场，按照国家统一部署，在符合规划和用途管制前提下，允许农村集体经营性建设用地出让、租赁、入股，实行与国有土地同等入市、同权同价，保障农民土地增值收益。拓宽城市建设融资渠道，支持有条件的地方发行市政债券。允许社会资本通过特许经营权等方式参与城市基础设施投资和运营，探索公益性基础设施和商业开发相结合的长效机制，实现公商协同、以商补公。搞好土地储备和两级循环开发，增加土地增值收益并合理分配，提高用于城镇建设的比例。整合运作国有资源、资本、资产、资金，做大做强符合条件的投融资公司。完善促进新型城镇化的法制保障，严格依法规划、建设、管理城镇。推进公共决策公示、公共听证和专家咨询论证制度。加大教育培训力度，培育一批专家型的城市管理干部。加快研究制定山地特色城镇化的基本内涵、原则和规划建设标准，制定到 2020 年新型

城镇化规划和近期行动计划。加强制定和出台人口、土地、资金、住房、生态环境等保障新型城镇化发展的配套政策措施。健全新型城镇化工作推进机制，统筹研究、协调、解决城镇化发展中的重大问题。确定一批城镇化试点县市和乡镇，赋予先行先试的权利，开展新型城镇化试点，在城镇投融资、人口市民化等方面积极探索符合贵州实际的城镇化发展模式。

四、强化转型发展的要素保障

1. 加快构建现代综合交通运输体系

坚持把交通基础设施建设放在优先位置，按照统筹兼顾、合理布局、适度超前的原则，围绕打造西南重要陆路交通枢纽的战略定位，加快构建现代综合交通运输体系，打破交通瓶颈制约，为贵州后发赶超提供强有力的保障支撑。①有力推进现代综合交通运输网络建设，推进贵阳至重庆、成都铁路建设，贵阳至长沙、贵阳至昆明客运专线建设，贵阳至南宁快速铁路建设，加快乌江、红水河水运航道建设，形成外联大通道；同时，加强内畅道路建设，围绕"5个100工程""百千万工程"，完善开发区、产业园区、重点企业内部道路及与周边连接通道，打通企业断头路、肠梗阻等路段，进一步提高经济开发区、产业园区二级路以上的通达率。大力推进"四在农家·美丽乡村"基础设施建设六项行动计划，推动基础设施向下延伸，加快解决基础设施"最后一公里"问题。②有力推进现代水利工程网络建设，要继续抓好水源项目建设，大力推进实施"三位一体"规划和水利建设"三大会战"，破解工程性缺水问题。③有力推进信息基础设施网络建设，深入实施信息基础设施建设三年会战，推进互联网出省宽带和贵阳到国家互联网骨干节点直达数据通道建设；围绕开发区、产业园区、重点企业技术创新、信息共享及产业融合，完善企业信息设施；推动全省信息基础设施网络向面上覆盖，向乡村延伸。此外，要加快推进电网、天然气管网及供气网络等能源基础设施网络建设。

2. 强化产业发展载体和要素保障

①加快"5个100工程"建设。重点扶持千亿级园区上台阶、上水平，百亿级园区上规模、上档次，民营经济特色产业园区有特色、出亮点，扩区升位一批、培育壮大一批、差异发展一批，把园区建设成为产业发展的重要支撑。②加快构建较为现代化的立体综合交通运输网络体系。加快建设和改

造一批公路、铁路和机场,对外构筑南北东西出省大通道,对内加强资源聚集区与资源加工区之间、产业园区及产业功能区与城镇之间和大中城市之间的通道建设和改造。③提高传统产业的现代化水平和市场化程度。围绕贵州经济发展,按照大产业带动大流通、大流通促进大产业思路,积极培育和开发物流服务业。加快培育和发展区域性产权、土地、矿产、技术、人才、劳动力等各类要素市场,稳步发展期货市场。④鼓励企业和社团自主组建行业协会、民间商会等中介组织,坚决打破条块分割、地方保护和行业垄断,促进行政区经济向区域经济一体化转变。

3. 加强领军型职业型人才队伍建设

为适应国内国际竞争的要求,建立健全适应市场经济发展的人才队伍建设的制度环境,充分调动各类人才的积极性、创造性,为增强发展竞争力提供人才支撑。①着重加快高素质的企业家队伍、专业技术队伍和技术工人队伍建设,采取多种形式培养高层次人才,为高新技术产业发展提供有效的人力资源保证。②实施人才创新创业激励机制,启动人才柔性流动和管理机制,鼓励高等学校、科研院所的专业技术人员到企业兼职。③支持企业培养技术创新带头人,吸引国内外人才特别是高层次科技创新和管理人才、优秀博士后和海外留学人员到贵州考察和进行咨询服务,引导和支持各地建立留学人员创业园。④加强职业教育,在各市州县大量建立面向适用技术开发、工业生产、中小企业发展的技工院校,多培养产业发展所需技术人才,另外在企业形成技术工人培训、业余深造、技术考核长效机制。

4. 加快促进科技、信息与产业融合

①坚持以信息化带动工业化,运用信息技术改造提升传统产业,尤其在能源、原材料工业企业推广运用先进的控制技术、故障安全控制系统、集散控制系统、现场总线控制系统,逐步实现生产全过程的自动控制。②提高信息技术应用水平,推动信息技术在制造领域的应用,择优扶持有条件的大中型骨干企业实施企业管理信息化示范工程,提高制造标准化、开放化、柔性化和集成化水平。③促进企业生产技术信息化,提高医药、食品等行业的重点企业的生产、检测和质量控制的自动化水平,提升产品数字化、网络化和智能化水平,提高产品附加值。

五、建立资源可持续发展机制

贵州属于欠开发、欠发达地区,在发展观念和体制机制上与发达地区有较大的差距，资源开发的体制机制还不适应可持续发展的需要，要尽快建立资源开发补偿机制和完善资源性产品价格机制，形成资源开发的可持续长效机制。

1. 建立资源开发的长效机制

支持资源型城市和地区建设成为贵州省的可持续发展试点地区，为贵州省资源开发地区的可持续发展探路子作示范。积极争取国家有关部门支持，将开展煤炭资源有偿使用制度改革试点逐步推行到其他矿种，探索所有矿产资源的可持续发展准备金制度，支持资源型城市和地区率先试点，由资源型企业在税前按一定比例提取可持续发展准备金，专项用于矿产资源保护、水资源保护、生态环境治理、安全投入、地表沉陷治理以及资源型城市转型、接续替代产业发展等。建立资源环境补偿政策和污染者付费制度，开展跨流域生态补偿试点工作。呼吁国家有关部门改革对西部地区矿产资源开发企业所得税实行的"免二减三"政策，避免对矿产资源的短期掠夺式开采行为。对于国民经济具有重要价值的矿区以及保护性开采的稀缺矿区，省里要制定保护性开发规划，建立矿产资源战略储备制度。建立起资源枯竭矿山的补偿和转产的良性机制，建立矿山补偿制度机制，在税前为矿山"买保险"，用于矿山衰退时转产补贴和职工安置。

2. 完善资源型产品价格形成机制

科学制定资源型产品成本的财务核算办法，防止企业内部成本外部化、私人成本社会化，逐步形成能够反映资源稀缺程度、市场供求关系、环境治理与生态修复成本的资源型产品价格形成机制，加快完善矿产资源有偿使用制度。建立资源型产品临时收储制度。研究制定资源型产品临时收储机制，采取财政贴息措施，鼓励阶段性增加铝、黄磷等产品储备，应对矿产资源价格波动影响，促进企业增加产出。

3. 建立矿业权市场的形成机制

进一步推进地质矿产勘查机制体制改革，完善勘查风险投资制度和勘查基金管理运行机制，积极将资源型城市的接替资源勘查纳入地勘基金项目并予以重点扶持，加大资源型城市和地区资源勘查和矿区周边补勘找矿工作力度，为资源型城市和地区的发展提供更多后续资源支撑。建立起真正有效的探矿权市场，完善采矿权市场的制度设计，在采矿权、出让采矿权的条件、资源开采补偿金制度、采矿权期限、采矿权转让等方面提高进入门槛，以阻止小规模经营和短期行为，促进企业的大型化和集约化。建立矿权利益分享机制，让地方政府在矿权市场上分享利益，给地方政府一部分处置矿权的权力，保证它们有干预城市经济转型的能力。

六、加快构建促进产业转型升级的扶持体系

1. 建立健全支持政策

坚持以科学发展观为指导，坚持走生态引领的新型工业化道路，进一步推动技术创新，加快推动重点产业的转型升级，促进工业绿色低碳可持续发展。①认真贯彻落实国家关于推动结构调整、节能降耗及资源综合利用等方面的财政政策和税收优惠政策，认真落实国家和省有关税收、用地等各项优惠政策。②进一步落实技术进步的优惠政策，加大企业自主创新投入的所得税税前抵扣力度，对符合国家规定条件的企业技术中心进口规定范围内的科学研究和技术开发用品，免征进口关税和进口环节增值税。③健全金融支持机制，鼓励各金融机构采取银团贷款、混合贷款、委托理财、融资租赁、股权信托等多种方式，加大对经济发展的金融支持。

2. 进一步推动技术创新

加快建立一个覆盖全省全行业的高新技术交流服务平台，完善科技成果与专利技术转化服务，促进人才、设备、设施、信息等要素的优势互补和互通有无，通过科技资源共享，整体提升全省工业科技含量和企业管理信息化水平。以技术创新支撑产业结构调整，加快制定和推进新一轮技术创新战略，组织实施科技攻关和成果转化项目，加快对关系贵州产业发展的重大技术和课题进行集中攻关和联合开发，力争在一些重大领域的重点技术研发上率先突破。积极组织项目争取各项专项资金，力争实现项目和资金双增长，促进产业技术升级。充分发挥信息化在工业转型升级中的牵引作用，完善信息化推进机制，促进两化融合发展，不断提升企业信息化水平。

3. 加快推动重点产业的转型升级

按照走新型工业化道路的要求，促进传统产业与战略性新兴产业、先进制造业与面向工业生产的相关服务业协调发展，为加快构建现代化的特色产业体系夯实基础。装备制造业要抓住产业升级的关键环节，着力提升关键基础零部件、基础工艺、基础材料、基础制造装备研发和系统集成水平，加快汽车、工程机械、矿用机械等装备产品的升级换代，积极培育发展智能制造、

航空航天等高端装备制造业，促进装备制造业由小变大。原材料产业要以发展精深加工、提升品种质量和资源综合利用水平为重点，大力发展支撑战略性新兴产业的关键材料和市场短缺产品，着力推进能源、矿产深加工"四个一体化"，培育发展新型建材、新型合金材料、高品质特殊钢，加快传统基础产业升级换代。特色食品制药业要以品牌建设、品种质量、优化布局为重点，保障质量安全，提升竞争新优势。电子信息产业要深化技术和产品应用，引导电子元器件和材料等向价值链高端延伸，着力提升产业核心竞争力。要大力发展工业设计及研发服务、制造业物流服务、信息服务及外包、节能环保和安全生产服务、制造服务化等面向工业生产的现代服务业，加快推进服务型制造，不断提升对工业转型升级的服务支撑能力。

4. 促进产业绿色低碳可持续发展

按照循环经济减量化、再利用、资源化的原则，减量化优先，以降低资源消耗、减少废物排放、提高资源产出率为目标，以节能减排和资源综合利用为抓手，以产业园区（工业集聚区）为载体，充分发挥污染物总量控制在产业结构调整和优化产业布局中的作用，削减污染物存量，推进生产、流通、消费各环节循环经济发展，加快构建工业循环经济体系。以贵州煤炭、电力、钢铁、铝钛有色金属、磷煤化工、建材、食品轻工、装备制造、民族药业等特色优势产业为重点，要按照循环经济理念，鼓励企业加快推行清洁生产，推行工业用水循环利用，创建节水型工业。强化工业园区废水集中治理和深度处理，推进工业园区废物资源化利用，以建设、改造一批省级循环经济示范产业园区（基地、城市）为载体，着力构建和完善循环经济产业链，推进循环型工业体系建设，实现土地集约利用、废物交换利用、能量梯级利用、废水循环利用和污染物集中处理。大力实施工业节能降耗、工业"三废"资源化利用、清洁生产和污染防治工程。

第二节 改善企业融资的区域金融环境

对贵州上市公司资本结构的优化是个动态的过程，在结合当前贵州上市公司现状的基础之上，更应着眼于贵州资本市场的发展与完善。贵州上市公司融资机制的形成，应从存量和增量两个方面进行。存量调整是基础，但更重要的在于形成增量上的规范性和规律性。尤其在2008年以来的国际金融危

欠发达地区企业资本结构与区域经济发展研究

机背景下,对贵州这样的欠发达地区的金融业来说,发展机会大于影响。应从全球金融危机来审视贵州金融业发展的不足,从欠发达的基本省情出发,进一步加快贵州金融业的发展,进一步控制欠发达地区金融体系的系统性风险,为贵州"后发赶超"创造良好的金融服务环境。要把金融业发展摆在更加重要的位置,制定专门规划,强化扶持政策,切实做大做优做强。以服务实体经济为宗旨,以深化金融体制改革和金融开放创新为动力,以降低融资成本提升服务能力为目标,以普惠金融和绿色金融为重点,加快地方金融组织发展,加强金融主体建设,吸引更多中外金融机构入驻贵州,形成以国有金融机构为基础,地方银行、股份制银行、外资银行等多种金融机构并存的多层次、多元化、竞争有序的金融组织结构体系,真正把金融业打造成为贵州新的重要支柱产业,推动全省金融业实现又好又快发展,努力打造生态环境优、融资成本低、服务效率高、开放程度好的西部金融强省。

一、加快完善现代金融体系

(一)完善各类金融组织体系

完善银行、保险、信托、证券、金融租赁公司等各类金融组织体系,积极发展地方新型金融组织,促进股权投资基金发展,培育地方多层次资本市场。大力发展银行业,促进信贷市场、外汇交易市场、同业拆借市场发展,充分发挥信贷资金在促进地方经济发展中的融资主渠道作用。结合内陆开放型经济新高地的建设,推进贵安新区银行、证券、保险等金融机构建设,推动绿色基金、互联网银行、互联网保险、互联网金融服务等在贵安新区落地和发展,组建新型金融体系,积极建设新型金融试验区。建设多层次资本市场,加快建设区域性大数据金融交易中心、区域性大宗商品现货和期货交易中心、区域性股权交易中心;持续推进成长型、成熟型企业在深、沪交易所挂牌上市,引导和培育创新型、创业型企业到"新三板"、区域性股权交易市场挂牌融资;支持符合条件的企业发行短期融资券、中期票据、企业债、公司债等债务融资工具,鼓励符合条件的金融机构通过发行次级债券、混合资本债券、金融债券等方式补充资本金、扩大资金来源;加大政策扶持力度,规范发展股权投资基金行业,设立政府引导基金,撬动符合条件的国有和民营资本参与基金组建。支持互联网金融发展,培育壮大第三方支付、移动支付、电商金融等服务平台。积极开发针对"三农"、中小企业、科技创新的金融产品和服务。发展保险市场，积极推进政策性农业保险试点，逐步扩大特色农产品保险试点，建立完善农险经营机构、财政、再保险共同参与的大灾风险分散机制；推动科技保险发展，加大保险对自主创新的支持力度；积极发展工程保险，为重大项目建设提供风险保障，引导保险资金投资重点企业、重大项目。

(二) 加大金融机构引进力度

大力推进"引金入黔"工程，加大金融招商力度，积极引进外资银行和省外金融机构进驻贵州省。随着地方经济快速发展和工商企业不断壮大，贵州对金融服务的要求日益强烈，加快建立多种所有制和多种经营形式、结构合理、功能完善、高效安全的现代金融体系，已成为促进贵州省经济更好更快发展的现实而迫切的需要。近年来贵州金融业发展的政策环境、法制环境和信用环境明显改善，各级党委和政府形成了重视金融业发展、维护金融机构合法权益的共识，金融生态环境正在加速向好的方向转变，各级党委和政府都很重视"引金入黔"，制定了一系列引进金融机构的扶持政策，这些政策为股份制商业银行在贵州省开拓市场创造了良好的环境，"引银入黔"工程取得突破，中信银行、浦发银行、招商银行、花旗银行等一些股份制银行和外资银行已入黔开办分支机构。今后还应加大金融机构引进的工作力度，深入实施"引金入黔"工程，引进省外大型股份制银行、外资银行以及非银行金融机构来黔设立分支机构，尤其是引入非国有金融机构可以加强贵州对民营企业的放款能力，促进贵州民营经济的快速发展。另外，要着力引进战略投资者，组建新的大型信托机构，引进省外大型信托机构，大力开发各类信托产品，加大向省外的营销力度。提供较大优惠条件，大规模吸引省外资金大力发展小额贷款公司，简化小贷公司审批程序、提高审批效率，实行由省级部门集中审批。大力发展融资租赁企业，依托国有企业和战略投资者，率先在装备制造业引进和组建大型融资租赁企业。在有效防范金融风险的基础上，加大国际国内游资、热钱的引资力度。

(三) 大力支持区域性金融机构建设

积极培育和发展地方法人金融机构，加快提升贵州银行、贵阳银行、农商银行等一批地方商业银行实力。加快组建民营银行、金融租赁公司、保险公司等地方法人金融机构。积极推进非银行类金融机构的发展，大力支持证

欠发达地区企业资本结构与区域经济发展研究

券、保险、信托、基金管理公司等非银行金融经济的发展，开发多种金融产品和服务。加快完善融资服务体系，加快推进中国西部科技金融区域中心、贵州金融网络服务平台、贵州金融城、中小微企业金融服务超市、金阳金融商务会展集聚区等项目建设，进一步提升功能配套和环境品质，强化政策支撑，吸引国内外银行、证券、保险等各类金融机构以及互联网金融、众筹金融、普惠金融、大数据金融等金融企业聚集，把贵阳市加快建成区域性金融中心，整合和建立一批服务规范、功能完善的区域性融资服务平台。支持有条件的法人机构快速发展壮大，打造优质地方金融机构品牌，积极推动自身创新发展和改善金融服务，扩大贷款发放额度支持企业发展，为企业获取商业银行贷款支持建立前提。依托各市州农商行、城商行，引进省外金融机构作为战略投资者，实行增资扩股。支持贵州银行、贵阳银行或其他具备相当实力的银行，实施走出去战略，到发达地区发展。充分利用境内、境外两个金融市场，大力推动贵州企业争取各类政策性贷款、发行各类债券、设立各类产业基金和PPP基金、上市融资和再融资，引入境内资金；支持综合保税区依托外汇试点政策，低成本引入境外资金。

进一步放开市场准入管制，积极发展小额贷款公司、村镇银行等小型信贷机构，改善小型金融机构经营条件。发展地方小型非营利性银行，实施社会信贷风险补偿机制，定位服务初创期和成长阶段的科技型小微企业。努力推动农村金融发展，稳步发展新型农村金融机构，形成以农村信用社和涉农银行为主体，各类银行服务向农村延伸，新型农村金融组织加快培育的多层次、广覆盖、可持续的农村金融服务体系。

进一步扩大国有商业银行网络覆盖面，尤其是拓展基层服务机构。国有商业银行除了要在贵阳及各市州地政府所在地设立分支机构外，还要在所有县域设立分支机构；鼓励国家开发行、农发行两家政策性银行健全下设机构，积极争取政策性银行加大对贵州省经济社会发展的支持力度；加大扶持培育地方性金融机构力度，有序开展小额贷款公司试点等工作，促进在区域发展、业务范围和服务产品等方面进一步拓展和创新，使地方性金融机构在贵州省经济发展中发挥越来越重要的作用；健全基层金融机构，扎实推进金融机构空白乡镇的金融机构服务点或延伸服务工作。

（四）进一步壮大信贷规模

从贵州金融支持和信贷投向来看，一是要加大对投资拉动型经济的金融支持。从贵州省经济运行特征看，2020年以前贵州省生产总值要保持年均增长10%以上，全社会固定资产投资要保持年均增长20%左右，在很长阶段内要靠投资拉动，因此要千方百计保持以交通和水利为重点的固定资产投资合理较快增长。目前，贵广快速铁路已开通，贵阳至昆明、成都、重庆、长沙、南宁5条快速铁路被正式纳入国家中长期铁路网规划并开工建设。随着贵州省工业化、城镇化、生态文明建设的加快推进和快速铁路、高速公路、黔中水利枢纽一期工程等重大基础设施项目的加速实施，全省经济社会发展对金融服务的需求大幅增加，客观上为金融业加快发展创造了空间和条件，其中一半以上的固定资产投资要靠金融信贷支持。二是资源优势转化为经济优势需要金融资本的支持。电力、煤炭、饮料、烟草、能源、煤及煤化工、铝及铝加工、磷及磷化工、烟酒等特色优势产业和以航天航空、大数据信息和先进制造业为代表的高技术产业、以旅游业和大数据信息服务为特色的服务业正在健康成长，一批有竞争力的大型企业、企业集团和产业集群发展壮大，这些优势特色产业的发展壮大亟须金融资金的支持。三是城市化战略需要金融支持。以贵阳市为例，2013年贵阳市人均生产总值已突破9000美元，形成了具有较强竞争力的特色经济体系，大数据产业基地、宜居城市和生态经济市建设取得明显成效，随着贵阳至广州、长沙、昆明等快速铁路的建成，贵阳将成为西南地区重要的区域经济中心之一，这些发展目标将强化贵阳市的区域性金融中心作用，并有力地带动全省金融业的发展。要构建信贷融资平台，发挥政府主导作用，运用舆论的、经济的、行政的手段创建好的经济环境和信用环境，建立经济金融信息互通平台、经济金融互商平台、引导资金投入平台和经济金融信息共享机制、承贷项目推介机制、信贷支持考核奖励机制、经济金融协调发展利益均沾和风险共担机制，为争取信贷投入夯实承贷基础，使地方特色和优势经济发展目标与国家信贷政策导向目标趋向一致。

二、推进金融业创新发展

在当前经济新常态背景下，企业要加快发展与转型升级，就需要金融业提供更好的金融服务。过去，企业融资主要依靠银行借款、发行股票或债券等传统方式，但在经济新常态下，传统融资方式已难以满足企业多元化的融资需求，新常态下企业的发展给金融业提出了新要求，也为金融业的创新带

欠发达地区企业资本结构与区域经济发展研究

来了机遇。

（一）加快新型金融业态发展

围绕扩大内需、发展实体经济和服务"三农"，鼓励设立互联网银行、互联网保险、互联网征信、网络支付等新型机构，推进金融产品创新。巩固提升现有交通基础设施建设融资平台，创新融资方式，努力满足贵州重大交通基础设施项目的融资需求。着眼股权增值、股权转让、信息展示、债券融资、金融资产交易、私募股权投资基金进入和退出通道等功能形成，有重点地加强贵州股权金融资产交易中心的综合性融资、培育企业转板上市、股权登记托管等建设，积极打造在西南地区具有一定影响力的非上市公司股权转让平台、综合性投融资服务平台、新三板挂牌企业输送平台和 IPO 企业培育平台。巩固提升现有科技融资平台，支持中关村贵阳科技园以市场化手段推进相关创新试点和面向中小企业服务的融资载体建设，引导社会资金加快进入高新技术产业、战略性新兴产业。推动融资性担保行业从数量扩张向规范发展转变，切实提高资信水平和担保服务效率，推动小额贷款公司规范发展。提升中小企业网络融资服务平台服务功能，创新服务品种。支持现有产业融资平台建设，鼓励有条件的企业（集团）创建新的产业融资平台。加快构建融资租赁服务体系，建立覆盖全省统一的融资租赁行业信息服务平台。建立租赁服务企业-设备制造企业-商业银行战略合作联盟，大力推广大型设备、生产线等融资租赁服务，鼓励融资租赁企业支持中小微企业发展。加快设立金融租赁公司、消费金融公司，开展新兴融资租赁服务试点。按照程序标准化和管理规范化要求，在有条件的市州建立运转高效的租赁物与二手设备流通市场，建立和完善租赁物公示、查询系统和融资租赁资产退出机制。鼓励企业自发组建省级融资租赁行业协会，加强信用体系建设和行业自律。设立民间融资登记服务机构、新型农村合作金融组织、金融仓储等地方金融组织。全力做好脱贫攻坚金融服务，建立各级扶贫投融资平台，设立扶贫产业发展基金和扶贫贷款风险补偿基金，支持各类金融企业到基层设立分支机构，培育发展农民资金互助组织，开展农村产权抵押融资业务，增加向贫困乡、贫困群众的信贷投放；创新扶贫金融产品，全面实施精准扶贫"特惠贷"，为贫困户提供免担保抵押、低利率、财政贴息补助的小额信用贷款；扩大农业保险覆盖面，为贫困地区开展特色农产品保险提供保费补助，开展农产品目标价格保险和信用保证保险。

（二）加快发展互联网金融

互联网金融是一种互联网技术与金融功能的跨界融合，运用在线支付、社交网络、搜索引擎、大数据挖掘、云计算等网络资源和技术手段开展的新型金融业务。根据《中国互联网金融发展报告（2013）》[1]的划分，金融互联网包括：传统银行的网上银行业务、缺乏大数据和互联网技术支撑的纯网络银行（物理形态网络化的银行）、网络证券或证券业网络化、网络保险或保险业网络化、众筹融资、大多数平台类P2P借贷、互联网理财、互联网支付。互联网金融包括：以美国Lending Club公司为代表的依托大数据运行支撑的P2P借贷、以阿里小贷为代表的网络微贷、以花旗银行行为代表的利用大数据挖掘改进传统网上银行业务。

加快发展互联网金融，着力实施"互联网"金融模式的创新交易服务平台，实施"互联网"普惠金融专项行动计划，培育和规范互联网金融发展，积极推动互联网与银行、证券、保险、基金、网络小贷、众筹、担保的融合创新，培育新型金融业态，全面提升互联网金融服务能力和普惠水平。发展网络金融、移动金融、网络股权众筹、互联网信贷、移动金融、互联网支付等服务。支持传统金融机构基于互联网和大数据进行业务创新，发展网上银行、网上证券、保险电子商务、移动金融、金融社交网络、金融超市等新服务和新渠道。发展互联网股权众筹融资，支持企业针对电子商务、农业种植、旅游户外、教育培训、文化创意等社会生产生活领域募集资金，建设涵盖众筹金融交易所、世界众筹大会、众筹金融商学院、众筹金融研究院、世界众筹创客小镇的众筹金融生态体系，增强众筹对大众创新创业的服务能力，鼓励企业向"小微""三农"提供规范服务，降低中小企业融资成本。发展互联网借贷（P2P）、互联网财富、互联网信用、金融信息服务、金融超市、虚拟资产交易与保险、网络金融社区、互联网金融交易所、互联网货币等互联网金融新业务。支持贵州移动金融等公司，发展移动金融SIM卡、移动支付、网上支付、社交支付（微信支付）等新型支付方式。发展大数据金融业务，加快推进数据资产化进程，大力发展数据资产为核心的交易、保险、抵押、担保等大数据金融新业态。

---

[1] 芮晓武，刘烈宏主编：《中国互联网金融发展报告（2013）》，社会科学文献出版社出版2013年版。

欠发达地区企业资本结构与区域经济发展研究

三、加快多层次资本市场建设

（一）培养和发展区域性资本市场

资本市场建设应形成直接融资与间接融资协调发展，上市融资与债券融资并驾齐驱，主板市场与其他板块全面跟进的多层次资本市场体系，要形成企业的良性融资机制。区域性证券市场可以增加市容量，完善股票市场和债券市场结构，以满足企业融资需要。尤其是区域股权市场未来的发展应继续坚持属地化的特征，立足于服务本地的企业，为本地企业提供符合所在地省情、市情及行业情况的特色化的融资服务。合理定位，不同的区域股权市场应避免争夺挂牌企业而产生的恶性竞争。提升区域市场流动性，充分提升市场挂牌企业的融资效率。建立和完善区域股权市场的转板和退出化制。把互联网金融化、资产证券化成为交易所提升融资效率的新渠道。切实支持上市公司做强做大，健康发展，增强上市公司增发、配股的再融资功能。规范发展非上市公众公司，加强对非上市公众公司信息披露监管力度，提高市场效率。加快完善大中型企业的公司治理结构，积极推荐上市，扶持优质民营企业做优做强，积极培育上市资源，扩大贵州省企业直接融资规模。

（二）发展企业债券市场

首先，发展企业债券市场，支持中小企业利用短期融资债券进行融资。从宏观层面上看，国家必须大力发展企业债务市场，从政策、法规、制度上为企业债务融资创造一个良好、宽松的环境。尤其是通过扩大企业债券的发行规模、减少对企业债券市场运行的不必要的行政干预以及完善法规体系等多个方面来促进企业债券市场的发展和完善，以此推动资本市场的均衡发展，优化上市公司融资结构。在目前上市公司"软约束"的特殊情况下，发债融资将迫使企业增加经营压力，增强资金成本意识，建立有效的自我约束机制。从宏观意义来看，也有利于减轻股票市场扩容的压力，促进股票市场健康发展，改变我国资本市场发展中存在的债券市场发展大大落后于股票市场，企业债券市场发展滞后于国债市场的不平衡现象，形成债券、股票与银行贷款融资合理配置的融资结构。其次，应根据我国《公司法》对公司发行债券所作的规定积极创造条件。凡是具备条件的就应积极参与债券融资,以提高上市公司债券融资比例,改变长期以来银行债务融资比例过高的状况。

(三) 规范上市公司融资行为

鉴于上市公司在配股融资方面存在着无序现象,因此需进一步加强对上市公司配股融资的市场监管,如可考虑将目前配股审批的单点控制改为全过程监管,即严格跟踪审查公司配股之后的相关行为,如配股资金使用是否严格按照原计划进行,项目收益情况是否与预期一致等。跟踪审查的结论应作为公司配股资金的首要条件,从而加强对配股公司资金使用上的约束,提高募集资金的使用效益。

四、持续优化金融生态环境

(一) 深化投融资改革

通过改革和制度创新,建立国有企业的现代企业制度,形成合理的法人治理结构,使融资活动融于企业产权运营和变革中。只有在合理产权制度基础上,企业才会对资金的使用支付其真实的成本,从而不存在免费成本,企业的融资方式选择才有意义。要以率先落实和创新政府投融资管理体制改革为契机,积极争取银行信贷资金、国债项目资金、社会资金投入,建立政府投资、企业融资、民间集资的多元化投融资体制,以此解决经济发展投入不足的瓶颈问题。要逐步完善地方性金融机构体系,积极发展各种所有制金融企业。地方金融机构要树立"金融服务于地方经济""金融根植于地方经济"的思想,找准追求利润与支持区域经济发展的结合点,调整信贷结构,合理授权授信,加大贷款营销力度,积极灵活运用多种金融工具,增加对区域工业、农业、产业化龙头企业和主导产业的信贷扶持,为企业提供全方位的金融服务。

(二) 切实改善信用环境

大力推进法制建设,强化社会信用基础,加快完善社会信用体系,形成一个有法必依、违法必究的法律氛围和公开、公平、公正、高效的市场环境,切实保护金融市场各主体的合法权益。继续推进面向企业和个人信用的信息基础数据库建设,建立健全金融生态评价指标体系及考核办法,将金融信用网络建设与社会信用体系建设结合起来,推动金融信用信息与基础信用信息的整合和共享，提高金融风险防范能力。大力提高金融市场信息披露的水平，从法律、社会信用分成体系、会计与审计准则、中介服务体系、企业改革和银企关系等方面优化金融生态。

(三) 积极培育、发展和引进中介服务机构，强化社会监督

中介机构的职能就是给投资者提供全的企业债券情况及相关信息，提高发行人的透明度，使投资者能自主决策，理性投资。改善金融生态环境，应组建专门的投资银行，加快产权交易市场的发展，更好地为上市公司发展服务，促进资本市场的良性发展。大力发展项目融资服务机构，专事对项目融资方案的策划制定、资产整合包装指导、融资居中介绍、融资公关谈判等服务。大力发展贷款公司，特别注重发挥省外贷款公司的作用。完善信用担保体系，扩大政策性担保公司的注册资金，增大其担保能力，持续规范担保机构、评估机构的经营行为。

(四) 增强防范和化解金融风险的能力

完善相关配套制度，打击恶意逃避银行债务行为，为金融机构发展创造良好的法制环境。继续推进金融机构的公司化改革，健全法人治理结构，并尽快建立严格的信息披露制度和即时的风险控制系统，加强风险防范和控制，维护金融机构的稳健运行。提高自主创新能力，增强金融对地方经济发展的支持力，促进金融机构业务的多元化，从而拓宽盈利空间及其市场竞争力。信贷方向要优先保证重点建设项目投资和对生态环境、教育、卫生和公共事业等薄弱环节方面的投资项目建设，使资金流入有助于区域经济结构的调整和经济增长质量的提高。金融监管部门应与有关经济部门积极配合，建立对金融机构信息披露违规行为的公示和惩处制度，严厉打击金融机构的违法违规行为，净化金融市场环境。加强和改进监管手段，注意防止金融风险跨业、跨市场转移，促进金融业可持续发展。加快"金融引智"工程，加大国际化金融人才引进力度，面向国际投行、"一行三会"、国内主要金融机构引入国际化高端金融人才，构建一批复合型、专家型金融人才队伍，组建具有全球视野的金融监管队伍。加强对金融风险的预警和监测，完善金融突发事件应急预案和应急处置机制，维护地方金融稳定。

第三节 创造良好的开放发展环境

一、对外开放发展状况

近年来，持续改善发展条件，推进铁路建设大会战和高速公路、水运建设三年会战，交通基础设施建设取得重大突破，已经形成的"一干八支"机场格局使每个市州都有航线通达，贵广高速铁路建成通车，高速公路里程突破4000公里，贵州近海近边近江潜在条件正在变为现实优势，物流瓶颈正在打破。加快推进融入"一带一路"和长江经济带、珠江—西江经济带、贵广经济走廊、乌江经济走廊建设，加快建设贵安新区、贵阳综合保税区、双龙临空经济区等对外开放平台，建立与瑞士等国家和地区的交流合作机制，全方位对外开放新格局正在形成。坚持把创新驱动作为赶超发展的战略支点，大数据产业、中关村贵阳科技园正成为创新发展新亮点。加快建设生态文明先行区，"生态文明贵阳国际论坛"已成为世界品牌。在软环境建设方面，千方百计提高行政效率，提供要素保障，强力推进招商引资成果转化、服务项目等系列工作，努力改善投资环境。总之，综合区位环境、对外开放环境、创新环境、生态环境等综合环境的日益改善，正在丰富贵州投资环境的新内涵，提升塑造贵州投资环境的新形象，将为贵州发展注入强大的内生动力。但是，受宏观形势、经济社会发展基础、区位条件、体制机制等因素制约，贵州投资环境建设在要素配置、政策落实、政务服务等方面还存在一些突出问题。

招商引资到位资金和外贸进出口额表明了一个区域与外部地区经济社会联系的程度，通常被用来衡量一个区域对外开放及合作程度的重要指标。根据2013年西部各省（市、区）的外商投资企业投资总额和按经营单位所在地分进出口总额数据，大致可把12个省（市、区）的对外开放及合作程度分为开放、较开放和相对开放三类：四川、重庆和广西开放程度高，属于第一类，外商投资企业投资总额分别达到724.9亿美元、588.41亿美元和319.27亿美元，按经营单位所在地分进出口总额分别达到646亿美元、687亿美元和328亿美元；云南、贵州、陕西、甘肃、新疆、内蒙古属于第二类；西藏、青海、宁夏属于第三类，外商投资企业投资总额分别为13.11亿美元、

29.81亿美元和35.37亿美元,按经营单位所在地分进出口总额分别为33亿美元、14亿美元和32亿美元。贵州的外商投资企业投资总额为118.56亿美元,按经营单位所在地分进出口总额82.29亿美元,开放程度在西部地区位于中等水平,但在全国处于较滞后水平(见表5-6)。

表5-6 2013年西部12省(市、区)外商投资和进出口情况

地 区	外商投资企业数(户)	外商投资企业投资总额(百万美元)	按经营单位所在地分进出口总额(千美元)
内蒙古自治区	2925	22911	11994572
广西壮族自治区	3756	31927	32827499
重庆市	5397	58841	68692164
四川省	9147	72490	64574658
贵州省	1386	11856	8290101
云南省	4262	24097	25303559
西藏自治区	240	1311	3319409
陕西省	6443	36629	20128061
甘肃省	2229	6510	10236107
青海省	370	2981	1402743
宁夏回族自治区	488	3537	3217686
新疆维吾尔自治区	1302	6453	27561391

资料来源:国家统计局分省年度数据,data.stats.gov.cn。

二、切实改善开放发展的环境

(一)树立绿色发展开放发展的理念

贵州省长期处于贫困状态在很大程度上是由于自给自足的封闭性经济,这源于区域文化的相对保守性和排他性。因此,要采取内外相结合的措施,放眼外界,扩大眼界。要强化以生态文明理念引领经济社会发展,奋力推动新型工业化、城镇化、信息化和农业现代化同步发展,打造全国生态文明建设先行区,把贵州建设成为"东方瑞士"。要抢抓实施新一轮西部大开发的战略机遇,以扩大开放促进贵州实现又好又快发展,增强贵州参与国际国内市场竞争的能力。要加快推进"走出去"发展战略,重点明确贵州"走出去"发展战略中长期发展目标、战略选择、发展思路、发展重点及路径选

择,指导贵州产业如何走出去。依托贵阳综合保税区、贵安综合保税区建立贵州与瑞士、日本、韩国、新加坡、美国、中国台湾、中国香港等国家和地区的外向型产业园区。培育一批"专、精、优、特"品牌产品,参与国际市场竞争。借助贵州贵阳国际生态会议、贵阳国际酒博会、亚洲动漫大赛及积极走出国门参与各种国际博览会、专业展览会和各类出口商品交易会,在营销上四面出击,大力参与国际化市场竞争。积极争取国家支持贵州建立承接东部产业转移的示范园区和东西部互动产业合作示范园区。进一步推动有实力的企业到国外投资设厂、承包工程。积极建设外派劳务基地。推动服务外包业发展。

(二)适应发展新常态,努力打造最优投资环境

进入"十二五"中后期以来,全国经济发展新常态特征更为明显,各省(市、区)为应对经济增速放缓压力,不断创新举措,改善投资环境,出台各种优惠政策措施吸引更多投资者投资,招商引资竞争将越愈激烈,将对贵州招商引资持续保持高速增长形成压力。在这种宏观背景下,贵州要大力推进全面深化改革和依法治省,抢抓国家推进新一轮高水平对外开放带来的新机遇、基础设施建设突破带来新机遇、生态环境后发优势带来的新机遇,继续采取有效措施,进一步优化提升投资环境,形成以干部作风大转变、改革开放大突破、行政审批大提速和发展环境大改善,带动贵州形成人气大提升、投资大增长、项目大推进、发展大跨越的新局面。

贵州要在经济新常态下实现既要"赶"又要"转"的任务,就必须保持一个较高的经济增长速度,要把招商引资作为经济发展的生命线,要把优化发展环境作为促进对外开放、促进招商引资、促进项目建设、促进贵州后发赶超的重要切入点,建立健全科学发展的环境保障体系,为全省的改革发展保驾护航。既要重视自然资源、基础设施在内的硬环境建设,更要关注软环境建设,把法治环境、营商环境、人文环境、生态环境纳入投资综合环境建设内容,打造投资环境升级版。切实推进招商引资方式转型,加快推进招商引资竞争从拼资源转向比环境,把环境作为经济发展"关键"中的关键、招商引资"核心"中的核心,进一步探索新常态下招商引资的新路径。要抓住主要矛盾,突出工作重点,着重抓好政策的清理、整顿和创新,进一步精简审批事项、优化审批流程、提高审批效率,大力转变工作作风,提升服务水平,努力创造优质高效的政务环境。用市场机制激发经济活力,尊重企业的市场主体地位,大力整顿和规范市场经济秩序,加强诚信体系建设,努力创造公平竞争的市场环境。积极推进依法执政、依法行政,全面落实行政执法责任制,推动规范执法、文明执法,努力创造公平公正的法治环境。深入开展精神文明创建活动,加强和创新社会管理,抓好安全生产工作,努力创造和谐稳定的社会环境。

(三)建设"诚信贵州",营造诚信守诺的社会氛围

加强诚信社会建设是改善投资环境的重要举措,要立足当前,着眼长远推进贵州诚信社会建设。要进一步强化诚实守信意识、市场经济意识、科学招商意识、优化服务意识,切实解决随意承诺、诚信缺失问题,营造诚实守信的投资环境。着重围绕"5个100工程"、"百千万工程",以加大招商引资政策落实为核心,不折不扣地兑现政策。政府制定的政策、做出的规定、批准的事项都要信守承诺,取信于民。对已出台的政策,要加大督导力度,因政策不兑现而造成重大社会影响的,要严格进行问责,积极建设诚信政府。同时,深入推进商务诚信建设,加大第三方信用评价力度,建立健全生产经营企业主体诚信档案。对信用好的企业和个人,应给予表彰和奖励;对不守信用的企业和个人,通过经济、行政、法律和舆论等手段予以规范和制裁,加大失信成本。从长远来看,要以打造诚信贵州为目标,普及诚信教育,加强诚信价值观教育,强化诚信道德教育,全面推进全社会诚信建设,形成有效的社会自律机制和道德评判机制,引导信用主体自觉维护诚信和谐的经济社会发展环境。

(四)掀起"效能革命",营造透明高效的政务环境

一是继续精简审批及核准事项,推进行政审批服务化。对不符合法律规定、利用红头文件设定的审批、核准事项,一律取消。除国家规定外,对同一项目涉及的不同审批事项,尽量明确到同一层级。把能够下放的行政审批权限下放到市、区一级,省级各部门要协调一致,同步下放到位。推进行政审批服务化,实施建设项目审批联系代办服务,做到一个投资项目一个审批服务联系人,具体负责协助各项目审批申报、联合预审中遇到的问题的报告、协调、反馈、手续代办等服务工作。二是优化办事程序。全面执行"先照后证"工商登记制度,实行项目核准与其他行政审批网上并联办理,力争2015年年底前实现省本级行政审批公开化、信息化、规范化。建设项目在线审批

监管平台，对行政审批事项和办理过程实行同步全程监控，有效监督行政审批行为。三是推行精准服务。以"5个100工程"、"百千万工程"为重点，建立"以项目、企业为中心"的工作理念，深入实施领导定点联系重点项目制度，帮助协调解决企业在落地、建设、投产中面临的实际重要问题；制定出台新常态下"百企升级"相关配套政策，在人才、资金、技术、经营管理等方面给予升级企业大力支持。建立政府投资项目信息管理平台，对政府投资项目进行动态管理。四是完善项目推进考核办法，强化计划指标完成、项目质量、合同履约等方面的综合考核，加大招商项目的"打假、挤水"力度，确保招商引资实效。

（五）完善投资环境评价机制

一是要明确提出打造全国投资环境最佳省份的长远目标和近期重点，把改善投资环境作为硬任务、硬指标安排部署，列为目标责任制考核的重要内容、干部奖惩的重要标准。二是要督查兑现招商承诺，强化对项目的全程服务管理，改变部分存在的重项目引进、轻项目后续跟踪服务的现象，实时跟踪掌握企业生产和项目推进情况，实施台账管理。三是要加强市场监管，全面清理涉企收费，严厉查处各种名目的乱罚款、乱摊派、乱检查、乱评比、乱培训等行为，着力减轻企业负担。四是要加大投诉案件处理力度，及时解决企业诉求，对投资者投诉事项，要及时受理、快速回复、限时办结。五是要进一步在各类新闻媒体上加强宣传工作，发挥企业和社会对行政部门监督的促进机制，组织群众和企业评价政府职能部门的工作。六是要进一步完善评估办法，将地方政府对招商引资的重视程度、行政服务效能、政策法治环境、投诉环境、资源利用和政策承诺兑现等情况，地方的经济实力、社会服务、法治、基础设施等情况，地区经济发展的活跃程度和投资环境改善程度等指标作为评价的重要内容，客观监测评估贵州投资环境的发展变化情况。

第六章 壮大特色产业和培育优质企业

产业是经济发展的重要支撑,经济的高度发达必然伴随产业的高度发展。西部地区上市公司行业结构的优化应该注重于调整和优化区域产业结构。产业结构调整对作为宏观经济晴雨表的证券市场和作为国民经济缩影的上市公司而言,意义深远。贵州有着能源、矿产、生物、旅游等极为突出的资源优势。尤其是矿产资源,已发现的矿产总数有107种,矿产地3000余处,其中的磷矿、煤矿、铝土矿、卡林型金矿等矿种,在我国占有极其重要的地位。对于贵州省来说,以大数据为引领的信息产业、电力、煤炭、冶金、有色、化工、装备制造、烟酒、民族医药和特色食品及旅游商品等产业是优势产业,贵州产业发展的战略目标是建成国家重要能源基地、资源深加工基地、装备制造业基地、战略性新兴产业基地、国家优质轻工产品基地,应主要围绕这些产业,加快培育优质企业和后续上市资源。

第一节 大力推进工业转型升级

贵州要实现后发赶超,必须要围绕贵州的资源优势和传统产业基础,加快传统产业的转型发展,大力培育高技术和新兴产业,加快构建有贵州特色、符合经济发展规律的现代产业体系。要坚持走新型工业化道路,突出特色,优化布局,以产业园区为载体,着力推进产业绿色发展、循环发展、低碳发展,推动信息化和工业化的深度融合,按生态化理念推动特色优势产业转型升级。积极实施品牌战略,以品牌引领产业和企业发展,培育一批优质上市资源。

第六章 壮大特色产业和培育优质企业

一、贵州工业发展特征

2013年,在世界经济尚未复苏、全国经济增速减缓的大环境下,贵州努力克服经济下行带来的影响,工业经济逆势而上,呈现出稳中快进、总体向好的发展态势,但在加速发展加快转型升级的同时,也面临着国内外严峻形势的外在逼迫和自身发展的内在要求的双重压力。

(一)工业经济高位平稳增长,但产业竞争力有待加强

1. 工业产值大幅增长

2012年以后,受传统产业增长放缓影响,贵州工业经济下行压力较大,为加快工业经济平稳发展,国家出台了一系列减轻企业负担、降低工商业电价、调整资源税等预调微调政策,帮助企业减税降费,稳定工业生产。贵州省出台"促进工业发展23条","煤炭企业减负30条"等政策措施,加之"双服务"、"百千万"活动的深入开展,对特困企业实行"一企一策",保持了重点产业的平稳较快发展。同时,大力推进大数据、大健康等新兴产业发展,成为助推经济发展的新生力量,深入开展"民营企业服务年"活动,进一步增强了工业经济发展活力和动力,有力推动了工业较快发展。2011年、2012年、2013年全省规模以上工业分别实现总产值5520.68亿元、6544.02亿元、8074.60亿元。

2011年,全省全部工业增加值实现1829.20亿元、比上年增长17.8%,其中规模以上工业实现增加值为1723.58亿元,比上年增长22.6%;当年工业拉动经济增长5.9个百分点,对经济增长的贡献率为39.2%。2012年,全省全部工业增加值实现2217.06亿元、比上年增长15.6%,增幅高于全省生产总值增幅2个百分点,其中规模以上工业实现增加值2055.46亿元、比上年增长16.2%,分别位列全国第三、西部第三;当年工业拉动经济增长5.3个百分点,对经济增长的贡献率为38.7%。2013年,在极其严峻的经济形势下,全省上下积极应对,克服宏观经济疲软的不利影响,狠抓工业经济提速增效,工业经济整体保持了稳定增长。2013年全年完成工业增加值2686.52亿元,同比增长13.1%;规模以上工业增加值完成2531.92亿元,同比增长13.6%,增速位居全国第二;工业占GDP比重达到33.6%,对经济增长的贡献率为36.2%,拉动经济增长4.5个百分点。

表6-1 2010—2013年贵州省工业增加值完成情况

指标	单位	2010年	2011年	2012年	2013年
全部工业增加值	亿元	1516.87	1829.20	2196.06	2686.52
全部工业增加值增长率	%	15.7	17.8	15.6	13.1
全部工业增加值占GDP比重	%	33.0	32.08	32.3	33.6
规模以上工业增加值	亿元	1227.17	1723.58	2055.46	2531.92
其中：国有及国有控股企业		749.55	917.55	1194.83	1319.74
其中：轻工业		413.99	563.48	773.04	969.29
重工业		813.18	1092.93	1282.42	1562.63
规模以上工业增加值增长率	%	15.8	21.00	16.2	13.6

2. 工业投资快速增长，但工业投资对产出增长的拉动效应尚需时日

"十二五"以来，全省工业投资以园区和电力、装备制造、化工、建材、轻工、电子信息等行业为重点，大力支持大健康医药产业、大数据信息产业和"四个一体化"等重点项目的投资，工业投资保持持续稳定增长，一批重点技改项目顺利实施。2011年完成工业投资1820.99亿元，同比增长69.6%；2012年完成工业投资3126.2亿元（含园区基础设施），同比增长35.0%；2013年完成工业投资（含园区基础设施）4051亿元（50万元口径），同比增长29.6%。从各年度来看，工业投资增速逐年放缓，呈现出疲软态势，影响工业持续增长。另外，工业大项目较少，精深加工项目投资比重较小，对工业后续快速增长的支撑不足，工业投资对于经济增长的拉动还有待显现。

3. 产业竞争力不强，稳增长的基础尚不牢固

贵州省能源资源丰富，但基础条件差、开发成本高，优势尚不能转为胜势，度电成本比周边能源丰富省份高，导致"四个一体化"产业竞争力不强，"五张名片"有竞争力的品牌不多。2013年初以来，投资收益增长最快的是特色轻工业，出现负增长的是煤炭，电力、装备、冶金投资增幅下降，投资者信心不足。煤炭因安全基础条件弱、兼并重组任务重，产量受到影响。电力面临云南水电消纳压力、外送再提高难度大等问题；白酒自2011年以来累计的基数较高，再实现高增长难度较大；卷烟受到计划限制；冶金、化工等能矿支柱行业受经济下行影响，已连续几年生产负荷不足，部分产能处于闲置，电解铝、电解锰、钢材、水泥等主要工业产品价格持续走低，开工率

不高，持续大幅亏损，处境艰难；装备制造业配套水平不高，创新能力不强，整机项目少。上述表明经济下行压力逐步由能矿产业向其他行业传导，从中小民营企业向国有龙头企业扩散。

尽管近年来贵州工业经济增速较快，但是经济规模总量仍然较小。2012年，贵州规模以上工业完成增加值完成2254.16亿元，仅有广东的10.25%、陕西的33.94%。从工业投资来看，2012年贵州工业投资增速为35%，在比较的省、市、区中位居第一，但是从投资规模看，总量较小，仍处于较低水平。2012年，贵州工业投资规模3126.2亿元，依次小于广东、四川、广西和陕西，仅高于重庆和云南，贵州全省完成工业投资额仅为广东的48.03%、四川的48.10%、广西的64.20%、陕西的73.15%。

2013年，与各省（区、市）主要工业产品产量相比，贵州在西部地区中在烟草制品业、煤炭开采和洗选业、酒水饮料和精制茶制造业、电力热力生产和供应业、非金属矿采选业、医药制造业、有色金属冶炼和压延加工业、化学原料和化学制品制造业、燃气生产和供应业、黑色金属冶炼和压延加工业等行业产业具有比较竞争优势，发展潜力巨大。但是在装备制造、新材料、医药等产业领域，贵州还处于弱势。同周边省份相比，贵州与四川的白酒，与云南、湖南的两烟，与云南、湖南、广西的磷化工、铁合金、铝等存在产业竞争。综合比较原料、电力和运输成本，贵州在磷及磷化工、钢铁及铁合金等方面的竞争压力较大（见表6-2）。

（二）工业结构进一步优化，但结构性矛盾仍较突出

1. 工业经济结构持续改善

从工业经济占经济总量比重来看，2011年、2012年、2013年，全省工业增加值占生产总值的比重分别为32.1%、32.4%、33.6%，工业占全省经济总量比重稳步提升，工业持续快速发展进一步优化了全省产业结构。截至2014年11月，电力、煤炭、烟酒、化工、建材、装备制造、民族医药和特色食品及旅游商品为主的特色产业和以大数据为引领的电子信息产业等8个产业成为千亿级产业。此外，以大数据为引领的电子信息产业、大健康医药、新型建材等新兴产业加速发展，推动全省产业结构进一步改善。

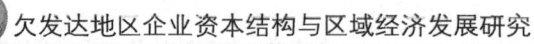

表6-2 2013年全国及各省(区、市)主要工业产品产量

地区	成品钢材(万吨)	水泥(万吨)	农用化肥(万吨)	家用电冰箱(万台)	十种有色金属(万吨)	电解铝(万吨)	铁合金(吨)	轮胎外胎(万条)	磷肥(万吨)	磷矿石(万吨)	卷烟(亿支)	白酒(万千升)	中成药(万吨)
全国	106762.2	241439.6	7153.6	9340.6	4028.8	2204.7	3776.2	96503.6	1632.9	10851.0	25604.0	1226.7	310.6
贵州	573.3	8353.0	524.3	155.3	118.6	112.3	327.3	602.1	274.9	2905.4	1271.4	30.5	7.9
北京	219.0	900.5		83.7		0.8	0.6	503.9			201.1	28.0	3.9
天津	6640.9	951.9	13.5	49.3	0.6	2.1	29.4	4012.2	9.8		234.0	2.8	0.4
河北	22861.6	12676.2	228.8		19.4	104.2	183.4	76.8	6.3	59.5	847.5	27.7	5.2
山西	4486.2	4984.8	446.1		137.1	208.8	430.1	166.6	16.8		158.5	11.2	1.1
内蒙古	1797.7	6395.7	112.4		287.0	32.4	95.3	1956.5	3.4	12.2	332.5	64.6	1.0
辽宁	6863.0	6005.2	77.1	84.8	73.3		36.8	349.4	0.5		278.9	54.8	1.5
吉林	1510.1	4502.9	52.2		0.8		0.2	484.2		1.6	485.0	56.2	57.3
黑龙江	631.0	4028.5	60.4		0.1			1079.6			439.5	50.1	5.2
上海	2322.8	750.3	2.1	153.9	8.8	5.7	107.2	10705.0	8.9	10.2	934.2	0.6	0.7
江苏	12398.0	17991.9	246.9	1063.1	52.9	7.7	20.7	10979.1	0.9		1021.3	94.1	1.9
浙江	3823.4	12462.9	30.2	939.6	38.5		7.6	2944.7	68.8	56.9	923.5	2.1	2.1
安徽	3138.6	12131.4	325.8	2973.9	128.8	14.9	34.9	4317.8	1.4	7.3	1313.4	40.2	4.4
福建	2782.8	7890.4	46.7	101.5	40.5		1.2	354.4	19.0		948.6	3.9	1.8
江西	2463.8	9204.2	106.3		156.2	209.2	148.2	42519.5	100.3		639.0	14.2	10.6
山东	8109.1	16217.8	826.3	524.4	291.9		190.6	2357.7	24.2	54.0	1420.1	131.7	16.3
河南	4255.2	16764.4	535.9	517.8	536.3	332.5					1713.6	106.8	24.4

128

第六章 壮大特色产业和培育优质企业

续表

地区	成品钢材（万吨）	水泥（万吨）	农用化肥（万吨）	家用电冰箱（万台）	十种有色金属（万吨）	电解铝（万吨）	铁合金（吨）	轮胎外胎（万条）	磷肥（万吨）	磷矿石（万吨）	卷烟（亿支）	白酒（万千升）	中成药（万吨）
湖北	3344.9	11056.5	1186.7	226.1	107.8	23.1	39.3	809.2	572.3	4132.1	1398.0	72.2	40.2
湖南	1977.9	11264.7	134.6	21.0	301.4	33.0	340.2	236.5	16.9	7.6	1862.1	25.7	14.9
广东	3384.5	13394.9	54.6	2014.7	44.8		0.1	6050.0	45.4		1391.9	11.9	21.8
广西	2790.7	10707.5	105.2		123.7	65.9	664.4	120.9	40.8		768.5	9.3	29.4
海南	27.0	1988.4	65.9								115.0	0.1	0.1
重庆	1269.6	6127.0	212.5	320.0	34.0	31.5	52.8	3348.7	53.1	28.7	571.0	17.2	8.2
四川	2785.2	13897.1	440.0	89.7	81.3	63.1	245.6	2107.6	103.5	960.5	998.7	336.4	42.1
云南	2053.9	9009.2	337.9		300.4	93.7	124.3		218.6	2737.1	3787.8	7.6	3.8
西藏		295.8											0.2
陕西	1565.2	8545.5	103.0	21.8	159.6	44.4	57.3	97.7	22.4	1.3	899.5	10.5	4.0
甘肃	1021.6	4412.7	58.8		323.7	200.5	141.1		9.0		470.0	4.5	1.1
青海	130.8	1786.3	413.4		237.4	223.6	222.5					2.1	0.2
宁夏	149.8	1914.3	70.3		164.0	149.8	254.6	165.9	12.3			1.3	0.1
新疆	1395.3	5040.2	348.3		258.6	246.3	22.0	157.6	2.8		180.0	6.5	0.4

注：本表统计口径为年主营业务收入2000万元及以上工业企业。

从民营经济占经济总量比重来看，2011年、2012年、2013年民营经济占地区生产总值的比重分别为36.9%、40%、43%，民营企业已成为制药、食品、矿产品加工、房地产、商贸超市等新兴产业的主体。从装备制造业和高新技术产业发展来看，2011年、2012年、2013年装备制造业增加值分别为97.68亿元、95.67亿元、115.97亿元，占全省工业增加值的比重分别为5.34%、6.49%、6.88%；高新技术产业增加值分别为90.86亿元、95.67亿元、115.97亿元，占全部工业增加值的比重分别为4.97%、4.32%、4.32%，装备制造业和高新技术产业增加值合计占全省全部工业增加值的10.31%、10.81%、11.19%，装备制造业和高新技术产业保持稳定较快增长，规模不断扩大。从第二产业就业比重来看，自工业强省战略实施以来，第二产业从业人员增速较快，2011年、2012年、2013年第二产业从业人员占全社会从业人员比重分别为12.04%、13.04%、14.18%，第二产业就业人员比重持续上升。其中，2011年、2012年、2013年工业园区新增就业分别为7.4万人、20.45万人、23.57万人，2013年工业园区新增就业占到了全省城镇新增就业人数的20%以上。

2. 空间布局进一步优化

"十二五"以来，贵州大力构建"一区两翼多组团"的工业发展布局，全力打造以贵阳为核心，遵义、都匀、凯里、安顺相呼应的"一核四带"黔中经济区；推动"西翼"毕节—水城—兴义经济带做大做强；促进"东翼"东南部特色综合经济区加快发展，选择一批发展潜力大的城市和重点区域，建设了一批产业发展组团。通过大力发展能源原材料产业、改造提升装备制造业、充分发展特色优质轻工业、积极培育战略性新兴产业等手段，使得一批国家重要综合能源基地、资源深加工基地、特色装备制造业基地、战略性新兴产业基地、优质轻工产业基地陆续建成。全省已建成111个产业优势突出、基础设施配套齐全、具有一定规模的园区，园区承载能力也显著提高。

3. 骨干企业培育有序推进

"十二五"以来，贵州省大力推进实施《百亿企业培育行动计划》和《上市助推行动计划》，取得了积极成效。围绕百亿企业培育目标，积极培育一批具有比较优势、成长潜力大的后续百亿企业和企业集团。截至2014年，贵州省营业收入超过100亿元的大企业大集团达17户；共有A股上市公司21户，其中在上交所上市10户，深交所上市11户（含创业板1户）。

4. 结构性矛盾较为突出

贵州产业结构处于较低层次，能源、原材料工业和初级产品加工工业比重大、高加工度工业比重小。2013年，轻重工业比重分别为38.0%、62.0%，轻重结构比有明显改善，但高加工度工业比重仍然较小。另外，虽然全省基本建设投资增长强劲，但更新改造投资占全省工业投资比重低，更新改造投资乏力，企业推动技术进步的信心不足，产业结构优化速度较慢。

(三) 可持续发展能力增强，但转型升级压力仍然较大

"十二五"规划实施以来，资源节约和综合利用水平进一步提高，单位地区生产总值能耗下降指标和主要污染物减排指标全面达到国家要求，安全生产状况进一步好转。尤其是推进循环经济试点城市、园区、企业建设。积极推进贵阳市、瓮福集团、开磷集团、赤天化纸业、贵州茅台等五个国家循环经济试点单位（城市）示范试点建设，将开阳磷煤化工循环经济工业基地、桐梓煤化工循环经济工业基地等一批省级循环经济基地项目也按照创新循环经济发展模式进行建设。积极争取贵阳市列为国家节能减排财政政策综合示范城市，争取贵阳经济技术开发区列入国家工业园区循环化改造示范试点园区。积极支持六盘水市创建国家循环经济示范城市。认定了六枝路喜循环经济产业基地、黔桂发电有限责任公司等一批省级循环经济示范基地（企业）。实施了一批具有规模效应、技术装备水平较高的粉煤灰、磷硫石膏、煤矸石等循环经济和资源综合利用重大示范项目。贵阳市、遵义市列为国家第一、二批餐厨废弃物资源化和无害化处理试点城市。建成投产一批技术含量较高，规模化利用粉煤灰、工业副产石膏、冶金渣等废弃物的资源综合利用示范项目，资源综合利用水平得到进一步提高。

但是，高能耗行业依赖程度较高，转型升级压力较大。尤其是冶金、煤炭、化工、电力等产业项目投资比重较大，制造业和资源深加工项目投资不足，这种以资源型重化工业为主的产业结构较长时期内难以改变，能源消耗和废弃污染物排放仍会刚性增加，工业经济发展与资源、环境的矛盾冲突会进一步加剧。另外，由于贵州工业结构以能源原材料为主，受国家政策对贵州省产业限制也较大。

国家发改委、工信部2013年出台了《关于坚决遏制产能严重过剩行业盲目扩张的通知》，对水泥、电解铝、平板玻璃等相关行业实行严格的调控措施，省煤电磷、煤电钢、煤电化、煤电铝等一体化项目面临日趋严格的政策

欠发达地区企业资本结构与区域经济发展研究

调控措施,项目审批、核准(备案)、土地供给、环评、融资等手续办理难度加大,影响项目推进进度。同时,受国家对产能过剩行业货币政策收紧影响,上下游相关企业资金回笼速度较慢,一定程度影响在建项目进度。另外,新一轮电价调整取消中小化肥、铁合金企业0.1元/千瓦时电价优惠,也导致相关企业年用电成本上升,增加了企业生产经营的困难。

要素保障能力亟须提升。一是工业投融资难问题尤为突出,特别是产业园区建设融资渠道单一,过度依赖财政投入和BT等方式。据抽样调查显示,目前全省半数以上县级财政负债过高,少数县级财政负债已高达当年财政收入两倍、三倍以上,债务风险逐渐积累。2014年以来,全省园区BT、BOT项目回购和银行还贷均进入高峰期,加上当期抵押物不足,融资能力大幅下降,园区建设后续资金将难以为继。二是现阶段贵州省的能源、资源、物流的比较优势尚未形成,资金、土地等生产要素和道路、供水、供电、通信、物流等配套设施的保障力度急需加大。对外开放亟待深化,对外交流合作和招商引资(智)仍需加强,世界500强、中国500强、民营500强企业来黔投资项目数及其投资额比重较低。三是产业发展面临着人才不足的制约,人才结构满足不了产业发展的需求,高层次、复合型的技术带头人严重短缺,特别是企业科技创新领军人物、科技型企业家、职业经理人严重短缺。

二、大力培育高技术和新兴产业

2010年以来,贵州高技术产业发展规模不断扩大,2013年,全省高技术产业总产值为518.95亿元,同比增长24.8%,占全省工业以上规模总产值的6.57%;全省高技术产业增加值为115.97亿元,同比增长14.3%,占全省规模以上工业总产值的4.58%。新一代信息技术、生物医药、新材料、高端装备制造是贵州新兴产业的四大主导产业,2013年,新一代信息技术、高端装备制造、新材料、生物技术、节能环保、新能源产业累计完成工业总产值887.01亿元,完成工业增加值239.44亿元,同比增长31.29%。全省高技术产业形成集聚发展格局,贵阳、贵安新区、安顺、遵义、黔南已成为全省高技术产业发展的核心。但是,贵州也存在整体发展水平较低,投入不足,产业耦合度不高,创新创业的投融资机制不健全等问题。

贵州高技术产业发展要坚持"创新驱动、项目支撑、产业融合、集聚发展",以科技创新为突破,以体制创新为动力,以产业园区(基地)为平台,以生物、航空航天、新材料、信息、新能源五大产业和贵阳、遵义、安顺、铜仁、黔南、贵安新区"四市一州一新区"为发展重点，不断增强高技术产业持续发展能力，加快推动贵州高技术产业跨越式发展，努力形成"特色鲜明、布局合理"的高技术产业体系。

(一) 大力发展新一代信息技术产业

新一代信息技术产业是以新一代通信网络、物联网、三网融合、新型平板显示、高性能集成电路和以云计算为代表的高端软件为重点的电子信息产业。具有创新活跃、渗透性强、带动作用大等特点，被普遍认为是引领未来经济、科技和社会发展的一支重要力量。贵州经过40多年的建设和发展，电子工业方面在人才、技术和设备方面都具备比较优势，目前已成为西部地区最大的新型军民两用电子元器件产品科研生产基地。富士康第四代产业园区、三大运营商云计算数据中心等重大项目将在年内陆续建成投产，对产业发展带来支撑和带动作用，围绕这些项目将形成一批配套产业。充足的能源供应，与信息产业息息相关的锰、锂、铝、稀土等矿产资源储量丰富，为信息产业加速发展提供了重要保障。因此，在"十三五"期间及未来，贵州应充分发挥现有电子信息产业的基础和优势，抢抓发展机遇，结合产业基础和产业特点，研究重点产业、重点产品技术路线图，围绕现有产业链条的缺失环节进行"补链"，有目的性地实施重大项目专项招商，做大总量，增强产业配套能力，加快做大做强贵州新一代信息技术产业。

1. 大力发展以大数据为重点的新一代信息技术产业

大数据产业是指一切与大数据的产生与集聚、组织与管理、分析与发现、应用与服务相关的经济活动的集合，以数据挖掘分析服务为核心，包含数据中心、宽带网络等基础设施服务，数字内容服务、物联网服务、位置服务等信息服务，智能终端制造、电子元器件制造等电子产品制造，以及智能交通、互联网金融和智慧城市等应用服务，是继云计算、物联网和移动互联网之后，信息技术产业发展的新方向。因此，抢抓国家和贵州省委、省政府全力支持贵州大数据产业发展的历史性机遇，充分发挥贵州现有电子信息产业的基础和生态、能源、区位等优势，加快推进贵安新区电子信息产业园、中关村贵阳科技园、黔南州超算中心三大大数据基地建设，积极引进和培养一批大数据领域人才，积极引进一批世界500强和国内知名大数据企业落户、培育一批本土电子信息企业，做大做强贵州以大数据为重点的新一代信息技术产业。

具体来讲：①抢抓新技术革命机遇，利用富士康、三大运营商数据中心落地带来的条件，整合省内各方资源，积极引进关联产业和企业，实施七朵云工程，使"大数据"成为新的增长点。②加快推动以北斗导航为核心的技术研发和产业化进程，深化与大数据的结合，推动基于北斗卫星导航的地质灾害预报预警、交通运输监管、智慧旅游等应用示范，支持位置信息服务（LBS）业务发展。③依托射电天文数据处理中心、三大电信运营商数据中心、阿里巴巴和京东贵州馆电子商务集群、大数据应用示范工程等一批特色项目，集聚和配套发展智能终端设备、云存储、云超算、云管理、数据清洗等产品和服务。④推进全省通信骨干网络扩容升级和网络通信能力优化，加快中国电信、中国移动、中国联通三大运营商的大规模数据中心建设，打造全国信息交换枢纽和信息存储中心，逐步成为全国重要的"信息港"。⑤大力发展阻容感片式元件、显示模组、锂离子电池等产品，逐步发展传感器、音视频采集、条形码、RFID等数据采集设备产品，重点发展高性能低功耗服务器、存储设备等云端设备。⑥引进和培育一批云服务相关应用软件开发企业，加快智能海量数据存储与管理系统、非结构化数据处理等软件及应用系统的开发及产业化。⑦扶持一批物联网骨干企业，提高物联网技术应用水平、拓宽物联网应用领域，积极推动物联网在工业制造、农业生产、节能环保、商贸流通、交通能源、公共安全、社会事务、城市管理、安全生产等领域的集成应用。八是大力组织实施电子政务云、智能交通云、智慧物流云、智慧旅游云、工业云、电子商务云、食品安全云等信息系统和应用软件。

2. 大力发展电子核心基础产业

充分发挥贵州现有电子信息产业的基础和优势，大力发展电子核心基础产业，充分利用电子信息产业的后发优势进行高端化站位，加快形成移动通信终端、数字视听、电子商务、北斗卫星等产业链和产业集群，推动集成电路专用、特种芯片设计以及封装、测试产业起步。

具体来讲：①大力发展应用于计算机、网络和通信、数字音视频的关键IP核产品、电子标签芯片、信息安全芯片等集成电路芯片和系统级芯片、非接触式IC卡芯片、通信、视频消费电子、智能家电、信息安全等领域集成电路。②加快推进新型显示器件面背板制板用关键材料、制盒关键材料、模组关键材料等关键材料的研发和应用，加快实施高分辨率液晶显示器（TFT-LCD）、有机发光显示器（OLED）等新型显示器件的研发和产业化发展。

③大力推进高档片式元器件、新型机电元件、微机电系统（MEMS）、光集成和光电集成器件、半导体激光器件、光纤激光器件、高性能全固态激光器件、高性能敏感元器件及传感器、高端混合集成电路和高频器件、小型精密无刷电动机、微型通信电声器件、新型晶体器件、高精密电阻器件、超导滤波器、中大功率高压绝缘栅双极晶体管（IGBT）、快恢复二极管（FRD）芯片和模块、中小功率智能模块、高电压的金属氧化物半导体场效应管（MOSFET）、大功率集成门极换流晶闸管（IGCT）、6英寸大功率晶闸管等新型元器件研发和产业化发展。④加快推进数字电视广播前端设备、OLED电视、投影电视、3D电视、互联网电视、智能电视、新型/便携信息接收现实终端、数字家庭智能终端、智能感知与控制设备、数字视频监控系统、高保真超薄音响产品、数字功放、专业数字音响系统等数字音视频产品研发和产业化发展。⑤依托入住贵安新区的富士康，大力推进3G增强/长期演进型技术产品，新一代移动通信系统（含移动互联网）的网络设备、智能终端、专用芯片、操作系统、业务平台及应用软件，与新一代移动通信有关的设备关键配套件及测试仪器，宽带集群通信系统及设备等数字移动通信产品的产业化发展。

新一代信息技术产业要围绕规划建设的贵安新区电子信息产业园大数据基地、中关村贵阳科技园大数据基地、黔南州超算中心等多个产业基地，应着力打造形成以黔中经济区核心区为主，其他区域为节点的"一核多极"的新一代信息技术产业布局。

（二）依托生物资源，大力发展生物产业

生物产业指以生命科学理论和生物技术为基础，结合信息学、系统科学、工程控制等理论和技术手段，通过对生物体及其细胞、亚细胞和分子的组分、结构、功能与作用机理开展研究并制造产品，或改造动物、植物、微生物等并使其具有所期望的品质特性，为社会提供商品和服务的行业的统称，包括生物医药（服务产业）、生物农业（资源产业）、生物能源、生物环保等，以及生物工业（生物制造产业）等。从全球看，近年来全球生物产业呈现快速发展态势，其产值几乎每5年就翻一番，增长速度是世界经济平均增长率的近10倍，预计到2020年以后，生物产业将发展成为世界经济的主导产业或支柱产业。

改革开放以来，尤其是"十一五"以来，我国政府高度重视生物产业发展，先后实施了"生物经济强国"发展战略，成立了由国务院负责科技工作

的主要领导任组长的"国家生物技术研发与促进产业化领导小组",发布了《促进生物产业加快发展的若干政策》和《生物产业发展规划》等,助推生物产业取得了长足发展。数据显示,"十一五"期间,中国生物产业产值以年均22.9%的速度增长;2011年实现总产值约2万亿元,生物医药、生物农业、生物制造、生物能源等产业初具规模,已出现一批年销售额超过100亿元的大型企业和年销售额超过10亿元的大品种;批准成立了22个国家生物产业基地;预计2015年生物产业产值将达到4万亿元,2020年生物产业发展成为国民经济的支柱产业。

贵州生物产业经过多年的建设和发展,目前已取得初步成效,贵州中成药规模位列全国第10位,但与发达地区相比还存在较大差距,医药产业整体规模仅列第24位,化学医药发展相对滞后。因此,在"十三五"期间及未来,"十三五"时期是生物产业调整关键期,贵州上下应抢抓发展机遇,以国家发展战略和产业政策为指导,立足国内外两个市场,坚持特色优势与发展优势相结合,重点发展生物医药和生物制造产业,以市场为导向,以科技创新为核心,引入战略投资者,充分挖掘贵州生物和医药产业存量资源,积极培育和引进增量品种,把生物产业培育发展成为贵州经济社会发展新的重要支柱。

1. 加快发展生物医药产业

充分发挥贵州中药材的资源优势,以发展中药和民族药为主线,继续加强中药现代化产业基地和药业园区建设,努力培育和打造一批在国内同行业中具有较强影响力的大型企业,形成竞争优势。

具体来讲:①围绕全国畅销药材和省内制药企业原料用药,按照GAP要求加快推进中药材基地建设,推动道地中药材优良品种的选育及无公害规范种植。同时研究和利用中药饮片炮制技术和新型中药饮片生产技术和装备,大力发展已取得临床试验、生产批件的中新药以及医院制剂,积极发展小包装中药饮片、中药配方颗粒、曲类中药饮片、袋泡中药饮片、新型中药饮片及原料药。②研究和利用蛋白质工程技术、多肽药物大规模合成技术和装备,加快重组凝血因子、基因重组白蛋白、特异性免疫球蛋白等血液制品和多肽类药物的研发和产业化。③完善新药研制基础支撑平台,集中攻克一批制约中药现代化、产业化的关键和共性技术,加大中药资源开发利用力度,以贵州本地中药材为原料,力争在抗恶性肿瘤、抗心脑血管、抗乙肝、妇科疾病、呼吸系统等方面开发中药新药及预防保健产品。④重点围绕预防流行性呼吸系统疾病、肝炎、出血热、流行感冒、疟疾、狂犬病、钩虫病、血吸虫病和肿瘤的新型疫苗、联合疫苗、治疗性疫苗等开展纯化关键技术研究和规模化生产。⑤研究和利用新型的制药技术和装备，大力发展抗生素及防治心脑血管疾病、糖尿病、风湿性关节炎、痛风、免疫低下等疾病的重点领域的原料药和药物中间体制造。⑥研究和利用新型给药技术和装备，大力发展疫苗的新型载体、佐剂、稳定剂和保护剂，以及中药新剂型、新型药用辅料等。⑦积极开发功能食品。充分发挥贵州中药材的资源优势，利用动植物有效部位和成分提取，开发辅助降血脂、降血压、降血糖功能食品，抗氧化与抗缺氧功能食品，减肥功能食品，特殊人群功能食品等。⑧大力发展超声弹性成像乳腺诊断系统设备和传染病早期检测诊断试剂。

2. 大力发展生物制造产业

进一步完善生物制造产业发展平台，重点围绕酿造行业，研发和利用淀粉酶、蛋白酶在酿酒行业中的应用技术，糖化酶在啤酒工业中生产应用技术，以及发酵过程优化技术、膜分离技术、超临界流体浸提技术，大力发展新型高效专用酶制剂和功能性淀粉糖（醇）；积极发展生物防腐剂、生物絮凝剂等生物法制备或生物质原料制备的大宗发酵制品与精细化学品及其衍生物等，努力培育壮大贵州生物制造产业。

（三）加快发展以民用航空为重点的航空航天产业

经过20世纪60、70年代的"三线"建设，贵州建立了实力强大的具有现代化设备的航空航天产业基地，而后贵州航空航天产业快速发展。目前贵州航空航天产业具有技术、人才、自主研发创新、生产工艺和设备等优势，实力较为雄厚。因此，应抓住安顺被确定为全国四个同行业国家高技术产业之一的机遇，进一步发挥贵州航空航天产业的先发优势和技术优势，重点发展通用飞机整机、飞机零部件、发动机、大型铸锻件、机载设备制造、复合材料生产等，努力形成从原材料、零部件、附件到飞机整机研发和生产全价值链的民用航空产业，加快推进贵州高技术产业发展。

具体来讲：①以中型涡扇多用途飞机制造为龙头，统筹发展轻小型飞机、民用无人机教练机等整机的研制、试飞、取证、投产。②研究和利用民用无人机应急测绘系统、低空航拍遥感系统、数据传输系统等关键应用技术，发展用于国家测绘、应急救援、森林巡查、遥感、交通巡视、航拍等的民用无人机。③依托中国航空工业集团公司部分在黔企业、中国江南航天集团、贵州航宇科技发展有限公司等,研发和利用飞机大型覆盖件、大型铸锻件、精密高速数控加工、机载设备制造等整机制造装配技术、航空发动机涡轮叶片高温精密制造技术,重点发展飞机大型覆盖件、大型铸锻件、中等推力航空发动机、4MW燃气轮机、航电系统、控制系统、开关、精密微特电机等航空机载设备,以及航空发动机叶片、航空液压件、航空盘、环形锻件、航空连接件、飞机短舱及机翼铰链肋组件、航空紧固件等飞机零部件,满足民用航空对飞机零部件的需求。④加快推进复合材料生产制造中心建设,研发和利用民用无人机、通用飞机金属复合材料、表面处理、数字无模铸造等关键工艺技术,大力发展航空复合材料、航空高强度铝合金等航空材料生产;大力开展复合材料结构寿命实验室建设,为生产的航空材料开展适航认证提供有效依据。⑤依托贵州航天凯宏科技有限责任公司,加快实施低空风切变激光探测系统产业化,满足民用航空对风切变激光探测系统的需求。

(四) 依托特色优势产业基础,大力发展新材料产业

新材料是指新出现的或正在发展中的,具有传统材料所不具备的优异性能和特殊功能的材料;或采用新技术(工艺,装备),使传统材料性能有明显提高或产生新功能的材料;一般认为满足高技术产业发展需要的一些关键材料也属于新材料的范畴。新材料作为高新技术的基础和先导,应用范围极其广泛,它同信息技术、生物技术一起成为21世纪最重要和最具发展潜力的领域。贵州既是全国重要的有色金属原材料生产基地,又是重化工业大省,应充分发挥贵州的资源优势和产业基础,打造形成以贵阳为核心,以安顺、遵义和六盘水三地为重要节点的"一核三极"的新材料产业发展布局,重点推进以下几个领域,做大做强贵州新材料产业。

(1) 高性能金属及合金材料。立足于省内铝、钛、锆、钢铁等金属矿产资源和已有产业技术基础,重点加强高性能合金及其制造工艺关键技术、新型金属粉体材料等的研发及成果转化应用,一是实施重载高速铁路用钢、高强度汽车用钢、高档发电设备用钢、机械用高档工模具钢等高性能、低成本钢铁材料研发和产业化。二是大力发展海绵钛、钛合金、高档钛材、燃煤烟气脱硝催化剂载体用钛白、高纯二氧化钛等高档专用钛白、钛精细化工产品。三是积极发展核电、冶金、船舶、工程机械、轨道交通等大型合金铸锻件,飞机用高强韧、耐磨、耐蚀铝合金、钛合金、镍基合金锻件,以及高纯海绵

锆及核级锆与锆合金、核级不锈钢、耐晶间腐蚀和应力腐蚀的镍基合金等核工程用特种材料。四是大力实施碳化硅、氮化硅等铝基复合材料、钛基复合材料和高温合金复合材料等金属基复合材料研发和产业化发展。

（2）新型功能材料。立足现有产业发展基础，一是加快推进复合反渗透膜材料及组件、海水淡化膜材料及组件、锂电池用隔膜材料等膜材料及组件的产业化发展。二是加快实施轿车及中高档轻型车覆盖件、结构件及动力传动、减振、制动系统用密封材料，大型成套设备高压、液压、气压系统用密封件，以及高性能无压烧结碳化硅材料等高性能密封件研发和产业化。三是大力发展特种橡胶材料，氟橡胶、硅橡胶、ABS 及其改性制品、功能性特种炭黑材料等子午线轮胎生产关键原材料产业。四是大力实施特种工程塑料及塑料合金，高性能热塑性树脂、阻燃改性塑料、汽车轻量化热塑性树脂等高分子材料研发和产业化发展。五是大力发展高性能外墙自保温墙体材料、功能墙体材料、热反射涂料、相变储能材料、外墙隔火防热材料、高效屋面保温材料、楼地面隔热保温材料、高性能节能玻璃门窗、低辐射玻璃等新型建筑节能材料产业。六是抢抓中缅油气管道全线贯通的有利机遇，结合近年来贵州公路基础设施建设需要，加大对重交通道路沥青生产技术的研发和应用，引进一批重交通道路沥青生产企业，用于中缅油气管道输入贵州的重油，生产高质量的 AH－70、AH－90 等牌号的重交通道路沥青，抗紫外线、防冻道路改性沥青，培育和壮大贵州重交通道路沥青产业。

（3）高性能复合材料。一是大力发展芳纶Ⅱ（Ⅲ）、碳纤维、超高分子量聚乙烯纤维等特种纤维产业。二是依托省内丰富的竹资源，大力实施新型合成纤维与竹纤维复合面料及产品的研发和产业化发展。三是依托省内丰富的铝矾土资源，以石油和天然气开采需要的高强低密陶粒支撑剂为重点，加快陶瓷—金属复合材料产业发展。

此外，贵州还应加大石墨烯、纳米晶体、纳米高分子、纳米复合材料、纳米催化材料等前沿材料在涂料、橡胶、陶瓷、日化、电子等领域的应用研发和产业发展。

（五）新能源

关于新能源的界定，目前在业内也存在诸多争论。正在编制中的新能源发展规划，把新能源主要界定在两个方面：一是关于风电、太阳能、生物质能等新的能源，二是对传统的能源进行技术变革所形成的新的能源。比如，对煤炭的清洁高效利用、车用新型燃料、智能电网等。据统计，2012年贵州新能源及煤炭资源综合利用完成投资139.08亿元，其中：风电66.89亿元，农林生物质发电20.57亿元，煤炭资源综合利用及风机装备制造51.62亿元。截至2012年年底，新能源和可再生能源项目累计装机容量达到116.52万千瓦（风电96.46万千瓦，煤矿瓦斯发电20.06万千瓦）。

贵州新能源发展，要充分利用贵州省风能、水、生物等资源优势，重点发展生物质能、风能、太阳能、煤矿瓦斯、页岩气、核电等新能源，积极发展核能等清洁能源，优先发展沼气、非粮生物乙醇、生物柴油、垃圾发电等生物质能。积极推动省内天然气和煤层气开采项目。以乌蒙山一带和苗岭一带资源相对丰富的赫章、威宁、盘县、台江等县为主，以加快建设赫章韭菜坪、威宁乌江源百草坪、海柱、大法、祖安山、马摆大山、西凉山、盘县四格、台江红阳风电场为核心，扩展风电场建设，形成乌蒙山、苗岭风电集群产业；以乌江流域、珠江流域为核心，以建设乌江大树子抽水蓄能电站（90万千瓦）、北盘江万家寨抽水蓄能电站（180万千瓦）等抽水蓄能电站为先导，逐步加大建设形成乌江流域、珠江流域抽水蓄能电站产业集群；以企业为主体，产学研结合，加大技术引进和自主开发力度，提高资源精深加工和综合利用水平，支持和引导生物质能源产业链建设，培育生物质能源龙头企业，促进资源向优势龙头企业和优势地区集中，以黔西南州、黔南州和贵阳市等地区为主，建设生物柴油能源示范林、生物柴油加工示范厂液体燃料能源林、生物液体燃料产量工程，形成黔西南州、黔南州和贵阳市三大生物能源产业集聚区；由于贵州不处于任何地震带，也远离海岸线，因此地震、海啸等对核电站威胁较大的自然灾害都不存在，而且贵州曾经探明并开采过大型铀矿床，具备建设核电站的条件，核电站以铜仁市的思南、沿河、玉屏，遵义市的赤水市为发展重点，力争核电项目进入国家核电建设规划，逐步建设形成黔北核电产业带。

（六）先进装备制造

先进制造技术（Advanced Manufactuing Technology），人们往往用AMT来概括由微电子技术、自动化技术、信息技术等给传统制造技术带来的种种变化与新型系统。具体地说，就是指集机械工程技术、电子技术、自动化技术、信息技术等多种技术为一体所产生的技术、设备和系统的总称。

重点发展航空航天制造、智能装备制造、轨道交通装备制造、卫星应用、智能环保汽车零部件、关键基础件和关键系统集成。航空航天制造重点发展新型涡桨多用途飞机及小型通用飞机、无人机系统、高级教练机、航空发动机、航空锻造、精密铸造、机电一体化成套技术装备和卫星观测、通信、导航、定位系统等卫星应用等。智能装备制造重点发展智能仪器仪表、自动控制系统、高性能液压件等智能装置及其关键零部件。轨道交通装备重点发展高速铁路、重载高速列车等的关键零部件。卫星应用重点发展卫星观测、通信、导航、定位系统。智能环保汽车零部件重点发展安全气囊系统、汽车轮毂等汽车零部件。关键基础件重点发展精密铸锻件、高新特结构件、工模（刀）具等。关键系统集成重点发展液压泵、马达、汽车系统总成与零部件、高速铁路配套装置、新能源产业配套关键设备、智能控制系统、精密微特电机等。

贵州发展先进装备制造产业，以贵阳为核心，在小河—孟关装备制造生态工业园、贵阳麦架—沙文高新技术产业园等重点工业园形成汽车及零部件、工程机械及零部件、新型电子元器件及电力装备产业集群；以遵义、安顺为主，依托贵州航天高新技术产业园、黎阳高新技术工业园、夏云工业园和安顺经济技术开发区，形成以核电装备及配件、风力发电及石油开采装备、飞机和零部件等为主导的高端装备制造产业集群；以毕节、六盘水为主，贵阳为辅，依托毕节高新技术产业基地、六盘水能矿装备产业基地、贵阳特色装备产业基地，形成以汽车及零部件、矿用机械、铸造件及其配套零部件、特色装备及基础件的产业集群；以贵阳为重点发展电子元器件和电力装备、基础件、新能源汽车、物流装备、城轨车辆、数控轧辊磨床、金属拉拔装备、造纸装备、橡胶装备；以遵义为重点发展高低压开关电器成套装备、生物萃取装备及医疗器械、铝加工成套装备；以安顺为重点发展大中型异形特种锻件、采棉机、医疗器械；以六盘水为重点发展能矿装备及铸造件；以都匀经济开发区、凯里经济开发区、铜仁经济开发区等为发展平台，形成以数控机床、架桥铺路装备、机床铸件、船舶制造、电子元器件、节能环保装备等产品为主导的产业集群。

（七）节能环保产业

节能环保产业是指为节约能源资源、发展循环经济、保护生态环境提供物质基础和技术保障的产业，是国家加快培育和发展的7个战略性新兴产业之一。节能环保产业涉及节能环保技术装备、产品和服务等，产业链长，关联度大，吸纳就业能力强，对经济增长拉动作用明显。加快发展节能环保产

欠发达地区企业资本结构与区域经济发展研究

业,是调整经济结构、转变经济发展方式的内在要求,是推动节能减排,发展绿色经济和循环经济,建设资源节约型环境友好型社会,积极应对气候变化,抢占未来竞争制高点的战略选择。节能环保重点发展节能、环保技术、产品和资源综合利用技术,加快污染物治理适用技术研发和应用,发展石材切割及吊装等加工系列设备、水污染、空气污染防治及处理设备、固体废弃物处理设备、环卫车、立窑电除尘器、电炉烟气净化及烟尘分离提纯装备、环境监测设备,大力开发节能材料、环保材料、环保药剂、环保友好产品,重点培育一批节能环保产业骨干企业,推进节能及环保服务业发展,加快节能、环保技术、产品和材料等的推广运用,鼓励发展利用退役航空发动机改造以工业废气、煤层气为燃料的发电机、移动式发电站。

三、加快传统重点产业发展

在国发 2 号文件中,明确了贵州在全国发展格局中"四基地一枢纽"和"三区一屏障"的战略定位,其中产业定位有国家重要的能源基地、资源深加工基地、特色轻工业基地、以航空航天为重点的装备制造基地,在经济新常态下,要继续围绕这四个定位,加快推进传统产业的转型发展。

产业是经济发展的重要支撑,经济的高度发达必然伴随产业的高度发展。贵州要实现后发赶超,必须在产业发展上下功夫,围绕贵州的资源优势,构建有贵州特色、符合经济发展规律的现代产业体系。要坚持走新型工业化道路,突出特色,优化布局,以产业园区为载体,着力推进产业绿色发展、循环发展、低碳发展,推动信息化和工业化的深度融合,按生态化理念推动特色优势产业转型升级。积极实施大企业、大集团培育计划,鼓励和支持省内外煤、电、铝、磷、钢铁等行业龙头企业按照大型化、基地化、规模化、一体化、多联产的要求,形成一批跨行业、跨所有制、跨区域的大型企业集团,引导中小企业围绕大型优强企业重点发展下游精深加工产业和关联产业,促进产业集群发展。积极实施品牌战略,以品牌引领产业发展。

(一) 加快传统能源产业发展

应该说,贵州省能源资源丰富,具有水火互济的能源发展优势,全省埋深 2000 米以浅煤炭资源量 2419 亿吨、水能资源技术可开发量 1948 万千瓦,分别居全国第五位、第六位。另外,贵州煤层气(瓦斯)和页岩气资源丰富,2000 米以浅的煤层气(瓦斯)储量为 31511 亿立方。2012 年贵州发电量占全国发电量的 3.11%，2011 年在全国处于第十四位。2012 年煤炭产量占全国产量的 4.96%，2011 年在全国处于第八位。2012 年，全省全年电力运行总体平稳，供需形势前紧后松，发电量创历史新高，供应能力不断增强，全年发电量完成 1535.11 亿千瓦小时，同比增长 22.5%。全省规模以上电力工业实现工业增加值 298.02 亿元，同比增长 10.5%，实现利润 23.1 亿元，全行业实现扭亏为盈。同时，清洁能源快速增长，全年水电发电量达到 481 亿千瓦时，同比增长 209.3%；风电发电量 5.1 亿千瓦时，增长 901.6%，水电、风电等清洁能源快速增长，占比达到 31.7%，较上年提高 13.4 个百分点；省外送电大幅攀升，其中西电东送电量 349.85 亿千瓦时，同比增长 28.61%，超计划增送 128.13 亿千瓦时，带动电力行业保持快速增长。

提高资源综合利用水平，加大能源产业的发展力度是贵州实施工业强省战略，提升贵州经济实力的重点之一。但是，贵州能源产业要加快发展也存在一些主要问题和突出困难。一是市场需求受到严重冲击。2012 年，全省煤炭行业积极应对煤价回落和煤炭区域性、阶段性积压、滞销等不利影响，采取一系列措施，煤炭销售呈现缓中趋稳，全年实现高速增长。2012 年规模以上煤炭产业实现工业增加值 555 亿元，同比增长 28.4%，煤炭产业增长对全省规模以上工业经济增长的贡献率达到 33.7%，位居全省第一位；但是，由于国家控制产量和煤炭消耗量，进口煤持续增长，国内市场供大于求，煤价呈下降趋势，供需形势偏紧，2013 年煤炭受市场需求不足等因素叠加影响，行业增速放缓，仅为 12.6%，由于煤炭产业体量较大，对工业增长的贡献率仍最高，达到 27.9%。2013 年电力产业仅增长 5.8%。二是煤炭资源勘查程度偏低，约有 80% 的勘查区面积未达到勘探程度，制约了贵州煤炭产业快速健康发展。另外煤层气建设缓慢，抽采率不足 30%，利用率仅在 20% 左右；页岩气的储层具有低孔隙率和低渗透率的特点，开采难度大，进行高水平的钻井和完井技术还有一定的攻关时间。三是省内新增高载能企业少，省外需求受宏观经济形势影响，难有明显提升，火电机组利用率仍然较低。四是煤电企业价格形成机制有待理顺。长期以来，煤炭企业和发电企业一直处于"市场煤、计划电"局面，煤价上扬后，发电企业生产积极性严重受挫，贵州电网也无法支撑电网建设投资进一步扩大。

加快传统能源产业发展，一要加快兼并重组进度，尽快释放产能，与电力、冶金等方面重点用煤企业加快签订长期合同，形成利益联动，通过直供

欠发达地区企业资本结构与区域经济发展研究

电、自备电等方式保证机组利用小时,降低市场波动风险,巩固省内市场,同时积极开拓省外市场。二要加快煤电联营速度,签订电煤长期合同,降低煤价、电价波动风险。三要加快推进煤炭资源税改革。

(二) 加快延伸化工产业链条

贵州化工资源富集,磷矿储量资源26.98亿吨,位居全国第三位;磷矿石产量、磷肥均是全国第三位,仅次于湖北、云南;农用化肥处于全国第六位。2012年,全省化工产业克服国内外经济下行、下游行业需求减弱和成本上升的影响,产品产出规模和产能进一步提高,全年保持平稳增长。2012年,全省化学工业实现规模以上工业增加值184.37亿元,同比增长11.7%。全年主要产品焦炭产量完成838.66万吨,同比增长27.2%;农用氮、磷、钾化学肥料总计(折纯)产量完成512.6万吨,同比增长21.0%;橡胶轮胎外胎产量完成622.78万条,同比增长16.0%。2012年完成固定资产投资达216.5亿元,同比增长37%。新增150万吨磷矿石采选、50万吨合成氨、20万吨甲醇、6万吨季戊四醇、30万吨硝基复合肥等一批生产能力,钒触媒、电子级三氯氧磷、三溴化硼、低汞触媒、高纯硫酸锰等一批精细化工项目相继开工建设或投产,磷化工、煤化工转型发展持续推进,产能进一步扩大。2013年,如果化工行业的下游需求随着宏观经济的回升逐渐趋好,化工产品价格颓势有所减轻,化工产业将继续保持平稳增长。

由于外需增长乏力,化工产业发展环境仍然偏紧,部分行业产能过剩,生产经营压力较大。甲醇受国际原油价格上扬及市场操作等因素推动,行情持续走高,但仅靠供需因素支撑,难以维持太久。焦炭需求量逐渐恢复,但下游主要产品钢铁价格走低,限制了行业盈利空间。电石、烧碱等产品需求萎缩严重,停减产面较大。其他产品市场相对稳定,但产品价格普遍不高。

加快化工产业发展,要积极推动重点项目建设,加快打造"煤电化""煤电磷"产业链;加快甲醇燃料、化肥等的推广力度,培育和拓展产品市场;强化资源和要素保障,提高资源就地转化率和产能利用率;加强焦炭、黄磷、电石等行业准入管理,加大淘汰力度,推动产业结构升级。

(三) 推进装备制造业发展

发展装备制造业,贵州装备制造业已基本形成了以机械工业和电子信息工业为核心,以航空、航天、电子三大军工基地为基础,以"七大系列"产品为主导，以贵阳、遵义、安顺三大产业园区为集聚的产业体系，基本具备飞机及飞机零部件、工程机械及关键配套件、精密数控装备及功能部件、石油等资源开采装备、液压件及基础配套件、农业机械、光机电一体化、矿山机械和其他特色装备产品等一批传统优势装备和关键零部件的规模生产能力，开发生产出一批达国内领先水平的重大技术装备和国内首台（套）装备产品，形成了"专、精、特、新"的优势。

2012年，在全国装备制造行业增速放缓的形势下，全省装备制造业克服部分产品价格下滑，供需矛盾突出等不利因素影响，装备制造业市场需求萎缩，不断加大产业扶持力度，增强市场竞争力，行业经济整体保持平稳增长。2012年全省规模以上装备制造业完成工业增加值119.23亿元，同比增长19.97%，比全国装备制造业工业增加值增速8.3%高11.67个百分点。由于工业强省和城镇化带动战略的实施，城镇、园区、交通基础设施和能矿等项目建设步伐加快，带动工程机械、矿用机械等重点装备产品需求快速增长。在产品门类方面，航天特种车、奇瑞万达客车、云河专用车等三个汽车投资项目获国家工信部备案批复，奇瑞万达客车、云河专用车、中煤盘江煤矿机械一期、高矿长顺基地减速机生产线、兴富祥数控机床等重点项目基本建成。中航贵阳航空发动机产业基地中的黎阳凯阳航空发动机修理、航空发动机叶片优异制造中心两个子项目已完成建设，贵阳航空电机异地搬迁项目建成投产，贵飞公司民用无人机产业化项目进展顺利，产品门类逐步向多样化方向发展。

但是贵州装备制造业存在总量小、实力弱，主机形不成规模，零部件配套能力差，三大军工力量不集中，工业园区重点不突出等问题，全行业国有资本占80%以上，军民结合、军地融合的步伐缓慢，市场开拓能力较差，没有形成具有核心竞争力的成套装备品牌，尚不具备进入国内装备制造主流市场竞争的能力。

加快装备制造产业发展，要围绕产业园区、工业项目建设、城镇化建设步伐加快，带动汽车、工程机械、电气机械及器材等装备需求增长，以及"军民融合速度"的改革新动力，加快发展步伐。要深化军工企业体制机制改革，推动经营决策更加灵活高效。建立有效对接机制，加快军民两用技术成果转化，鼓励民间资本进入军工行业。推动航空、航天、电子、基础件等领域的军民融合，培育一批高端装备制造业企业和项目，延伸产业链、拓宽产

欠发达地区企业资本结构与区域经济发展研究

业幅。引导企业加强重大技术成套装备的研发和产业化，鼓励省内协作配套，以主机带动产业发展。加大推广应用力度，推动装备产品由低端向高端转型。

（四）推进冶金有色产业向深加工方向拓展

贵州铁矿资源储量8.08亿吨，位居全国第十五位；锰矿储量1.02亿吨，位居全国第三位。2012年，全省冶金产业克服产品市场下游需求减弱、产能过剩等因素影响，大力实施扶持政策，冶金产业保持平稳快速发展。全年规模以上冶金产业实现工业增加值72.27亿元，同比增长22%；生铁、粗钢、钢材、铁合金等主要冶金产品产量分别完成559.98万吨、531.69万吨、565.38万吨、314.66万吨，同比分别增长20.7%、23.2%、24.0%、22.0%，总产能分别达到679万吨、680万吨、752.5万吨、600万吨。铁合金总产量跃居全国前三，比上年前进一位。但是，贵州成品钢材规模没有优势，2011年处于全国倒数第五。

贵州铝土矿资源储量5.76亿吨，位居全国第四位；钒矿资源储量92.83万吨，位居全国第八位；重晶石资源储量1.31亿吨，位居全国第一位。2012年，全省有色行业克服国内产能过剩、成本上升、铝价低位徘徊、市场需求不足等因素的影响，通过实施电价补贴和强化对煤、电、运等生产要素的有效保障，全年有色行业电解铝、氧化铝等主要产品的开工率保持在90%以上，重点企业生产经营稳定，开工率保持在较高水平，产业保持较快增长。2012年规模以上有色产业实现工业增值86.46亿元，同比增长21.8%；主要产品电解铝、氧化铝产量分别完成104.4万吨、270万吨，同比分别增长19.3%、32.8%。贵州电解铝处于全国第八位，为全国的5%，次于河南、山东、青海、内蒙古、宁夏、甘肃、山西；十种有色金属位于全国第十六位。

曾几何时，"老、大、黑、粗"成了贵州产品的代名词。贵州资源深加工业的产品仍以初级产品为主，品种单一、产业链短、产业幅窄；布局分散，企业规模偏小，产业集中度和集约化程度有待提高；资源勘查程度不高，保障能力不强；资源综合利用水平仍然不高。要建设好贵州的资源深加工业任重道远。要彻底改变这一现象还需要进一步加大工作力度。尤其是在"四个一体化"发展上下功夫，以发展循环经济为着力点，以发展精细加工为主要发展方向。加快推进重点铝业企业等与电厂电力直接交易，并适时向全行业铺开，降低电解铝企业成本；推动"煤电铝""煤电钢"一体化项目建设，加快自备电建设速度，从根本上降低生产成本。加快推进冶金企业适应需求调整产品结构,通过市场倒逼机制,加快冶金工艺、装备提升,推动产业转型升级;加大整合力度,突破地域限制,实现铁合金企业规模化、集聚化、园区化发展;提高主要产品在省内基础设施、水利、建筑等领域的采用率。

(五) 推进建材产业规模化发展

2012年,随着工业强省、城镇化带动战略的深入实施,基建投资保持高速增长,省内对建材产品需求旺盛,建材产业高速增长,全行业经济效益回升明显。2012年全省规模以上建材工业实现工业增加值98.37亿元,同比增长33.5%;全省规模以上建材业实现利润7.11亿元,与上一年同期相比增长34.40%,经济效益回升;平板玻璃194.56万箱,同比增长59.7%;水泥产量6736.94万吨,同比增长36.7%,水泥行业已形成中国建材集团、海螺盘江、台湾水泥、浙江红狮等少数企业集团掌握大部分产能格局,集约化程度明显提高。

贵州建材产业总体特征是产业规模小。随着贵州工业强省和城镇化带动战略深入实施,以房地产开发、铁路、公路投资和水利环境投资等为代表的基建投资扩张强劲,产业园区、城市综合体、小城镇等建设步伐加快,全省固定资产投资超过万亿,对以水泥为主的贵州建材业需求将依然旺盛,建材产业市场总体趋势向好,应抓住机遇加快建材产业规模化发展。要围绕水泥行业发展,大力推广使用预拌砂浆、预拌混凝土、高性能环保混凝土外加剂、混凝土建筑构件和工程预制件,大型塔式起重机装配式混凝土基础预制构件等水泥制品,做好水泥制品产业培育工作,提高散装水泥使用量。推动墙材企业向煤矸石、粉煤灰、化学石膏等大宗工业固体废弃物富集地区、工业园区和城市周边聚集发展,大力发展新型墙材,加快工业废弃物的资源综合利用,推进循环经济发展。围绕石材行业发展,在贵阳、安顺、铜仁、遵义、黔南、黔西南等石材资源较丰富的地区,大力培育石材产业集群,建设一批集产品加工、装备及辅材制造、仓储物流、综合服务等一体化的工业基地。

(六) 加快以烟酒茶和食品为主导的特色轻工产业发展

积极发展白酒、茶叶、特色食品、民族医药等为代表的特色轻工业,完全符合贵州发展实际。全省烟酒产业发挥品牌优势,克服行业内竞争更加激烈等压力,重点品牌较快发展,产品结构不断提升,行业继续保持快速良好发展态势。2012年全省烟酒工业实现工业增加值622亿元,占轻工业增加值的比重为76.1%,占全部工业增加值的比重为27.6%。尽管在当前白酒产业在全国白酒产能过剩、社会消费不振、市场竞争日趋激烈等背景下,仍然保持较高增速,经济效益进一步提升,烟、酒工业增加值和利税总额居全省工业十大产业之首,是拉动全省工业经济增长的重要支柱产业,支柱地位进一步巩固。民族制药资源优势转化步伐不断加快,全年规模以上民族制药业完成工业增加值56.03亿元,同比增长22.4%。全年中成药产量达到7.01万吨,同比增长19.4%,保持平稳增长。特色食品业保持了平稳较快增长,2012年,特色食品工业完成工业增加值71.87亿元,同比增长25.4%。

在快速发展的同时,贵州特色轻工业也存在一些突出问题。一是企业规模偏小,绝大部分属于中小型企业,如白酒企业除茅台集团年产值超过百亿元外,其他企业产值都在5亿元以下。2011年卷烟产量位居全国第八位,次于云南、湖南、河南、山东、湖北、广东、安徽;白酒产量位居全国第十一位;中成药产量4.7万吨,仅占全国总产量(238.4万吨)的2%,在全国排名第十三。二是技术创新能力不强,产品开发经费投入不足,技术人才短缺。如特色食品初级产品多,高附加值、高科技含量产品少,产品更新换代慢;民族制药对大量有效的民间单方、验方和秘方的挖掘不足。三是企业融资困难,流动资金缺乏,扩大生产能力和改善产品质量能力有限,技术装备、包装水平、基础设施和配套设施较为落后。四是市场建设滞后,布局不合理,辐射带动能力不足。民族医药产业缺乏药材流通市场,不能有效整合各类资源;特色食品原料基地建设滞后,产业链尚未形成。五是企业发展方式比较粗放,经营观念落后,整体素质有待提高,管理体制机制有待完善。

加快贵州特色轻工产业发展,要注重产品质量和品牌建设,充分发挥贵州白酒、茶叶、山区生态食品的品质品牌优势,着力推进特色食品快速发展、烟酒产业平稳发展。要进一步优化特色轻工产品结构,提升系列产品市场知名度,推进贵州食品、茶叶、烟酒品牌走向省外市场。白酒业要发挥好茅台集团的龙头带动作用,重点培育一批成长性好、整体实力强、市场潜力大的企业。重视市场开拓,引导企业创新营销模式,下沉市场重心,根据市场需求及时调整产品结构和营销策略。

四、加快培育有竞争力的产业和市场主体

(一) 培育发展新兴产业

围绕电子信息技术等，把新兴产业作为促增长的着力点，制定产业发展规划，建设国家重要战略性新兴产业基地，积极争取国家产业投资引导基金支持，实施战略性新兴产业培育工程，加快培育壮大新兴产业。重点推动大数据电子信息技术发展成为主导产业，加强产业技术创新和成果转化，以大项目带动产业快速发展，大力拓展大数据应用领域，推动云计算服务发展，创新产业发展模式，加快建立以大数据应用为基本业态的产业发展模式，建立大数据产业体系。优先发展高端装备制造、新材料、新医药三大优势产业，重点突破磷、铝、钛等新材料以及民用航空、特种工程机械和能矿装备等产业链关键环节，加快推进新型建材、金属材料、无机非金属材料、电子功能材料等新材料产业项目建设。重点发展航空航天装备，加快发展智能制造装备，积极发展轨道交通装备，大力推进卫星应用，着力发展新能源装备和高端装备基础件，积极培育绿色船舶、3D打印技术装备、海洋能源工程装备等新兴产业，促进高端装备制造向精密化、智能化、信息化和绿色化方向发展。做大做强中药、民族药，培育发展生物制药，加快发展化学药，提升发展医疗器械及医用材料，拓展新医药衍生产业，打造龙头企业，培育优势品种。大力发展节能环保、新能源、新能源汽车三大潜力产业。着力突破一批节能环保产业技术瓶颈，开发节能环保产业链中的关键共性技术，形成一批拥有自主核心技术的节能环保骨干企业和一批比较优势明显、产业配套完善、有序集聚发展的先进节能环保产业基地。大力发展源头减量、资源化、再制造、零排放和产业链接等新技术，推进产业化，提高资源产出率。重点推进风力、太阳能光伏、生物质能和煤层气发电，大力开展页岩气开采及利用、核能发电，在风电配套、太阳能发电组件、页岩气开采配套装备、生物质能源利用装备、核电配套组件等新能源装备及配套方面获得重大突破。重点发展新能源客车、新能源工程车、新能源汽车核心零部件、新能源专用车以及配套设施。集中力量推动贵阳、贵安新区、遵义和安顺、黔南州等重点区域突破，力争战略性新兴产业在部分领域跻身国内前列，成为推动全省工业发展的重要力量和新的增长极。

欠发达地区企业资本结构与区域经济发展研究

（二）提升优势产业竞争力

加快运用先进适用技术和高新技术改造提升传统产业的步伐，提升传统产业在工艺、质量、品牌、管理等方面的基础能力，推动传统产业发展方式实现从规模速度型粗放增长向质量效率型集约增长的转变，推动传统产业实现绿色化、品牌化发展。大力引进先进技术、装备和工艺，改造提升优势产业，延长产业链，提高产业层次和产品附加值。抓好液压件、电机、轴承、农机件等基础部件，建设好基础部件生产基地；在专用车、农业机械、建筑机械、机床等行业，着力培育一批重点骨干企业，全面提升贵州省传统装备制造产业的市场竞争力。促进有色金属加工业等原材料产业向精深加工和循环化发展，提高资源利用水平和保障能力。优化能源结构，扩大能源电力装机容量，提升能源利用水平。大力发展资源精深加工，促进资源就地转化，加快推进煤电磷、煤电铝、煤电钢、煤电化等产业一体化发展。加快淘汰落后产能，促进煤化工、磷化工、铝及铝加工、钢铁、水泥等传统产业的升级改造，积极推广新技术、新工艺、新设备、新材料等在原材料产业的应用，推动清洁生产、节能减排，提高产品的绿色化、智能化水平，深化互联网与传统原材料产业的融合发展。加快建材产业转型升级，培育发展新型建材产业，加快建设新型建材产业示范基地，推广新型环保节能墙材和建材，培育发展石材产业。

（三）做大做强特色产业

推进特色轻工业规模化、绿色化、品牌化发展。围绕提升"五张名片"的品牌价值，加快推进贵州特色轻工提质增效。优化调整白酒产业布局，提升赤水河流域白酒产业带竞争力，打造国内最大的酱香型白酒生产基地。大力发展酿酒工艺设备及包装配套等产业。加大卷烟生产技改力度，优化产品结构。培育一批茶叶深加工龙头企业，提高黔茶知名度和市场竞争力。优化辣椒、精品水果、植物油、调味品等特色食品的产品结构，打造绿色生态产业链，培植有机型、生态型和原产地农产品精深加工产业。大力发展天然饮用水产业。围绕产业链部署创新链，加快产品设计、加工、保鲜、储运、开发等环节的技术创新，提升加工能力和产品附加值。

（四）培育一批大企业大集团

全力推动大企业创新发展，鼓励通过壮大主业、优化重组、资源整合、流程再造、资本运作等方式，推进技术创新、管理创新和商业模式创新，打造一批产业关联度大、市场竞争力强、行业带动作用突出的百亿企业。以资源优化配置和产业链为基础，以资产为纽带，实施百亿企业培育行动计划，支持企业间战略合作和跨行业、跨区域兼并重组。按照功能性企业、公共服务性企业、竞争性企业三大类推进国有企业改革，大力发展混合所有制，推动省属国有资本有序进退，不断增强企业活力和带动力。充分运用好"政府"和"市场"两只手，通过创新股权配置方式，不同企业采取减持国有股、增资扩股、国有产权转让等方式，积极引进战略投资者。制定企业员工持股发展混合所有制经济办法，形成资本所有者和劳动者利益共同体。推进符合条件的国有企业加快上市步伐，努力实现股权多元化、资本证券化和管理规范化。加快已上市企业再融资步伐，进一步优化上市公司股权结构。进一步完善企业法人治理结构，形成权力机构、决策机构、监督机构和经营管理者之间各负其责、协调运转、有效制衡的法人治理结构。主动对接"一带一路"和长江经济带建设，更好地运用国际国内两个市场和两种资源，重点在能源、冶金、有色、化工、白酒、装备制造和电子信息等领域，培育一批核心竞争力强的企业集团，切实增强企业对产业要素资源的配置能力、控制能力和综合成本消化能力。

（五）促进民营中小微企业特色发展

积极引导中小企业进一步做专做精做特做新，形成优势企业主导、大中小企业协调发展的格局。加速中小企业转型升级进程，激发创新潜力，发挥企业创新主体作用，培育一批创新型领军企业、科技小巨人企业和科技型种子企业，打造具有发展潜力的中小企业成长梯队，形成铺天盖地的发展态势。放宽民营企业准入领域，加快制定禁止民营资本进入的"负面清单"和出台"鼓励民间资本投资重点领域清单"。深入实施"3个15万"扶持微型企业政策、"万户小老板"、"锦绣计划"等创业行动计划，推进民族民间工艺品产业化发展，努力营造大众创业的发展氛围。对新注册企业加强分类指导，完善支持创业政策体系，依法依规减免行政事业性收费，减少职业资格审批，推动政府向小微企业购买服务。建立中小企业发展基金，支持初创期成长型中小微企业发展。鼓励中小微企业进入战略性新兴产业和现代服务业领域，鼓励引导民间资本向大数据电子信息、大健康医药、特色食品等重点产业集中。进一步促进中小微企业集聚发展，打造形成具有较强竞争力的中小微企业集群。

第二节 加快现代服务业提质发展

发展服务业要围绕"工业强省"和"城镇化带动"两大战略,大力发展生产性服务业,优化发展生活性服务业,加快发展旅游业,培育发展文化产业,优化服务发展布局,促进服务业集聚发展,增强服务业与工业、农业互动协调,完善服务功能,提升服务水平,增强服务业的协调竞争力。

一、贵州服务业发展现状与特点

近年来,随着服务业增加值总量的不断发展壮大,第三产业对贵州经济增长的拉动作用不断增强,服务业对全省经济发展重要性越来越明显(见图6-1)。2006年,全省第三产业增加值占比超过第二产业,位居三次产业之首,此后,第三产业对GDP增长的贡献率均保持在较高水平,多数年份均在45%左右,个别年份甚至超过了60%。2013年,三次产业对经济增长的贡献率分别为5.3%、46.8%和47.9%,第三产业对经济增长的贡献率处于第一位,比第二产业、第一产业分别高1.1和42.6个百分点。随着省委、省政府把加快服务业发展作为坚守发展和生态两条底线的重要战略选择,把以大数据为重点的信息服务业、文化旅游业、大健康产业等服务产业列入五大战略性新兴产业,服务业对经济发展的支撑能力将会进一步增强,对经济增长的贡献度将会进一步增加。同时,服务结构持续优化,现代服务业占比稳步提高。从服务业内部结构演变来看,金融业、其他营利性服务业(信息传输计算机服务和软件业、租赁和商务服务业、居民服务和其他服务业、文化

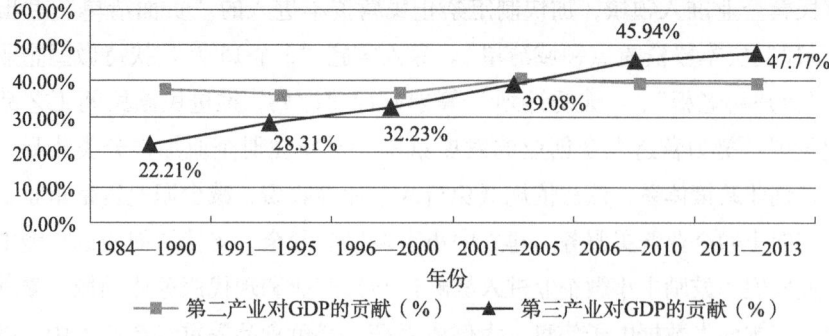

图6-1 贵州第二、第三产业对经济发展的贡献情况

体育和娱乐业）等具有典型代表性的现代服务业占比稳步提高，其中金融业占服务业比重从2008年的9.2%上升到2013年的11.6%，上升了2.4个百分点，其他营利性服务业占比从2008年的12.9%上升到2013年的14.2%，上升了1.3个百分点。

但是，服务业发展仍属"总量较小、占比较高、层次较低"的工业化初中期阶段发展水平，2013年全省服务业增加值3734.04亿元，在全国各省（市、区）中列第25位，仅高于新疆、甘肃、海南、宁夏、青海、西藏，仅有排名第一的广东省第三产业增加值的12.5%；人均服务业增加值9422.4元，只有全国平均水平的55%左右。其次，服务业结构层次较低，转型升级压力大，传统服务业占比高，现代服务业占比低，生活性服务业占比高，生产性服务业占比低，服务业是以低附加值为基本特征的产业，亟须在理念、技术以及营销手段等方面向高附加值的现代服务业转型升级。另外，服务业与工业化、城镇化互动融合程度不高，导致制造业价值链短，在一定程度上限制了现代服务业的市场需求和生产性服务业的发展。总体来看，可以判断出贵州服务业发展还处于低水平发展阶段（见表6-3、表6-4）。

表6-3 第三产业的构成情况　　　　　　　　　　单位:%

产业＼年度	2008	2010	2013
第三产业	100	100	100
交通运输、仓储和邮政业	22.4	22.1	20.8
批发和零售业	15.1	16.9	15.6
住宿和餐饮业	7.9	8.3	7.9
金融业	9.2	10.6	11.6
房地产业	6.3	6.4	5.4
其他营利性服务业	12.9	13.0	14.2
其他非营利性服务业	26.2	22.7	24.5

注：从2008年起，我省服务业的统计口径才将其他营利性服务业和其他非营利性服务业分开。

表6-4 贵州服务业构成及各行业增长情况

指 标	绝对数（亿元）			增长速度（%）		
	2005年	2010年	2013年	"十一五"	2010年	2013年
全省生产总值	1942	4602.16	8006.79	12.6	15.0	12.5
第三产业	815.32	2177.07	3734.4	15.6	16.5	12.6
交通运输、仓储和邮政业	138.65	480.32	775.09	19.4	15.3	12.4
批发和零售业	137.40	367.52	582.05	18.5	14.4	11.5
住宿和餐饮业	43.85	180.73	294.86	18.1	10.7	6.5
金融业	73.67	231.51	433.53	18.0	17.0	16.5
房地产业	76.38	139.64	202.94	6.6	6.0	12.5
其他服务业	345.37	777.35	1445.57	13.4	21.3	13.4

资料来源：贵州省统计局、国家统计局贵州调查总队：《贵州统计年鉴（2014）》，中国统计出版社。

二、加快培育现代服务业

坚持主基调主战略，坚守发展与生态两条底线，积极适应经济发展新常态，紧紧围绕经济社会发展规律和趋势，充分发挥我省生态、资源和后发优势，实施开放发展、创新发展、集聚发展、融合发展战略，以大力培育新的服务业增长点为重点，以服务业优化升级为取向，以提升服务业发展质量和效益为核心，坚持现代服务业与先进制造业、现代农业融合发展，优化服务业发展的市场主体、产业生态、动力机制和制度保障，着力构建与工业化、城镇化相协调的服务业发展新格局，努力形成以文化旅游、大数据服务、健康服务、物流服务为主体的具有鲜明贵州特色的现代服务业产业体系，为全省经济社会后发赶超和全面建成小康社会提供更为强劲的发展支撑。

（一）大力培育新的服务业增长点

1. 以大数据为引领的信息服务业

着力以发展大数据服务、行业应用软件、嵌入式软件、软件技术服务、集成电路设计和系统集成等为抓手，促进工业生产流程再造和优化；大力发展云计算、物联网、北斗卫星系统应用和呼叫中心等特色信息产品，推动动漫游戏与虚拟仿真技术在设计、制造等领域的集成应用。加快公共平台和内容资源的开发利用，重点解决网络资源整合和安全等问题，加快推进电子政务、网络游戏等新兴领域发展。以信息化手段改造传统服务业。积极谋划建设全国大数据产业示范基地，丰富"云上贵州"应用内容，推动贵阳建设全国首个免费 WIFI 城市。加快贵阳呼叫中心建设，发展服务外包产业。加快推进"三网"融合，扎实推进科技园、示范产业基地建设，努力建成区域性信息服务中心、全国领先的大数据资源集聚地和应用服务示范基地。

2. 以大健康为目标的医药养生产业

以顺应和满足市民需求发展为基础，以融合发展为重点，以培育市场主体为中心，着力调整优化健康服务业生产力布局，着力打造健康服务精品品牌，不断拓展产业幅，加快构建大健康产业链，使大健康产业成为促进贵州省实现转型升级发展的重要途径。着力营造良好发展环境，创新投融资体制，着力构建发展支撑，进一步完善医疗服务、健康管理与促进、健康保险等服务体系，做大做特做优健康养老、休闲养生、康体运动等重点业态，积极发展健康产品研发和第三方健康服务。加快建设一批全国重要保健疗养中心和康体运动基地，把贵州省建设成为西部领先、国内一流、国际知名的"健康贵州"。

3. 以民族和自然风光为特色的文化旅游业

旅游业已经成为贵州新的支柱产业。贵州历来都高度重视文化和旅游业发展，尤其是旅游业，旅游业已经成为贵州新的支柱产业。2012 年旅游总人数 21401.18 万人次，比上年增长 25.8%，其中国内旅游人数 21330.68 万人次，增长 25.8%。旅游总收入 1860.16 亿元，比上年增长 30.1%，其中国内旅游收入 1849.49 亿元，增长 30.2%。同时，旅游商品行业扩量提质。预计刺绣、银器、雕刻、陶瓷、蜡染、编织、漆器、珠宝、奇石等 70 多个种类的工艺品全年旅游商品综合产值 360 亿元，同比增长 25%左右。

尽管旅游业取得较快发展，但也还存在一些不足。一是旅游经济规模仍然偏小。2011 年，国际旅游外汇收入实现 1.35 亿美元，位于全国第 27 位，入境旅游人数 58.51 万人次，位于全国第 27 位。二是旅游主体文化即来黔多数旅游者的旅游认识和旅游行为还停留在旅游的初步状态。走马观花、观光旅游者居多，休闲度假式旅游还没有成为旅游主流，大多数地方包括景区游客的夜间文化生活显得十分匮乏。三是旅游客体文化没有得到充分挖掘和利用。贵州的历史文化、红色文化、生态文化、民俗文化、建筑文化、文学艺术、宗教文化以及自然景观文化内涵还没有很好地借助旅游景观的依托来加以继承和弘扬，还有大量文章需要去做。四是文化旅游发展还处于初级阶段，旅游商品还没有形成市场，旅游人才资源缺乏。五是旅游文化的基础性工作仍需加大力度，如缺少具有一定影响力、独具地方特色的旅游文化系列丛书等（见图6-2、表6-5）。

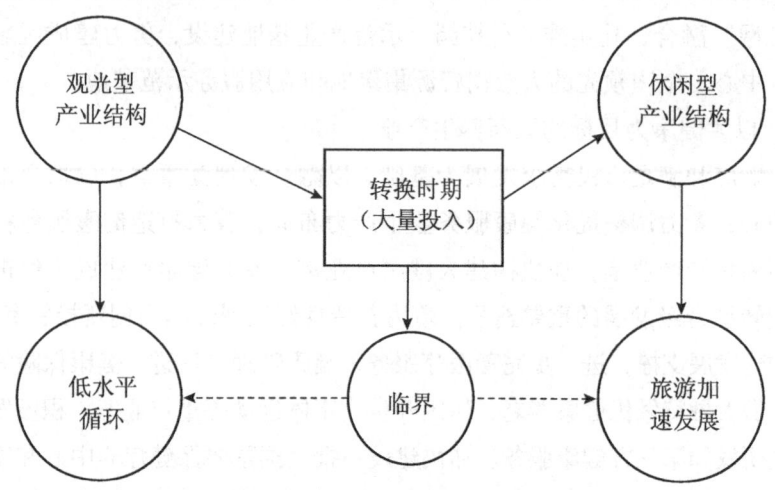

图6-2　旅游处于产业结构转型的关键期

表6-5　贵州与瑞士旅游发展的比较

序号	类别	瑞士	贵州	贵州与瑞士的差距	贵州的发展空间
1	区域经济水平	依托周边的工业化大国发展旅游业，世界旅游业最具吸引力的城市；世界上国际化程度最高的国际活动和国际会议中心	西南山地内陆省份	贵州仍是长三角区域性的一个旅游景区，而瑞士是世界性的政治、经济、文化、旅游城市	面向珠长三角提供休闲、度假、文化、养生、疗养、娱乐等配套功能，打造绿色主题功能区，打造瑞士式的国际交流中心
2	区域人均需求水平	瑞士年人均收入高达4万多美元，是世界上最富国家之一；西欧年人均收入2万多美元；休闲度假养生需求大	2013年人均可支配收入为4000美元	人均可支配收入仅为瑞士的10%	人均收入的增长，潜在需求大
3	产业结构	总部经济发达，重点发展节庆会展、旅游、金融、住宿、餐饮、通信、商业服务业等第三产业，服务业在GDP中的比重超过制造业且过半，外贸总额占GDP的比重接近100%	以能源、原材料产业为主	产业体系较为传统低端，现代服务业发展滞后	打造休闲度假胜地、养生居住天堂、山水名城，建成珠长三角地区的休闲度假旅游基地、新兴"轻型"绿色制造业基地、绿色农产品供应基地、现代服务业基地。服务业要超过50%

第六章 壮大特色产业和培育优质企业

续表

序号	类别	瑞士	贵州	贵州与瑞士的差距	贵州的发展空间
4	旅游产业规模	常年游客3000万人	2013年接待游客2.6亿人次，但入境旅游人数仅为77万人	入境游客人数少，产业规模小	以20%年增长量计算，约需15年达到瑞士的游客规模，即2022年左右；以25%的年收入增长率计算，届时旅游收入将达700亿元
5	旅游产业链	休闲度假、会议、会展等，水陆空立体化、城景结合开发，旅游产业链完善。购物产品有军刀、钟表	仍以观光项目为主	旅游产业层次较低。旅游"六要素"没有协调发展，特别是"购、娱"的文章没有做透、做大、做强	处于低端旅游市场发展阶段，要兼顾发展大众市场和高端市场，向休闲度假过渡
6	客源市场	欧洲第一客源市场，全世界二级客源市场	以国内为主，珠长三角、长三角、成渝地区占主导；境外游客仅占0.28%	国际旅游处于萌芽状态	先培养成日本、韩国以及新马泰等国具有一定知名度的度假观光区，逐步扩大入境客源地规模。争取在2020年入境游客占20%以上
7	发展要素（基础设施、土地、人才、资本、技术、体制等）	基础设施完备，交通通信便捷；欧美带薪休假制度、度假条件较为成熟；人口素质较高，外籍居民占40%，包含近180种国籍；具有资金、技术加管理优势，服务效率高，但劳动力成本高	城市化水平不够，城镇功能有待提升；与旅游相配套的外部交通及基础设施都需要极大地提高；带薪休假制度尚在探索阶段；土地供应充足；资本制约大；居民素质有待提升，人才需培养与引进，劳动力相对充足	处于发展要素条件的准备期	不断改善基础设施、土地、人才、资本、技术、体制等发展条件，为休闲度假旅游、生态经济的跨越式发展提供成熟条件
8	旅游经济受益面	区域内人均消费较为均衡，全民受益	富人消费多，本土消费低端化	城镇人均可支配收入（2100美元）仅为瑞士的5%，消费能力低	提高本土人口收入水平，共享贵州旅游资产的收益，扩大本土人口受益面

157

大力发展旅游产业，紧紧抓住贵州旅游业黄金时期来临的历史机遇，以打造"国家公园省"为目标，推进文化旅游业转型升级。依托特色文化、自然生态等资源禀赋，以100个旅游景区为载体，加快培育和布局一批具有民族特色的文化旅游景区和文化展示体验平台，精心打造独具黔地魅力的文化旅游品牌，重点开发生态旅游、文化旅游、休闲农业、观光工业等旅游产品，加快发展夏季避暑、休闲度假、商务会展、科普探险、修学旅行、演艺娱乐等旅游新业态。推进文化创意和设计服务与相关产业深度融合，加快特色文化产业发展。整合发展旅游业和会展，借助贵阳国际生态论坛契机，培育集聚国际级会展品牌，提升会展旅游业服务能级。加快促进文化旅游发展要素集聚化、业态多元化、服务规范化，切实提高全省文化旅游业的市场化、产业化、国际化水平，打造贵州文化旅游升级版，把贵州建设成为世界知名、国内一流的旅游目的地、休闲度假胜地和文化交流重要平台，建成名副其实的"国家公园省"。要解决产业链条拓展问题，旅游需要第一、第二、第三产业联动发展，推进文化与旅游产业（游、购、娱、吃、住、行；信息、学、传媒、影视、动漫）融合发展。要深入挖掘民族民间文化资源，做大做强民族歌舞、工艺美术、节庆会展、戏剧、影视、动漫等文化品牌，培育一批有特色、有实力、有竞争力的文化骨干企业，积极引进文化产业领域战略投资者。加强旅游基础设施建设，提升服务水平，着力打造一批精品旅游线路。

（二）大力发展生产性服务业

以促进内部要素集聚、推动产业融合创新、推进服务功能升级为导向，以增强供给能力、拓展需求空间、培育壮大品牌、推进融合与集聚发展、优化发展环境为主要任务，以创新驱动与深度改革开放为动力，加快重点领域生产性服务业创新发展，改造提升传统业态、培育发展新兴业态，实现服务业与农业、工业等在更高水平上有机融合，进一步推动我省产业结构优化调整，促进经济提质增效升级。力争生产性服务业增加值年均增长15%左右，到2020年达到5000亿元左右、占全省服务业增加值比重提高到52%左右。

1. 现代物流业

充分利用西南近海大通道的区位特点，加快改善区域物流环境和条件，着力打通全省联结长江黄金水道的航道和重要节点，降低物流成本，提升全省物流区位优势。以降低农产品物流、工业品物流、能矿物流等物流成本为重点，着力消除物流业成为经济发展"卡脖子"瓶颈问题，实现货畅其流、车畅其行，提高物流效率。按照物流区域、物流枢纽城市、物流节点城市、物流园区和物流中心的物流网络，按照沿交通枢纽、沿中心城市、沿产业集群和依托城市圈的布局原则，大力推进物流网络建设，着力形成以贵阳为核心，辐射带动安顺、都匀等黔中经济区的贵阳物流圈，辐射贵州各个区域的黔东、黔南、黔北、黔西物流圈；依托贵广、沪昆、渝黔等快速通道和乌江等水道，尽快形成贵广、贵昆、渝黔、黔沪、乌江物流带，构建多式联运物流网络体系。加快提升空港货运中转能力，增强航运服务功能。推进物流公共信息平台、产业物流基地、物流仓储园区、快递分拨中心、物流电商新城等建设，推动综合保税区物流功能拓展。实施"物流入黔"专项招商工程，大力扶持本地物流企业发展，积极培育以第三方物流为主要形式的物流主体。积极构建与工业化和城镇化相适应、具有梯次结构的物流服务体系，逐步把贵州打造成为西南地区重要的物流枢纽和全国区域性物流中心。

2. 金融服务业

围绕资金流，大力发展金融、保险、证券等行业，深入实施"引金入黔"工程、地方金融体系建设工程、多层次资本和要素市场培育工程、金融创新工程、金融生态优化工程，加快吸引各类新增金融机构集聚贵州，逐步完善金融市场体系。加强金融产品创新力度，鼓励金融机构采取多种方式大力拓宽企业融资渠道，丰富租赁方式，形成渠道多样、集约发展、监管有效、法律体系健全的融资租赁服务体系。充分发挥行业协会作用，加强信用体系建设和行业自律，建立系统性行业风险防范机制。扎实抓好中国西部科技金融区域中心、贵州金融网络服务平台等重点建设任务，将贵州打造成为全国金融业支持实体经济和金融生态建设示范区。到2020年，全省金融业增加值达到400亿元。

3. 电子商务

积极发展基于互联网构建的具有购物、交易、支付及相关商务功能的综合信息服务业，支持物流配送、快递业和网络购物协同发展促进消费，加强信用服务、安全认证、标准规范、在线支付、现代物流、快递业等支撑体系建设，大力推进贵阳市国家电子商务示范城市建设，将电子商务的产业规模和发展水平迅速提升到西部地区优势地位。

欠发达地区企业资本结构与区域经济发展研究

4. 研发设计

抓好各类技术研究中心、工业设计中心、产品研发中心、生产力促进中心等建设，培育一批拥有自主知识产权和知名品牌的优势企业，积极建设一批创意产业园、科技型企业孵化器、大学科技园，强化核心技术攻关能力、成果转化和产业化能力、创新服务能力建设。坚持市场化的改革取向，遵循市场规律与科技创新规律，加快推进新型研发机构发展，形成破解科技与经济发展"两张皮"的新探索、加快产业转型升级的新动力、聚集高端创新资源的新平台。发展高端服务外包产业，在大数据等领域打造贵州服务外包品牌。切实增强企业技术实力和核心竞争力，推动"贵州制造"向"贵州创造"跃升。

（三）提升发展重点生活性服务业

围绕满足人民群众多层次多样化需求，做大产业规模，丰富服务供给，完善服务标准体系，不断提高生活性服务发展质量和水平。加快发展以文化旅游为重点的现代服务业，大力发展健康养生产业、商贸服务业和家庭服务业，推动生活性服务业产业化、规模化、专业化。

1. 商贸服务业

大力发展特许经营、电子商务、网络营销、总代理等现代经营方式，推动商贸服务特色化、品牌化、连锁化、规范化、便利化发展。进一步加强城乡商贸流通网络和节点的规划建设，推进城市商贸功能区、特色商业街区、商业市场的示范创建活动，提升城市商贸服务品质；深入实施"万村千乡市场"、"农超对接"等工程，加快建设乡镇商贸服务（物流配送）中心，推动商贸服务向乡村延伸。推动住宿餐饮业健康规范发展。

2. 家庭服务业

大力发展家政服务、养老服务、社区照料服务、医患陪护、家庭用品配送和维修等服务，加快建立健全以企业和机构为主体、社区为纽带、满足老年人各种服务需求的居家和社区养老服务网络，不断提升家庭服务业产业化、规模化、专业化水平。

三、培育壮大服务业市场主体

（一）加快服务业龙头企业培育

注重市场主导作用的充分发挥，突出企业在服务业发展中的主体地位，大力培育龙头企业，积极培育和壮大一批示范带动作用强的服务业龙头企业，带动全省服务业各行业发展。鼓励服务企业提高专业化、产业化程度，形成一批有影响力的大型服务企业集团。支持服务企业利用现代科技手段和信息技术，提升养老服务业发展水平，增强可持续发展能力。鼓励大型服务企业建立服务人员供应保障基地，增强其人员保障能力。支持大型服务企业建立从业人员信用档案，完善企业信息采集、利用、查询、披露制度。推动大型服务企业发展连锁经营，支持其开展质量管理体系认证，开展商标、专利注册和保护工作。支持服务企业上市融资，增强其可持续发展能力。

（二）促进中小微企业协调发展

鼓励创办小企业，开发新岗位，以创业促就业，力争使中小企业数量持续增加，向社会提供更多的就业机会和岗位。进一步加大商事制度改革，注重放管结合，切实防止审批事项边减边增、明减暗增现象发生。发展一批主营业务突出、竞争力强、成长性高、专注于细分市场的专业化"小巨人"企业，不断提高发展质量和水平，走专业化、精细化、特色化、新颖化发展之路，促进服务业中小企业转型升级，实现"专精特新"发展。积极引导中小企业专注核心业务，提高专业生产、服务和协作配套能力，为大企业、大项目和产业链提供零部件、配套产品和配套服务，促进大中小企业协调发展；引导中小企业精细化生产、精细化管理、精细化服务，以美誉度高、性价比好、品质精良的产品和服务在细分市场中占据优势；引导中小企业利用特色资源，弘扬传统技艺和地域文化，采用独特工艺、技术、配方或原料，研制生产具有地方或企业特色的产品，引导中小企业开展技术创新、管理创新和商业模式创新，培育新的增长点，形成新的竞争优势。利用现代信息技术建设智慧集群，提升中小企业产业集群核心竞争力，进一步提升专业化协作，鼓励和引导大企业与中小企业通过专业分工、服务外包、订单生产等多种方式，建立协同创新、合作共赢的协作关系。发挥龙头骨干企业的技术引领和示范带动效应，鼓励龙头骨干企业将配套企业纳入共同的供应链管理、质量管理、标准管理、合作研发管理等，提高专业化协作和配套能力。支持建立各类中小企业产品技术展示中心，鼓励中小企业利用电子商务拓展市场，降低市场开拓成本。积极推进大众创业，加快培育市场主体。要积极推进创业指导和培训，加强对创业典型的宣传，鼓励社会各层面将奇思妙想、创新创意转化为创业行动。发挥好政府创投引导基金和财税政策的杠杆作用，完善创业投融资机制,搭建创业服务平台,打造创业孵化器。争取创办中小企业博览会,重点培育和发展一批适合中小企业开拓市场的品牌展会。支持中小企业参加各类展览展销活动,鼓励减免中小企业参展展位费。抓好政策落实,推动建立落实小微企业政策年度督促检查长效机制,切实将财税、金融等扶持政策落到实处。进一步细化、实化和补充完善促进小微企业发展的政策措施,确保已出台的各项政策取得实效。结合经济形势变化和小微企业反映的问题,有针对性地研究提出新措施、新办法,积极创新,积累经验,加强对相关政策的补充完善。

第三节 加快山地现代高效农业发展

一、贵州农业发展主要特征

2010年以来,在贵州经济社会快速发展中,把"三农"工作放在全省主基调、主战略的背景下来谋篇布局,坚持整合各种资源调动各方面力量合力推进农业农村经济发展。立足资源禀赋、产业基础和市场需求,在不放松粮食生产的同时,把工作重点和主攻方向放在推动农业结构调整,大力发展优势特色产业上面,坚持走一条符合贵州山区特点的现代山地高效农业发展路子,形成了贵州农业农村经济加快发展、加速转型、推动跨越,努力实现后发赶超的生动局面,全省农业农村经济发展形势良好,农业发挥出了重要的基础性作用。但是,由于贵州是经济社会发展相对滞后的省份,尽管这几年农业农村经济发展较快,同全国其他地区一样进入农业发展转型期,但现代农业发展水平与发达地区相比还有一定差距,还处于农业现代化的起步阶段,仍存在结构调整步伐不够快、产业化水平低,尤其是规模小、集中度差等突出问题,还面临着产业提升、科技瓶颈、人才缺口、资源环境保护、农民增收长效机制等方面的巨大挑战。

(一)农业效益和农民收入连续保持快速增长,但规模小、差距大

2013年农林牧渔业增加值1031.70亿元,比上年增长5.8%。其中,种植业增加值646.12亿元,增长5.7%;林业增加值47.71亿元,增长7.0%;畜牧业增加值280.68亿元,增长4.9%;渔业增加值23.96亿元,增长20.0%;农林牧渔服务业增加值33.23亿元,增长4.8%。与全国各省(市、

自治区）相比，贵州的农业规模仍然较小，粮食产量仅排在全国第22位，油料产量排在第13位，肉类产量排在第19位，蔬菜产量排在第19位（见表6-6、表6-7）。

表6-6 2011—2013年全省农林牧渔业增加值　　　　　单位：亿元

指标名称	2011年	2012年	2013年	2013年比2012年增长（%）
农林牧渔业增加值	726.21	891.91	1031.70	5.8
种植业	430.84	561.32	646.12	5.7
林业	31.99	37.03	47.71	7.0
畜牧业	223.22	245.70	280.68	4.9
渔业	12.78	17.83	23.96	20.0
农林牧渔服务业	27.38	30.03	33.23	4.8

资料来源：贵州省统计局、国家统计局贵州调查总队编：《贵州统计年鉴2014》，中国统计出版社。

表6-7 全国及各省（区、市）主要农产品产量（2013）　　　　　单位：万吨

地区	粮食产量	位次	油料产量	位次	肉类产量	位次	蔬菜产量	位次
全国	60193.84		3516.99		8535.02		73511.99	
贵州	1029.99	22	91.53	13	199.74	19	1500.45	19
北京	96.13	31	0.98	30	41.80	27	266.86	29
天津	174.71	27	0.58	31	46.48	26	455.06	27
河北	3364.99	7	151.13	8	448.78	5	7902.12	2
山西	1312.80	18	19.47	24	83.21	24	1198.49	22
内蒙古	2773.00	10	158.14	7	244.90	15	1421.07	20
辽宁	2195.60	12	113.64	11	420.12	8	3270.86	8
吉林	3551.02	4	84.02	14	262.66	14	938.07	24
黑龙江	6004.07	1	19.02	25	221.28	16	946.15	23
上海	114.15	28	1.50	29	23.75	31	398.42	28
江苏	3422.99	5	150.37	9	383.23	11	5237.78	4
浙江	733.95	23	37.78	21	174.27	20	1764.29	12
安徽	3279.60	8	225.43	5	403.83	10	2417.95	11
福建	664.36	24	28.83	23	211.21	17	1729.71	13
江西	2116.10	13	119.29	10	321.93	13	1257.57	21
山东	4528.20	3	349.61	2	774.77	1	9658.20	1
河南	5713.69	2	589.08	1	699.05	2	7112.51	3

续表

地区	粮食产量	位次	油料产量	位次	肉类产量	位次	蔬菜产量	位次
湖北	2501.30	11	333.17	3	430.08	7	3578.31	7
湖南	2925.74	9	224.44	6	519.23	4	3603.55	6
广东	1315.90	17	101.01	12	435.23	6	3144.47	9
广西	1521.80	15	57.21	19	420.02	9	2435.62	10
海南	190.90	26	10.92	27	82.85	25	524.78	25
重庆	1148.13	20	53.14	20	207.85	18	1600.64	17
四川	3387.10	6	290.44	4	690.39	3	3910.68	5
云南	1824.00	14	60.68	16	359.40	12	1625.45	16
西藏	96.15	30	6.38	28	26.82	30	66.99	31
陕西	1215.80	19	59.52	18	112.56	22	1629.36	15
甘肃	1138.90	21	69.72	15	91.01	23	1578.72	18
青海	102.37	29	32.57	22	31.81	28	158.94	30
宁夏	373.40	25	16.81	26	27.37	29	509.01	26
新疆	1377.00	16	60.63	17	139.40	21	1669.92	14

资料来源：贵州省统计局、国家统计局贵州调查总队编：《贵州统计年鉴2014》，中国统计出版社。

（二）一批特色优势主导产业迅速发展壮大，但产业化水平低，主导产业的竞争力还不强

2013年粮食作物种植面积3118.42千公顷，比上年上升2.1%；油料作物种植面积560.76千公顷，比上年增长2.4%；烤烟种植面积254.86千公顷，比上年增长7.5%；蔬菜种植面积847.72千公顷，比上年增长9.5%；中药材种植面积117.54千公顷，比上年增长57.4%；年末实有茶园面积313.24千公顷，比上年增长24.5%；年末果园面积228.13千公顷，比上年增长18.2%。粮食总产量1029.99万吨，比上年下降4.6%，其中：夏粮产量240.71万吨，增长8.5%；秋粮产量789.28万吨，下降8.0%。茶叶、水果、蔬菜、中药材产量，分别比上年增长20.2%、13.6%、9.1%、10.7%。2013年猪存栏1604.10万头，与上年基本持平，出栏1832.28万头，增长5.6%。牛存栏460.62万头，比上年下降0.1%，出栏115.22万头，增长8.7%。羊存栏299.59万只，比上年增长3.3%，出栏205.39万只，下降

0.7%。家禽存栏8154.72万只，比上年下降2.4%，出栏9681.62万只，增长0.5%。全年主要肉类总产量196.85万吨，比上年增长4.6%。其中，猪肉产量163.73万吨，增长4.9%；牛肉产量14.13万吨，增长8.7%；羊肉产量3.51万吨，下降0.7%；禽肉产量15.48万吨，增长0.5%。

全省确定的生态畜牧、茶叶、蔬菜、精品水果、马铃薯、中药材、核桃、油茶、特色食粮和特色渔业等特色优势产业迅速发展壮大，培育打造了湄潭茶叶、威宁马铃薯、遵义辣椒、施秉太子参、赫章核桃、玉屏油茶、罗甸火龙果、水城和修文猕猴桃、晴隆肉羊等一批专业县、主产县，一批农产品知名品牌培育形成。这些产业的发展，为全省农业做强存量、做大增量营造了巨大空间。但是，这些产业的基地规模仍然较小，专业化程度较低，集中度较差，较难以支撑较大规模的农产品加工业发展，这依然是制约企业规模、企业集群、产业集聚的主要因素。同时，农村新型经营主体实力不强，龙头企业规模小能力弱，家庭农场和专业大户数量少，农民合作社整体质量不高。这些问题与把农产品加工业做大做强成优势产业的需要还有很大差距（见表6-8、表6-9）。

表6-8 2011—2013年全省主要农产品产量　　　　　　　　单位：万吨

指标名称	2011年	2012年	2013年	2013年比2012年增长（%）
粮食作物	876.90	1079.50	1029.99	3.7
#稻谷	303.93	402.43	361.30	3.6
小麦	50.38	52.39	51.51	0.3
玉米	243.71	342.25	298.03	3.3
#马铃薯	189.38	179.74	211.40	4.9
油料作物	78.85	87.38	91.53	3.6
#油菜籽	71.81	78.18	81.78	2.7
花生	6.07	7.86	8.25	11.3
烤烟	32.50	37.31	41.79	-7.0
蔬菜	1250.05	1375.63	1500.45	11.1
甘蔗	43.60	127.96	159.29	-7.2
中药材	8.36	14.06	24.80	10.7
茶叶	5.84	7.44	8.94	35.6
水果	128.03	147.72	167.75	15.7

资料来源：贵州省统计局、国家统计局贵州调查总队编：《贵州统计年鉴2014》，中国统计出版社。

表6-9 2011—2013年全省畜禽生产情况

指标名称	2011年	2012年	2013年	2013年比2012年增长（%）
当年出栏数				
猪（万头）	1689.66	1734.76	1832.28	5.6
牛（万头）	97.21	105.99	115.22	8.7
羊（万头）	197.31	206.78	205.39	-0.7
肉类总产量（万吨）	179.97	190.27	199.74	5.0
#猪肉	148.29	156.13	163.73	4.9
牛肉	12.00	13.04	14.13	8.4
羊肉	3.37	3.53	3.51	-0.6
禽肉	14.35	15.41	15.48	0.5
其他畜产品产量				
牛奶（万吨）	4.85	5.10	5.45	6.9
禽蛋（万吨）	13.65	14.65	15.44	5.4
蜂蜜（吨）	2029	2052	2468	20.3
大牲畜年末存栏数（万头）	550.82	541.03	536.90	-0.8
#牛	467.11	461.04	460.62	-0.1
猪年末存栏数（万头）	1521.60	1604.09	1604.10	…
羊年末存栏数（万只）	256.49	290.09	299.59	3.3
水产品（万吨）	10.88	13.47	16.70	24.0

资料来源：贵州省统计局、国家统计局贵州调查总队编，《贵州统计年鉴2014》，中国统计出版社。

（三）打造了一批集聚要素资源发展现代农业的载体和平台，但科技支撑水平仍然低

2013年启动建设的"现代高效农业示范园区"开始成为产业集群、要素集聚、开放合作、示范带动的重要平台，成为推进贵州山地高效农业发展的"发动机"。通过园区建设，整合了大量财政资金，大大改善了交通、水利为重点的农业发展条件。吸引了大量金融和社会资本投入到农业产业发展，大大增强了农业产业发展的驱动力。同时，农业园区建设推动了贵州农业的对外开放合作交流，引进了大量先进农业科技成果和人才进入农业园区，为农业产业升级创造了条件。另外，农业园区建设促进产业链条完善、农业功能拓展，推动了美丽乡村、休闲农业建设，三分之一的园区已经成为新兴旅游

目的地,发挥出了一产催生二产带动三产的"接二连三"作用。但是,由于农业服务体系建设相对滞后,农业科技服务水平和服务能力仍难以满足需要,农业新品种选育、新技术开发水平仍较滞后,科技贡献率低于全国水平近10个百分点。

(四)农村生产条件明显改善,但是农业基础条件还很薄弱

"十二五"以来,全省自来水受益村、通汽车、通电话、通有线广播的村的比例和农用机械总动力、有效灌溉面积、旱涝保收面积大幅提高,农业生产条件有了较大程度改善。同时,生态保护和建设促进了三次产业互动融合发展,坚持把农业结构调整与石漠化综合治理、退耕还林等生态建设项目有机结合起来,实施生态建设与环境保护,涌现出了晴隆种草养羊、关岭火龙果等一批南方喀斯特地区石漠化综合治理典型,既培育了农业农村经济新的增长点,又促进了农业可持续发展。但是,目前耕地质量总体上仍然较差,高标准农田比例小,农业装备水平底,冷链物流和加工设施缺乏,这些因素也影响了农业现代化水平的进一步提升。

二、加快培育山地现代农业

从农业的基础地位和农业发展的高增速看出,现代农业是贵州新常态下经济社会发展新的增长点,一定要以全省经济社会发展的战略高度,把现代山地高效农业发展作为引领农业后发赶超的主要动力,通过转变农业发展方式形成产业新的增长点,通过深化农村改革形成农村经济新的增长点,通过大力改善农村基础设施培育新的增长点。要立足山地特点和优势,发展现代山地高效农业,以夯实产业基础、强化产业支撑和提升产业水平为出发点,谋划一批重点工程项目,大力实施以优化品种、提高品质、创建品牌为核心的"三品"战略,探索一条以生产无公害绿色和有机农产品为标准,以"品种优先、品质保证、品牌带动"为特征,以产出效益高,规模化、标准化、品牌化三化联动,一二三产业融合发展的现代农业发展路子,建设无公害绿色有机农产品大省。

(一)建立贵州特色的现代农业产业体系

立足贵州气候、资源和生物多样性的特点和优势,根据资源禀赋、产业发展、市场需求等实际情况,选精、选准主导产业,大力发展山地农业经济,

欠发达地区企业资本结构与区域经济发展研究

念好"山字经",种好"摇钱树",着力提高经济作物在种植业中的比重,畜牧业在农业中的比重,建立贵州特色的现代农业产业体系。

1. 建立起具有山地特色的现代农业产业体系

以优势明显、特色突出、潜力可观的生态畜牧业、蔬菜、茶叶、马铃薯、精品水果、中药材、优质稻和特色杂粮等优势特色产业为重点,按照高产、优质、高效、生态、安全的要求,以"做大总量,提高质量,拓展市场,增加效益"为主攻方向,深度挖掘资源和市场潜力,走"区域化布局、集约化发展、标准化生产、产业化经营、规模化推进"的道路,扩大基地规模、扶持龙头企业、培育知名品牌、开拓两个市场,拉长产业链条、壮大产业规模、形成产业集群,把贵州优势特色产业发展提高到一个新水平。尤其在稳定发展粮油烟产业的基础上,加快产业结构调整,进一步提高畜牧业产值占农业总产值的比重,提高草地畜牧业占畜牧业的比重,提高经济作物占种植业的比重,提高二三产业占农村经济的比重,做强主导产业,做优特色产业,逐步建立山地现代农业产业体系。

2. 加快重点产业发展

(1)茶产业。贵州茶叶发展具有"高海拔、低纬度,多云雾、寡日照,有机质、无公害"的得天独厚的生态优势,茶历史源远流长,茶叶茶品质久负盛名,茶文化底蕴深厚,都匀毛尖、湄潭翠芽等品牌深受青睐。茶产业的发展,要大力实施黔茶品牌战略,突出黔茶品牌地方特色、文化特色,培育茶叶驰名商标和贵州省著名商标。加大茶产业市场拓展力度,搭建全国化、多元化的营销渠道网络,推进电商全网覆盖,迅速提升黔茶市场占有率。加大加工升级力度,以清洁化、标准化和规模化为发展方向,加快推进茶叶初制、精制分工进程,大力推进精制加工,提升茶叶加工品质。加快基地提升力度,建成国内面积第一、产量第一、质量安全第一的茶叶原料基地,推进茶园向优势区域集聚。加强质量保障力度,加强科技创新力度,强化茶叶标准化建设、监督检验检测和产品质量可追溯等环节,建立最严厉的质量安全监管制度,实现茶叶国际、国内质量安全检测合格率100%。

(2)山地生态畜牧业。贵州具备发展生态草地畜牧业的优越气候条件、自然环境条件,具有生产"无公害食品""绿色食品"和"有机食品"的区位优势,畜牧业发展具有得天独厚的优势。要优化畜牧业产业结构,提高牛羊生产比重,确保生猪生产稳定,推进禽、蛋、奶规模生产,促进特色养殖产业化经营，构建一批各具特色的区域品牌、企业品牌和产品品牌。健全畜禽良种繁育体系，以牛、羊品种改良为重点，完善全省畜禽良种繁育体系建设规划、畜禽遗传资源保护利用规划和良种推广指导目录，加快建成原种场、扩繁场、商品场相互配套的三级良种繁育体系。夯实饲草饲料保障体系，加快人工草地建设与天然草地改良，注重灌草丛等资源开发，大力推进草畜配套。完善动物疫病防控和质量安全监管体系，建立完善省、市、县三级动物卫生监督体系。推进畜牧业规模化和标准化生产，打造一批现代畜牧业重点县，推进传统分散饲养向标准化规模养殖的全面过渡。壮大畜牧业龙头企业，培育一批畜牧养殖和畜产品加工龙头企业，培育畜牧业生产经营者组建合作社等新型生产经营主体，探索"公司＋合作社＋基地＋农户"和"公司＋家庭牧场"、"公司＋农场"等多种发展模式，培育贵州生态畜产品知名品牌，提升市场知名度、美誉度和竞争力。

（3）蔬菜产业。贵州是典型的立体气候，气候的区域差异和垂直差异大，可按区域和海拔周年生产各种蔬菜，依托多样化的气候和生态，突出的品质和质量安全优势、名优特产蔬菜开发优势、产销成本优势，以及通达主要目标市场川渝、长江、珠江中下游及港澳、东南亚地区相对便捷的区位和交通优势，近年来贵州蔬菜产业得到较快发展。贵州要把发展蔬菜产业作为农业农村经济结构调整的重要措施来推动，致力于把贵州建成为全国最重要的辣椒产销中心、南方最重要的夏秋蔬菜基地、全国特色食用菌基地。要优化区域布局，加强基地建设。建设杭瑞高速、兰海高速、沪昆高速、兴义—三都—贵广高速沿线蔬菜产业带，建设省会城市、市（州）中心城市、县城和重点乡镇4个层次的常年菜地圈、旅游景区周边的蔬菜示范观光园，扶持蔬菜大户发展，发展特色菜品。要注重品牌打造，大力推广无害化、标准化生产技术，创建一批标准化农产品生产基地。建立健全蔬菜质量安全检测监测体系和全程质量可追溯制度，切实推进蔬菜"由田间到餐桌"的全过程质量安全控制，打造"生态、安全、健康"的蔬菜产地形象，提高产品的市场竞争力。要完善公共服务，提高保障水平，提高蔬菜产业发展的科技服务水平、基础设施配套水平、蔬菜产业发展的风险防范水平。

3. 促进一二三产业融合产业发展

统筹谋划，努力拓展农业功能，推进农业"接二连三"，促进农业产业与休闲旅游、加工工业、城镇建设的融合发展，着力提高二三产业在农村经

欠发达地区企业资本结构与区域经济发展研究

济中的比重，逐步形成农业现代化与工业化、城镇化和旅游业互动发展的良好格局。

（二）优化农业空间布局，推进农业集聚化发展

目前推进贵州农业产业化经营也存在不少的困难。尤其是基地规模小、专业化程度低和集中度差，不足以支撑大规模的加工业，依然是制约企业规模、企业集群、产业集聚的主要因素；与优势产业相关的龙头企业数量少、规模小、产业链条短和集聚度低，与做大做强优势产业的需要还有很大差距。因此，要着力调整优化农业区域布局，搭建好现代农业发展平台，推进优势产品向优势企业集中、优势企业向优势产业和优势区域集聚，扶持发展一批龙头企业集群，带动优势特色农产品和产业区域的发展壮大。

1. 调整优化农业区域布局

①认真落实耕地保护措施，加大粮食产销扶持力度，切实保护粮食生产能力。发展专用型粮食作物和特色小杂粮，逐步调整粮食生产结构。大力发展粮食专业合作社，积极推行粮食产销社会化服务，创新粮食生产经营机制，稳定提高粮食产量和品质。②推进现代农业建设取得明显进展，物质装备和科技支撑能力显著增强，农业现代化水平显著提高，农业生产条件较好、水平较高的黔北、黔中地区的部分县（区）率先实现农业现代化。③瞄准国内外高端消费市场特别是"珠三角""长三角"和成渝市场，加快推进草地生态畜牧业、优质蔬菜、马铃薯、优质茶叶、优质油茶、精品水果、优质核桃、道地中药材、特色小杂粮等优势特色农业产业的规模化、标准化生产和产业化经营，构建优势突出、特点鲜明的现代山地农业产业体系。

2. 搭建好现代农业发展平台

通过国家现代农业示范区和现代高效农业示范园区建设，集聚配置各类资源要素，集群发展新型经营主体，集成创新农业科技，强化基础配套，创新体制机制，实现产业提升，在点上突破，带动面上发展。①加强园区配套设施建设。进一步整合各方资源，加快农业园区水、电、路、信等基础设施建设，改善园区发展条件。加强农产品贮藏保鲜、冷链物流等基础设施建设，大力推广应用智能温室等配套装备设施。②培育园区主导产业和经营主体。结合园区产业基础，重点培育一批特色支柱产业，每个园区突出1~2个主导产业。大力引进和扶持园区企业，形成一批产业配套、联动互促的企业集群。积极发展农民专业合作社，引导种养大户参与农业园区建设。③强化公共服务体系和要素保障平台建设。大力培育园区技术服务、农资供应等组织，提高专业服务水平。深入落实好省政府《关于支持"5 个 100 工程"建设政策措施的意见》，在充分用好财政资金的基础上，着力抓好招商引资、招才引智，促进资金、技术、人才等要素资源向园区集聚。率先在农业园区全面推进土地确权登记颁证，引导和规范土地流转，促进园区规模化经营。

（三）增强农业科技支撑能力，着力推进农业标准化

加强公共服务体系建设，发挥企业创新主体作用，围绕条件建设、人才培养、技术创新、集成示范、成果转化五大环节，不断加大投入，夯实现代农业发展的科技基础。

1. 增强农业科技支撑能力

注重生产规模和产出效益的统一。坚持以亩产论英雄，努力提高农业资源利用率、土地产出率和劳动生产率，向科技创新要效益。①加快推进农业科技创新。以现代山地高效农业发展需求为导向，坚持原始创新、集成创新和引进消化吸收再创新相结合，整合农业科技创新资源，着力研发一批促进产业提升和质量安全保障的关键、共性技术，大力推动现代生物技术、信息技术、物联网技术等在农业上的应用，构建现代山地高效农业产业技术体系。②加强科技创新平台建设，加大人才引进和培养力度，强化涉农科研机构、高等院校和科技人员的合作，健全有利于山地农业现代化发展的农业科技创新协作体系。鼓励和支持新型农业经营主体自主或协作开展技术攻关和技术集成配套，促进农业科技供需对接和成果转化。③大力发展现代种业。加大政策、资金支持力度，着力构建以产业为主导、企业为主体、基地为依托、产学研相结合、"育繁推一体化"的现代种业体系。

2. 着力推进农业标准化

以农产品质量安全标准为重点，加强农业标准化基础研究，加快形成符合贵州山区农业发展实际的农业标准体系。以现代高效农业示范园区建设为平台，推进农业标准化生产示范园建设，扩大标准化技术应用面，促进农产品"按标生产、按标上市、按标流通"。加快发展无公害农产品、绿色食品、有机农产品和地理标志农产品，大力创建贵州山地生态农产品品牌，促进品牌化经营。

（四）推进农业品质化品牌化生态化发展，强化特色品牌建设

实施品种、品质、品牌"三品"战略，发展贵州特色品牌。鼓励具有地域特点和文化传统的特色农产品申报地理标志、驰名商标、名牌产品，培育一批在市场上声誉高、占有率高的名牌特色农产品，逐步形成培育品牌、品牌促销的良性循环，把特色农产品资源优势转化为品牌优势和市场优势，进一步扩大市场占有率，提高农产品市场竞争力。

1. 优化品种

把优化品种作为"三品"战略的基础。结合实施种子工程和农业综合开发项目，健全种质资源保护与创新，培育一批适销对路、熟期合理、品质上乘的优良品种，为产业发展作好品种储备。开展种子规模繁育与生产、种苗营销与技术服务，建设好优势作物种子标准化生产基地、繁育基地。重点培育一批育繁推一体化的种苗企业，提高供种能力，保障优质种子、种苗供应。大力推进肉牛肉羊良种繁育、优质牧草繁育。

2. 提高品质

把提高品质作为"三品"战略的关键。实施农业标准化、耕地质量提升、农产品质量安全可追溯、动物检疫防疫体系建设、农村清洁能源与面源污染治理、秸秆综合开发与利用，以及山地农业机械化等重点项目。通过绿色防控技术的集成应用，降低农药投入，节约防治成本，提高防效，增加产量，提高产品品质。推广一批配套技术，推进农产品生产、加工、收购、物流、经营、品牌等环节全程标准化；完善投入品登记、生产、经营、使用和市场监督等管理，加大"三品一标"认证力度，强化农产品质量监管；推进人畜粪便、农作物秸秆、生活垃圾和污水的综合治理和资源化循环利用，减少农业面源污染；抓好测土配方施肥、土壤有机质提升和水肥一体化示范，确保耕地地力不下降，产出能力有大的提升；同时，开展石漠化治理、退耕还林还草、进一步加大生态建设与环境保护力度。

3. 创建品牌

把创建品牌作为"三品"战略的目标。以品牌建设带动市场销售，响亮提出"多彩贵州·绿色农业"的总体目标口号，大力宣传贵州农产品健康、安全形象，吸引全社会关注，全方位打造贵州农产品公共品牌。制定全省《农产品名牌建设规划》，在比较优势突出、带动农民增收作用大，全省重点推进的茶叶、精品水果、蔬菜、马铃薯、特色杂粮等产业中，挑选重点企业、

重点品牌，政府、企业共同参与，做好品牌建设全程策划设计，打造一批全国驰名商标，努力把贵州建设成为生态农业、绿色农业和安全农业大省强省，成为在品牌农业大省强省。进一步优化政策环境，支持市场主体增强品牌创建和市场开拓能力；突出抓好产地集散市场、销地批发市场、信息服务体系等基础建设，不断拓宽销售渠道；积极实施"走出去"战略，分产业、集群式组织参加各类展销会、推介会、品鉴活动以及网络营销，强化市场营销。

4. 推进产业生态化发展

按照产业生态化、生态产业化的要求，以推进农业可持续发展为重点，大力发展资源节约型、环境友好型农业，更加注重生态建设与环境保护，促进生产、生活、生态功能互动融合。

（五）夯实农业现代化产业化支撑能力

1. 加强基础支撑能力建设

①统筹农业综合开发、土地整治、农田水利等项目，扎实推进以农田水利为重点的农业基础设施建设，提高农业综合生产能力，提升农业防灾抗灾能力。②采取增施有机肥、农艺修复、农田整治等措施，结合农业水、土污染治理，切实加强中低产田土改造，为稳定提高地力、确保农产品质量安全奠定基础。③坚持产业培育与生态建设相结合，持续推进以石漠化治理为重点的生态建设和"两江"上游重要生态屏障建设。大力推广节地、节水、节肥、节能和循环农业技术，改进畜禽饲养方式，推进畜禽排泄物资源化利用。利用林地空间和生态优势，推广林禽、林苗、林药等复合经营模式，大力发展林下经济。

2. 提高农业物质装备水平

①提升发展农业机械化。围绕贵州山地农业发展特点，强化重点产业、关键环节农业机械化技术研发与推广应用，大力发展各具特色、针对性强、操作方便的农业机械，提高山地农业机械化水平。建立农机农艺融合的机械化生产技术体系，推动农机应用从粮油作物为主向山地农业主导产业和产后加工延伸。②加快推进农业信息化。加强信息技术在农业领域的运用，全面提升农业产业质量，利用信息技术改造传统农业，以信息化推进农业现代化。

3. 完善现代农业服务体系

①进一步强化乡镇或区域性农业技术推广、动植物疫病防控、农产品质

量监管等农业公共服务机构建设,在拓展服务领域、丰富服务内容、提高服务能力上下功夫,着力提升基层农业公共服务水平。②大力培育和发展农业经营性服务业。从市场准入、税费减免、资金支持、人才引进等方面加大扶持力度,按照主体多元、形式多样、竞争充分的原则,积极引导社会力量创办专业服务组织,将经营性服务组织打造成为农业社会化服务的生力军。

三、加快培育现代农业市场主体

1. 培育新型农业经营主体

因地制宜、分类引导,针对不同地区、不同产业和不同环节,突出各类经营主体（生产经营型、服务型）的特色和优势,制定不同的引导、支持政策,大力培育在经营规模、辐射带动、盈利能力、资金来源、市场导向、产品认证、品牌建设、销售渠道等方面具有明显优势,对提高农业生产的专业化、标准化、规模化、集约化经营水平有重要作用的新型农业经营主体,推行"企业+合作组织+农户"等发展模式,引导企业与农民形成紧密的利益共同体,形成"以家庭承包经营为基础,专业大户、家庭农场为骨干、农民合作社为中坚、龙头企业为引领,社会化服务组织为补充"的多元农业经营主体格局,提高农民组织化程度。继续坚持对农业产业化经营重点龙头企业的扶持政策,增强龙头企业的实力和辐射带动作用。支持企业实施商标战略行动,发展贵州特色品牌。

2. 加强体制机制建设

营造改善新型经营主体的健康发展环境,提升经营主体发展的质量和速度;制定针对性的扶持政策,根据不同经营主体和经营主体的不同性质,以他们的需求和发展中遇到的问题为导向,制定并给予差别化扶持政策;同时,引导同行业各主体、产业上下游各主体以及利益相关各方之间,通过土地、技术、品牌等入股或通过契约关系开展生产和服务合作,推动形成风险共担、利益共享的共同体,促进新型经营主体向更高层次发展。

第四节 加快民营中小企业发展

经济新常态下,民营企业已成为贵州繁荣经济、增加就业、推动创新和产业结构调整的重要力量。对大多数民营企业的管理者来说,融资难是一个极为现实而又棘手的问题。实现民营企业的快速健康稳定发展，是全面实现小康的必须所在。而要实现民营企业的健康发展，不可避免地要解决好民营企业融资难的问题。

一、贵州民营企业发展现状

2013年，全省民营经济增加值实现3457.76亿元，占全省GDP的43.2%，较上年提高了2.9个百分点，其中民营经济的第一产业增加值占全省第一产业增加值的50.4%，第二产业占到了全省第二产业的45.8%，第三产业占全省第三产业的38.9%；完成固定资产投资3458.49亿元，占全省固定资产投资的33.8%。截至2013年年底，全省城乡私营企业户数和个体工商户数分别为195469户和1060604户，私营企业和个体工商户就业人员分别达1616547人和1851567人。在2013年全省完成的1546.50亿元税收中，除了国有企业、集体企业、股份制企业、联营企业和外资企业中的国有控股部分外，完成税收大约932.65亿元，税金占全省的60.31%。可见，民营经济已经成为全省经济发展的重要组成部分，成为贵州实施"两加一推，三化同步"战略的重要力量和积极推动者，发展民营经济对促进全省经济增长、壮大县域经济、保持市场繁荣、扩大社会就业、增加财政收入、保障社会稳定具有不可替代的重要作用。但是，民营企业融资难的问题却仍旧十分突出，尤其是在经济进入增速阶段性回落的"新常态"和错综复杂的国际环境影响下，贵州民营企业经营和融资问题更显得突出，民营企业"融资难""难融资"呼声再起。贵州民营企业融资难问题主要表现在如下几个方面。

（1）民营企业融资风险高，贷款成本高。民营企业自身的规模都比较小，易受经营环境的影响；民营企业的易变性及其较大的经营风险导致其抗风险能力弱，因此很难得到投资者的信赖。在利率方面，国有商业银行利率以下浮为主；地方性金融机构主要面向民营企业和"三农"，贷款利率以上浮为主，民营企业利率成本相对较高。

（2）民营企业融资渠道过窄。民营企业在不同的发展阶段应有不同的渠道以获得其所需资金，融资渠道的过分单一会影响企业的融资，也很难给企业以保障。目前，银行出于对提高控制信贷风险的考虑，对民营企业申请贷款的条件更为严格；加上民营企业规模小、实力弱、信用等级偏低等原因，很难找到稳定的融资渠道，造成担保难、融资难的尴尬局面。

欠发达地区企业资本结构与区域经济发展研究

（3）民营企业之间互相担保申请贷款给企业增加了很大风险。一旦一家公司因经营不善而蒙受损失，就会引发一系列的连锁反应，造成严重后果，规模小的民营企业根本没有足够实力来承接这样的打击。

二、加快培育民营中小企业

贵州目前的经济实力决定了政府财力有限，无法向广大民营企业直接提供过多资金。因此，以市场手段引导和促进社会闲散资金向民营企业的有效配置，无疑是政策制定的主导思想。

（一）民营企业要加强自身建设

民营企业要想摆脱融资难的困境，必须从自身做起，提高自身发展能力，提高信用程度，适应市场经济发展的需要，不断提高自身素质，增强自我发展能力，为融资创造有利条件。尤其是要健全财务制度，向银行展示企业健康发展、诚实守信的良好印象，这有助于企业获得银行贷款。建立规范的企业财务管理制度，严格按照会计准则编制财务报表，保持会计资料的真实性、完整性，为申请贷款提供基础依据。此外，企业要加强对融资的认识和管理，强化信用观念，在融资前根据实际情况综合考虑融资的必要性，认真分析测算融资成本和收益；融资成功后应专款专用，制定明确的还贷计划，根据项目的收益情况，可适时对还贷计划进行修正，争取贷款到期按时偿还。注重引进和培养熟悉国内外资金市场的融资运作人才，积极拓宽融资渠道，适当创新融资方式。

（二）改善民营企业融资环境和拓宽融资渠道

国有银行可以考虑成立专门的民营企业信贷部，拓展面向民营企业的存贷款业务，加大贷款投入。要出台相关政策，为理顺民营企业融资渠道创造一个好的外部环境，政策性银行则应该根据政府对民营企业的政策和产业结构调整，通过各种贷款引导民营企业健康发展。加强社会信用体系建设，创造良好的生态环境。应加快完善社会信用体系，形成一个有法必依、违法必究的法律氛围和公开、公平、公正、高效的市场环境，大力提高金融市场信息披露的水平，集中资金支持一批有发展潜力的企业；城市商业银行等应注重以市场为依托，对优良的民营企业予以低利率贷款支持；从法律、社会信用分成体系、会计与审计准则、中介服务体系、企业改革和银企关系等方面优化金融生态,为民营企业提供良好金融服务。中央政府应该注重对民营企业统一的政策扶持;而因为各地民营企业发展状况不同,另外,民营企业也可以通过私募融资的方式解决融资问题,尤其是鼓励那些具有成长潜力的民营企业扩大直接融资比例。

(三) 进一步加大对民营企业的支持力度

目前由于体制、机制和政策等诸多方面原因,民营企业发展中虽然存在许多自身难以克服的矛盾和问题,但融资难是目前制约民营企业发展的主要问题之一。要通过采取财政补贴、财政贷款、优惠贷款等财政优惠政策给民营企业最有力的资金支持;政府和有关部门要建立必要的合作机制,经常保持信息沟通。如果正常融资渠道收缩造成非正常融资的迅速膨胀,那么就会加大了民营企业的融资成本,融资难度进一步加剧。要通过采取降低税率、减免税款、提高征收起征点等税收优惠政策给民营企业最直接的资金援助;同时各地方政府也应制定专门面向民营企业的地方性法规,制定具体措施对民营企业实行全面帮扶。使民企明确发展重点和存在问题,及时协调解决民营企业和银行在发展中遇到的困难,并提出应对策略,逐步形成双方运转协调的合作途径和方式,确保民企更好更快地发展。

(四) 完善民营企业融资信用担保体系和机制

应加快建立和完善民营企业贷款担保体系。建立和完善民营企业贷款担保体系,降低金融机构贷款风险,提高民营企业信用程度。民营企业信用度的低下是造成民营企业融资难的深层次原因,而建立起一个适合我国民营企业的贷款担保体系,可以有效应对民营企业融资过程中因信息不对称引发的逆向选择和道德风险问题,从而为民营企业扩展各方面融资渠道提供强有力的信用支持。贵州民营企业信用担保机制刚刚开始成立,业务管理和经营模式都处于探索阶段,有许多问题需要进一步研究和解决。加强对担保项目的跟踪检测,以便及时发现和处理问题,建立起担保风险预警系统;深化担保机构的内部管理,而建立一个制度规范的信用担保体系,主要应考虑以下六个方面的制度设置:一是担保机构的准入制度;二是资金资助及补偿制度;三是受保企业及担保机构的信用评级制度;四是风险控制与损失分担制度;五是担保业行业维权与自律制度;六是政府的协调及监管制度。强化民营企业的信用观念,建立起民营企业信用评级和信用登记制度；加强担保业务全过程的质量控制，建立起科学严格的担保操作管理责任制；

（五）建立中小金融机构

中小金融机构在为民营企业提供服务方面有信息优势，不同的金融机构给不同规模的企业提供金融服务的成本和效率是不一样的，现在以四大国有银行和股市为核心的金融结构，并不能最大限度地支持我国经济发展。由于信息和交易成本的问题，民营企业成本最低的金融服务来自中小金融机构，要加大力度扶持中小金融机构，引导中小金融机构合理定位，突出"立足地方""服务市民"特色，真正办成为民营企业服务的银行，大力发展和完善中小金融机构是解决我国民营企业融资难问题的根本出路。

（六）加大民营企业发展力度

金融体系的发展应能够有针对性地改善对民营企业等弱势群体的金融服务，特别要对基本面和信用记录较好、有竞争力、有市场、有订单但暂时出现经营或财务困难的企业给予资金支持。

一是出台相关政策，为理顺民营企业融资渠道创造一个好的外部环境；

二是民营企业应深化改革，提高自身发展能力，提高信用程度，适应市场经济发展的需要；

三是建立和完善民营企业贷款担保体系，降低金融机构贷款风险，提高民营企业信用程度；

四是为那些具有成长潜力的民营企业提供直接融资的场所，促进非公有制企业通过证券、债券、股权等多种形式，鼓励民营企业扩大直接融资比例；

五是加大力度扶持中小金融机构，引导中小金融机构合理定位，建立专门的针对民营企业金融服务的金融机构，积极研究开发适应非公有制企业特点的金融产品，真正办成为民营企业服务的银行。

（七）完善创业创新扶持政策，促进大众创业

1. 多渠道激活和引导社会资本兴业创业

进一步强化创业培训、创业服务，破解创业资金的难题，实施各类创业人才推进计划，支持科研人员创办企业，吸引海外留学人员来贵州创业，重点扶持高校毕业生、退役军人、返乡农民工、留守妇女、失业人员、就业困难人员和残疾人等七类人员初次创业，真正形成大众创业、万众创新的局面，

把促进以创业带动就业作为"十三五"时期扩大就业的一个重要任务和主要增长点。围绕全省发展的"主基调、主战略",按照全省就业总体目标和要求,抓住关键环节,推进全民创业,实施全民创业行动计划和"双百工程",发动能人创业,引导返乡创业,鼓励大学生创业,支持妇女创业,促进科技人员创业,着力建设"创业贵州",更好实现"乐业黔中",不断释放贵州人力资源"红利"。力争用三到五年的时间,实现劳动者创业人数和通过创业带动就业的人数大幅增加,使更多有创业意愿和创业能力的劳动者成功创业。"十三五"期间,围绕工业重点项目、建筑业、家政服务业、交通物流业、保安服务业延伸配套,扶持初始创业企业200家左右;依托省部属企业、科研院所、青年商会会员企业和金融、外贸、工业制造、信息产业、文化传媒、物流、旅游饭店等行业和单位,以及在社会上拥有较高知名度的民营企业、连锁企业成立200家左右的省级青年就业创业基地;利用企业注册政策简化的机遇和"3个15万元"政策,年带动10万~20万人就业。

大力扶持创业新兴业态和项目。积极支持小微企业发展增加就业,建立和壮大小额担保贷款担保基金规模,对初创小微企业进行创业担保;鼓励和引导管理咨询机构开展针对小微企业的管理咨询服务,提升企业管理水平。支持城乡劳动者居家或在社区灵活就业,拓宽就业渠道,其从业人员可以城镇灵活就业人员身份参加城镇职工基本养老和基本医疗保险。属就业困难对象的可按政策享受社保补贴。鼓励技术创新、商业模式创新和服务产品创新,对在数字出版、电子商务、动漫游戏、创意设计、家政服务、服务外包等领域新创办的企业,以及组织城乡劳动者居家灵活就业的企业、合作社等,以其登记注册后3年内按对地方财政收入的贡献予以适当奖励,具体标准由财政税务部门制定。大力发展家政服务、养老服务、病残陪护服务等家庭服务业,积极培育社区就业服务组织。开展"充分就业社区"创建工作,"十三五"期间每年创建的社区给予一定的以奖代补资金进行激励。

2. 进一步改善大众创业环境

完善大众创业的扶持政策,着力优化科技金融体系、成果转化机制、公共服务平台、创新联盟组建、协同创新中心建设等创业创新环境。以国家级创建创业型城市贵阳市、遵义市为试点,完善创业组织领导体系、政策支持体系、创业培训体系、创业服务体系和工作考核体系,基本形成促进以创业带动就业的制度和政策,通过创建创业型城市活动,带动全省大众创业氛围

欠发达地区企业资本结构与区域经济发展研究

的形成。大力开展创业培训，积极开展创业指导，加强创业项目库建设，提供创业项目服务。放宽创业范围，按照平等准入、公平待遇原则，凡是国家法律法规允许进入的行业和领域，一律向各类创业主体开放。发挥好政府创业投资引导基金的带动创业作用，鼓励风险投资等民间资本支持创业。加大创业融资服务力度，放宽对出资额限制、对经营场所的限制，实行试营业制度。加大创业人员在税费减免扶持、小额担保贷款扶持、社保补贴扶持、鼓励享受失业保险待遇人员创业、帮助创业者寻找创业场所等方面的支持力度。加大政府采购对创业企业的支持，积极创造条件帮助企业参与政府采购活动。进一步加大信息服务、市场拓展服务、企业孵化等创业服务工作。加大对创业成功者的奖励力度和创业失败人员的扶持力度，对创业失败者提供基本生活保障和就业援助。树立宣传高校毕业生、农民工等群体就业创业典型，打造就业创业工作品牌，进一步引导劳动者树立适应社会要求的就业观念，在全社会营造"自主创业、艰苦创业、全民创业"的浓厚氛围。

第七章　优化企业融资模式与资本结构

企业融资模式是影响资本结构重要因素之一，而企业所处的行业、企业特征、所有权结构、内部管理等都是公司资本结构的驱动因素。因此，企业融资方式的选择应是企业的相机决策，要根据企业特性（股权结构、成长性、规模、资产担保价值等）、融资成本、收益与风险、负债融资的"税盾效应"，掌握融资成本与融资结构、企业价值之间的关系，才能从实现企业财务目标出发，合理设计负债融资和权益融资的比例，形成最佳资本结构。合理确定融资结构，以资本成本最低实现企业价值最大化，是企业融资机制形成的标志。

第一节　根据企业特性合理确定资本结构

一、根据企业融资模式合理确定资本结构

根据融资结构的机会窗口理论，企业融资方式的选择应是企业的相机决策，企业根据收益与风险，自主选择融资方式，合理确定融资结构，以资本成本最低实现企业价值最大化，这是企业融资机制形成的标志。企业应正确地认识各种融资形式的特征，掌握融资成本与融资结构、企业价值之间的关系，才能从实现企业财务目标出发，合理选择融资方式，形成最佳资本结构。

融资模式是企业资本形成的重要途径，不同的融资渠道和融资方式，形成不同的企业融资模式，决定了企业的融资结构，融资结构决定企业资本结构。任何企业融资结构和融资方式的选择都是在一定的市场环境背景下进行的。在特定的经济和金融市场环境中，单个企业选择的具体融资方式可能不同，但是大多数企业融资方式的选择却具有某种共性，即经常以某种融资方

式为主。融资模式不仅表明企业营运资金的来源,同时也决定了企业资本形成的效率,进而影响地区和国家的经济发展。

目前在发达国家企业主要存在两种融资模式,一种是以英美证券市场为主导的融资模式,他们称之为保持距离型融资模式,在这种融资模式下,企业所需要的外源资金,主要通过在证券市场上发行证券来筹集,银行则处于一个相对次要的地位,银行与企业之间的关系并不是十分密切,因此,对企业经营者的约束主要不是来自银行而是来自发达的证券市场,确切地说,是来自证券市场中的兼并与接管机制和"用脚投票"机制。还有一种是日本、德国以银行贷款为主导的融资模式,他们称之为关系型融资模式。在这种融资模式中,银行与企业关系密切,一家企业一般都与自己的主办银行有着长期稳定的借贷关系,主银行几乎包办了这家企业所有的融资需求。从我国不同性质的企业融资模式出发,国内学者研究了我国国有企业、民营企业、中小企业等不同性质企业融资模式的异同。许丰富等(2005)认为我国国有企业融资体制的变迁可以划分为三个阶段:财政主导型融资阶段、银行主导型融资阶段和多元混合型融资阶段,我国国有企业融资模式由原来主要靠银行贷款转变到以证券市场融资融券为主。有的学者提出,资本结构理论与企业融资模式的选择有关,认为融资模式对公司资本结构、资本成本产生重大影响,进而影响到企业的财务目标,即企业价值最大化。除了融资模式,资本市场发展规模、公司所处的行业、财务失败预期成本、资产特征及公司所有权结构等因素都对资本结构产生影响。另外,各个产业独特的融资模式,如房地产企业、物流金融、基础设施建设等方面的融资模式对各类企业的资本结构形成的影响也是不同的。

二、根据企业特性合理确定资本结构

企业因为成长性、规模、资产担保价值等具有不同的特征,本书研究证实这些因素与企业的资本结构有一定的相关性,故企业应该加强筹资动机分析(见表7-1),根据企业的这些特性确定合理的资本结构。

(1)根据公司的成长性确定资本结构。处于成长阶段的公司无疑是需要大量资金的。前面分析指出,成长性高的公司,其负债融资的倾向较高,这是缘于成长性高的公司,其对资金的需求是迫切的,而权益融资则需要一定的时间间隔。因此,从优化股权结构的角度来考虑,高成长性的公司应该考虑以发行可转债的方式来实现自身的融资需求。可转债兼有债权、股权的特性，随着公司的成长，将会导致可转债的投资者将可转债转变为股票，以便充分享受公司成长所带来的资本增值，在转换的过程中，也会促进公司资本结构的进一步优化。

表 7-1　企业主要筹资动机

动机	主要特征
扩张筹资动机	是企业因扩大生产经营规模或追加对外投资的需要而产生的筹资动机。具有良好发展前景、处于成长时期的企业通常会产生这种筹资动机。例如，企业生产经营的产品供不应求，需要增加市场供应；开发生产适销对路的新产品；追加有利的对外投资规模；开拓有发展前途的对外投资领域等；往往都需要筹集资金。扩张筹资动机所产生的直接结果，是企业资产总额和筹资总额的增加
偿债筹资动机	是企业为了偿还某债务而形成的借款动机，即借新债还旧债。偿债筹资有两种情形：一是调整性偿债筹资，即企业虽有足够的能力支付到期旧债，但为了调整原有的资本结构，仍然举债，从而使资本结构更加合理；二是恶化性偿债筹资，即企业现有的支付能力已不足以偿付到期旧债，而被迫举债还债，这表明企业的财务状况已有恶化
混合筹资动机	企业因同时需要长期资金和现金而形成的筹资动机。通过混合筹资，企业既扩大资产规模，又偿还部分旧债，即在这种筹资中混合了扩张筹资和偿债筹资两种动机

（2）根据公司规模合理确定资本结构和资本资产组合。前面的实证分析表明公司规模是影响公司资本结构的因素之一。上市公司应结合自身规模的大小，合理选择资本的来源。规模较大的公司，其资本结构中负债融资的比例可较高；规模较小的公司，应把重心放在权益融资上。在确定资产组合时，加强企业的风险收益的分析权衡（见表 7-2），在资产总额和筹资组合都保持不变的情况下，如果固定资产减少而流动资产增加，就会减少企业的风险，同时也会减少企业盈利；反之，如果固定资产增加，流动资产减少，则会增加企业的风险和盈利。

（3）提高公司的固定资产担保价值和企业资产的质量，为企业获得长期性债务融资奠定条件。

表7-2 企业的资产组合

类 型	主要特征
适中的资产组合	企业流动资产的数量按其功能可以分为两大部分：第一，正常需要量，是指为满足正常的生产经营需要而占用的流动资产；第二，保险储备量，是指为应付意外情况的发生，在正常生产经营需要量以外而储备的流动资产。适中的资产组合策略就是对流动资产在保证正常需要的情况下，再适当地留有一定保险储备，以防不测
保守的资产组合	有的企业在安排流动资产数量时，在正常生产经营需要量和正常保险储备量的基础上，再加上一部分额外的储备量，以便降低企业的风险，这便属于保守的资产组合策略。在采用保守的资产组合策略时，企业的投资收益率一般较低，风险也较小。不愿冒险、偏好安全的财务经理都喜欢采用此种策略
冒险的资产组合	有的企业在安排流动资产数量时，只安排正常生产经营需要量，而不安排或只安排很少的保险储备量，以便提高企业的投资收益率。这便属于冒险的资产组合策略

三、合理利用负债融资

上市公司在研究最佳资本结构时，不仅要考虑融资成本，还要考虑融资风险。只有这样，才能使公司价值最大化。一般来看，公司的财务状况与负债代理成本相关，进而影响公司财务决策的制定。当企业财务状况较好时，通常无负债代理成本发生，财务政策较为合理、稳健；当财务状况稍差时，企业对风险的偏好发生异常，发生负债代理成本，财务政策出现偏差；当财务状况恶化时，负债代理成本剧增，财务政策偏激，企业在偏好风险经营的同时，过量发放现金股利。这里首先应对企业负债率与企业破产风险、税盾作用的关系作一个辩证分析。对于企业来说，负债率的变化在一个较短时间内将会使企业的支出和风险结构发生变化，债权人可能会要求更多的风险报酬，从而使得企业债务成本和破产风险本身也因此增加。但从一个较长的时间跨度来看，在资本总额既定的情况下，提高负债率并不会降低税前资本收益率。相反，由于债务成本（利息）在税前支付，而股权成本（利润）在税后支付，较高的负债率还有可能增加税后的利润分配，这就是负债所谓的"税盾效应"（tax shield）。企业如果要向债权人和股东支付相同的回报，实际需要生产更多的利润。因此，上市公司可选择银行借贷、发行企业债、可转债等方式进行负债融资,充分利用"税盾效应"来增加公司的现金流量,降低代理成本(信号传递效应),为股东创造更多价值。在筹资策略方面,要从短期债务筹资转向长期债务筹资,虽然长期负债资本成本高于短期负债资本成本,但是,短期负债筹资风险却高于长期负债。当然,在债务率上升可以增加税盾效应的同时,债务成本本身却会因此增加,故也应该谨慎利用债务融资的"税盾效应"。

第二节 完善企业资本管理结构

一、优化企业股权结构

国有法人股比重和流通股比重是影响公司资本结构的相关因素表明,公司的股权结构对资本结构有着重要影响。我国公司资本结构不合理与公司产权不清晰、股权结构不合理有关(樊纲,1995)。优化公司的股权结构首先要解决国有股在上市公司总股本中比重过高的问题。本项研究认为,随着国有股比重的降低、股权结构逐渐趋向分散化,公司的治理结构也将得到规范,公司管理层与市场之间的信息不对称程度将会降低,管理层将会从更多的渠道获取信息来对公司的资本结构作出及时调整。因此,少数国有股比重过大的上市公司一方面应做好国有股减持工作,另一方面还要解决国有股的产权主体问题,使占股比重较大的国有股能够对企业管理起到强有力的监督作用。

目前来讲,股权结构优化的主要方式有:

第一,通过上市公司再融资来优化股权结构优化。目前上市公司国有股主动放弃配股或将配股权转让,以及上市公司增发新股,既是相对降低国有股比例的有效途径,也为上市公司进行国有股回购创造了良好的条件,还能够引进新的战略投资者。从西南地区来看,云天化的股份回购试点取得了成功,即通过国有股回购方式减持国有股,不仅提高了上市公司的每股收益水平,有利于国有资产的变现和保值增值,而且也可以保持二级市场的稳定,但这种方式的实施依赖于公司是否有比较充裕的现金,因此在配售价格过高和数量过大的情况下,其结果并不很理想。再如,在实施股改前,"中国嘉陵"和"黔轮胎"两家公司都有一定数量的股份未配售出去,由承销商自留。总的来看,我国市场对再融资行为的反应已经较为理性,利用再融资的资金回购国有股份，既解决了回购国有股的资金来源问题，又避免了上市公司直接向社会公众配售国有股的尴尬，这一思路只要运作得当，不失为国有资本战略性退出的有效选择；另外，在增发或配股时限定少量的国有股同时售出，只要价格制定适当，也应该能够比较顺利地实现股权结构优化。

第二，适度提高管理股比重。提高管理股权比例，有利于降低公司管理者与公司股东之间的代理成本，降低股利支付率。

第三，引入外部董事，改变上市公司内部人控制状况。防止大股东相互串谋，侵占小股东以及债权人利益，是在中国公司治理现实中突出的问题，因此，企业尽可能的股权结构设计是形成 3~4 个大股东控制且没有一方处于绝对控股、几家大股东不属于同一控股公司的股权结构局面。

二、降低企业资本成本

资金成本是公司融资行为的最根本决定因素。所罗门（1963）提出企业的资本成本应该是负债资本成本和权益资本成本的加权平均资本成本，并将其定义为"促使企业预期未来现金流量的资本化价值与企业当前价值相等的折现率"，其提出中所谓所罗门的"现代公式"成为后来许多资本成本计算方法的基础。莫迪利安尼和米勒（Modigliani and Miller, 1966）则提出了平均资本成本的概念，他们认为资本成本不再是加权平均的含义，而是表现为权益资本与资产负债率的某种关系。其他计算资本成本的公式还有利维兰公式、哈雷和施歇尔公式等。我国学术界和金融实务界在有关资本成本的计量问题上迄今尚未形成统一的标准，目前关于上市公司的融资成本计量和测定问题的研究很少。

加权平均资本成本中的债务融资成本可直接按照 1~3 年期银行贷款基准利率计算，股权融资成本需根据资本资产定价模型（CAPM）推算而出，涉及股票的收益率、市场组合的收益率、无风险资产的收益率、市场风险溢价，以及股票收益率相对于股市大盘的风险系数等参数，由于无法得到决定股权融资成本的一系列数据，故本书没有对贵州上市公司的股权融资成本做定量分析，只能根据前人的理论作定性推论。但本书对银行存、贷款利率与企业总负债率的回归分析表明，存、贷款利率与负债率呈显著正相关关系。在中国，贷款利率经过连续多年的降息，实际上已经处于很低的水平，再加上银行对企业贷款"软约束"现象的惯性还存在，在贷款利率变化幅度不大的情况下，企业的借贷需求不会受较大影响，大多数企业无论贷款利率的上升或下调都保持着对借贷资金的强劲需求。在这种情况下，贷款利率提高意味着企业负债成本上升，负债总额增加从而企业负债率上升。而存贷利率是随着贷款利率的变化而同步变化的，故存款利率也与负债率呈正相关关系。

根据财务学理论，公司加权资本成本的降低的过程，也是公司市场价值逐步提高的过程。当前贵州上市公司降低加权资本成本，首先，要加大债务融资的比重。一方面这是因为负债融资的"税盾效应"，另一方面尽管我国股市的权益融资成本远低于债务融资的成本，但债务融资依然能降低公司的加权资本成本（陈晓等，1999）。其次，我国权益融资的成本已开始呈现逐步上升的趋势，表现在管理层不仅使得融资的过程更加透明，而且对融资方资格的审查更加严格。比如，管理层已把上市公司现金分红的状况作为权益再融资的必要条件之一。在这种情况下，上市公司就更应合理设计负债融资和权益融资的比例，实现公司加权资本成本的最小化。

三、切实提升企业盈利能力

公司的盈利能力也是影响公司资本结构的重要因素，提高公司的盈利能力能改善公司的资本结构。合理的融资顺序是内部融资—负债融资—股权融资。因此公司盈利能力越强，财务状况越好。变现能力越强的公司就越有能力负担债务上的风险。因而随着公司变现能力、财务状况和盈利能力的增进，举债筹资就越有吸引力，这样就能调节负债权益比例，即优化公司资本结构。

第三节 创新企业融资模式

在当前经济新常态背景下，企业要加快发展与转型升级，就需要进行融资。企业可通过内源融资和外源融资两种途径获取投资者的资金支持。内源融资是指企业内部资金转化为投资的方式，是企业不依赖外部资金帮助而是依靠自身的内部力量来主动积攒的一部分资金，主要包含自有资本、留存收益和折旧基金三种方式。而外源融资是指在不同经济主体间的资金转化为投资的方式，包括直接融资与间接融资两种方式，直接融资的载体主要是债券和股票两种，间接融资的载体主要有向金融机构申请贷款、银行汇票、票据贴现、融资租赁等。虽然理论上融资的渠道较多，但实际上企业融资主要依靠银行借款、发行股票或债券等传统方式。尤其是中小企业的融资渠道很少，融资成本也较高，而且融资的效率也较低。中小企业仍然以内源融资为主要融资方式，只有为数不多的资金来自于外源融资，而且大部分比例外源融资资金主要来源于银行贷款，中小企业对于股权融资这一重要直接融资方式的使用非常少。在经济新常态下，传统融资方式已难以满足企业多元化的融资需求，企业发展面临巨大的融资压力，如何创新融资模式尤为关键，除了积极争取各银行总部增加对欠发达地区的信贷规模、积极推动企业上市融资、债券融资、加快股权投资等有效办法外，还应通过金融创新，推动各类资产的股权化，增加流动性，利用多元化的金融手段从国内外市场获取发展资金。

一、改善传统融资效果

（一）银行借款

银行贷款是最为常见的融资渠道之一，银行是企业最主要的融资渠道。银行贷款是间接融资，是市场信用经济的融资方式，它以银行为经营主体，按信贷规则运作，要求资产安全和资金回流，风险取决于资产质量。按资金性质，银行贷款可分为流动资金贷款、固定资产贷款和专项贷款三类。专项贷款通常有特定的用途，其贷款利率一般比较优惠，贷款分为信用贷款、担保贷款和票据贴现。由于银行贷款的成本费用相对较少，资金来源稳定，大多中小企业更希望通过银行借贷的方式来进行融资。

但是，银行借款以风险控制为原则，信息不对称一直是困扰金融机构和企业间的一道难题。银行对企业的信息了解不充分，为了保证自身的贷款资金使用安全，往往对企业的资质要求较高，手续相对繁琐，更愿意贷款给实力雄厚的大型企业，对急需资金的中小企业来说往往远水难解近渴。同时，这也需要发达的社会信用体系支持，其中融资担保机构可起到信用担保作用，较成熟的信用担保机构是与企业近距离接触的金融中介组织，了解企业的发展与融资需求，也了解企业的经营管理与融资难处，发展融资担保是破解企业尤其中小企业融资难融资贵问题的重要手段和关键环节。其次，企业向银行贷款必须具有足够的固定资产或者其他有效的资产作抵押物才能从银行获得贷款，这对于初创阶段、固定资产和可抵押资产缺乏的中小企业来说，大笔资金贷款成功率不高。另外，对于中小企业，一些银行为了资金的使用效益而调高对于这类中小企业的贷款利率，使得中小企业必须付出更高的融资成本。银行的放贷条件要求严格，贷款手续复杂，办理期限长，还款期限严苛，对于在起步和创业阶段的中小微企业来说，真正能成功从银行取得贷款的比例并不高。因此，这需要进一步完善区域性中小企业融资担保体系，完善银行承兑、大额质押存款、银行信用证、委托贷款、直通款等融资方式，为企业尤其是中小企业畅通融资渠道。

（二）证券融资

证券融资是市场经济融资方式的直接形态，公众直接广泛参与，市场监督最严，要求最高，具有广阔的发展前景。证券融资主要包括股票、债券，并以此为基础进行资本市场运作。与信贷融资不同，证券融资是由众多市场参与者决策，是投资者对投资者、公众对公众的行为，直接受公众及市场风险约束，把未来风险直接暴露和定价，风险由投资者直接承担。

1. 股票融资

发行股票是一种资本金融资，投资者对企业利润有要求权，但是所投资金不能收回，投资者所冒风险较大，因此要求的预期收益也比银行高，从这个角度而言，股票融资的资金成本比银行借款高。具体而言，发行股票的优点是：所筹资金使用时间要长于间接融资，资金具有永久性，无到期日；没有还本压力，投资者都是在二级市场通过流通实现变现需求的；融得的资金是从供给者手上直接到需求者手上，一次筹资金额大；用款限制相对较松；可提高企业的知名度，为企业带来良好声誉；有利于帮助企业建立规范的现代企业制度。另外，股票市场为资产重组提供了广阔的舞台，优化企业组织结构，提高企业的整合能力。特别对于潜力巨大，但风险也很大的科技型企业，通过在创业板发行股票融资，是加快企业发展的一条有效途径。股票上市可以在国内，也可选择境外，可以在主板上市也可以在高新技术企业板块，如美国（NASTAQ）和香港的创业板。在中国经济迈入新常态之际，扩大直接融资总量和比重具有非常重要的意义。对于西部地区，应制定鼓励企业上市的政策措施，提高企业直接融资比重。

2. 债券融资

企业债券，也称公司债券，是企业依照法定程序发行、约定在一定期限内还本付息的有价证券，表示发债企业和投资人之间是一种债权债务关系。债券持有人不参与企业的经营管理，但有权按期收回约定的本息。在企业破产清算时，债权人优先于股东享有对企业剩余财产的索取权。企业债券与股票一样，同属有价证券，可以自由转让。债券种类很多，国内常见的有企业债券和公司债券以及可转换债券。企业债券要求较低，公司债券要求则相对严格，只有国有独资公司、上市公司、两个国有投资主体设立的有限责任公司才有发行资格，并且对企业资产负债率以及资本金等都有严格限制。可转换债券只有重点国有企业和上市公司才能够发行，它是一种含期权的衍生金融工具。采用发行债券的方式进行融资，其好处在于还款期限较长，附加限制少，资金成本也不太高。但是发行债券的手续复杂，对企业要求严格，而且我国债券市场相对清淡，交投不活跃，发行风险大，特别是长期债券面临的利率风险较大，而又欠缺风险管理的金融工具。

对于债券融资，要加快国有土地、集体土地、矿业权、道路收费权、债权等各类资产的股权化，通过有效的整合包装，提高资产质量和对引资资金的吸引力，结合产业项目实施，面向省内外各类主体以股权转让、增资扩股、抵押贷款等形式换取资金投入。要建立中小企业直接债务融资板块，扩充中小企业融资主体，丰富中小企业债券品种。围绕重点产业面向国内外各类投资者实行大规模增资扩股，既实现推动重点产业发展、做大做强国有企业的目的，也可进一步提高民营经济的比重。要加快设立国有股权管理公司，划拨一定数量的国有企业为其子公司，以股权管理公司的股份作为交易对象，换取新资金投入区域产业发展。加强债券咨询服务，切实强化企业债券融资投资方向指导管理和风险管理。

（三）区域集优债务融资模式

区域集优融资模式是我国债务资本市场上的又一项创新。为拓宽中小企业直接债务融资渠道，解决中小企业融资难问题，2011年，中国银行间市场交易商协会推出了针对中小企业的区域集优债务融资工具，在浙江省开展了试点。区域集优债务融资模式是根据我国经济发展的形势任务和目标要求，结合实际情况，对一定区域内具有核心技术、产品具有良好市场前景的中小非金融企业，通过政府专项风险缓释措施的支持，在银行间债券市场发行中小企业集合票据的债务融资方式。

区域集优债务融资模式涉及地方政府、人民银行、债券承销机构、信用增进类机构、市场中介组织等。这种模式把地方政府和当地人民银行吸纳进来，有效解决了中小企业集合债的"审批难"问题，其中地方政府可发挥其政策、资源优势，通过统筹各资源，共同建立帮助企业实现债务融资的工作机制，建立偿债基金，提升市场投资者信心。由中债公司进行信用增级，解决了中小企业集合债的"担保难"和"信用等级提升难"等问题。区域集优债务融资模式集优了企业、产品、效率、政策和风险缓释措施，是一种有益的尝试，开创了优质中小企业有序进入正规资本市场融资的通道，能有效降低单个企业的融资成本，分散融资风险，提高发行效率，是解决中小企业融资问题的一种多方共赢的模式。但是，当前的模式还只是刚刚起步，需要加强政策引导、不断创新与完善，以满足实体经济合理融资需求，充分发挥直接债务融资在优化资源配置中的作用。

二、拓展企业融资渠道

（一）新三板市场

新三板市场名字的由来是为了区别原有的旧三板市场，原先的三板市场在2001年建立，是指专门接纳退市企业和原来STAQ、NET系统挂牌公司的代办股份转让系统，由于在该系统内挂牌交易的股票品种很少，而且质量也不高，想要借其再次转板的困难程度也很大，所以一度不受重视。我国为了活跃场外交易市场，同时为高新技术型企业提供融资的帮助，在2006年在北京中关村科技园区建立了新型的股份转让系统，又称"中关村非上市股份有限公司股份报价转让系统"，也就是新三板市场。开设以后，新三板的试点范围逐步扩大，在2013年，新三板再次扩容，试点范围扩大至全国。在新三板市场进行挂牌交易的中小企业需要具备几点条件：依法设立且存续满两年；业务明确，具有持续经营能力；公司治理机制健全，合法规范经营；股权明晰，股票发行和转让行为合法合规；主办券商推荐并持续督导；全国股份转让系统公司要求的其他条件。新三板市场挂牌的条件并不高，那些具备高成长潜力的中小高新技术企业在没有上市的情况下，就可以提交申请在新三板市场进行挂牌交易，所以新三板的挂牌企业皆为起步阶段的高科技创新型中小企业，具有科技含量较高、专利技术较多、无形资产比重较大、高投入性和高成长性等特点。

新三板市场由投资方、融资方、主办券商共同组成。融资方是指依照法律规定在新三板市场上进行挂牌然后进行股份转让交易的非上市公司。新三板市场中的投资方包括机构投资者和自然人投资者，新三板市场对投资人的资格限制较为严格，主要是因为考虑到中小企业发展的确定性较低和风险性较高的特点，只允许机构投资者和满足规定条件的自然人投资者参与到新三板市场的交易中去，普通个人投资者是不被允许参与其中的。主办券商作为报价券商，负责推荐符合新三板挂牌条件的中小企业进入其中进行股份转让，并且有义务指导和督促与其有业务关系的新三板挂牌企业定期及时有效地进行该企业相关信息的披露。

新三板市场是我国多层次资本市场的重要组成部分，是中小企业实现快速发展所急需的快捷高效的融资平台，是丰富我国多层次资本市场的重要工具，对于场外交易市场中的中小企业融资和拓宽资产规模有一定的推动作用。另外，也有利于市场对中小企业进行确切的估值，明确挂牌中小企业的市场价值。但是，目前新三板尚处于培育发展阶段，市场的融资功能还不能充分发挥，融资渠道比较单调，挂牌企业进行定向增资少，股票交易活跃度不足，流动性仍显不足。当前抓住"新三板"扩容的战略机遇，加快上市融资步伐，对企业加快建立现代企业制度，推动企业转型升级具有很强的现实意义。要不断完善新三板的股权交易制度，完善分层、转板、退市制度，实现市场优胜劣汰筛选机制。强化事中事后监管，健全信息披露机制，规范新三板市场运作。优化做市商制度，适时推出竞价交易制度，提升市场流动性。拓展差异化融资渠道，提高新三板融资效率。发展新三板中介服务机构，为企业搭建上市资源共享区的平台，为挂牌企业提供资本市场系列培训。

（二）资产证券化

资产证券化是将企业缺乏流动性的特定资产组合或特定现金流转换为在金融市场上可以自由买卖的证券的一种融资形式，传统的证券发行是以企业为基础，而资产证券化则是以特定的资产池为基础发行证券。作为企业建立股权、债务融资之外的第三条融资渠道。资产证券化是拓宽企业融资渠道，优化企业融资结构的重要新型融资工具，资产证券化是金融市场上一个重要的创新产品，其意义在于分散风险的同时盘活资产，商业银行可以借此更合理地配置核心资本，工商企业可以降低负债率和融资成本。

资产证券化的关键环节就是它的资产分析和信用定价，在这个领域里面，评级公司发挥了不可替代的核心和关键作用。很多的企业并不能得到最高的信用评级，包括很多银行也不能得到，但是他们所持有的部分资产，有条件得到最好的信用评级，完全可以用最好的信用定价从市场获得融资。

(三) 互联网金融融资

1. P2P 融资模式

P2P（Peer to Peer）网络借贷指的是个体和个体之间通过网络实现直接借贷的过程。P2P 借贷的主要参与者分为借款人、理财人和 P2P 平台三方。借款人属于资金的需求方，向 P2P 平台提出借款需求；P2P 平台为借款人和理财人提供信息配对服务；理财人通过查看 P2P 平台公布的不同借款人的借款用途、利率及其他相关条件决定是否投资和投资给哪些借款人。该模式主要表现为个体对个体信息获取和资金流向，在债券和债务关系中脱离了传统的资金媒介。这种模式可有效整合各角色参与度，高度发挥各自优势，实现资源高效利用，帮助广大中小企业迅速融资，并让投资者的收益最大化体现，从而实现多方共赢。

2. 众筹筹资模式

众筹筹资，又称大众集资、众募或众融，是指融资者借助互联网众筹融资平台，在一定的募资时间内，为其特定项目向某些投资者融资，并以货币、实物、股权或其他形式作为投资回报的融资方式。众筹模式的主体架构由筹资人（又称项目发起人）、众筹网站和投资人构成。众筹融资运作流程主要包括筹资申请、项目审核、项目预展、资金筹集、资金分配、获得筹资等部分。其中，筹资人制定筹资计划、设定筹资目标、筹资期限，项目结束后兑现项目回报；众筹平台负责协审核项目和筹资人资质，协助筹资者制作项目筹资主页和进行宣传，在筹资金额达到项目要求时转付项目资金；投资人负责浏览众筹平台，选择自己感兴趣的投资项目，在规定时间内支付投资款到众筹网站账户。通过互联网，众筹匹配了资金的供给与需求，为初创企业提供了一种全新且低成本的融资方式，是互联网金融的一种典型代表。另外，众筹模式也在创造一个以网络购物为中心的全新商业生态体系，既提供丰富的投资渠道，也帮助创业者成立了自己的公司，相应的为生产加工、物流运输、产品设计、广告宣传企业等一系列企业提供商业机会。

目前我国 P2P 融资模式和众筹模式等互联网金融融资发展尚处在起步阶段，融资项目数量和募资规模还都相对较小，各融资网站的经验还都不够丰富，对互联网筹资模式的监管制度也有待完善。我国必须为互联网金融融资模式的发展提供制度空间，解决其合法性的难题，完善互联网融资监管体系，成立行业自律协会，出台相关的法律法规促进融资企业的健康发展，构建互联网金融安全有效运行的制度体系。推进互联网融资企业的规模化规范化发展，降低企业运营成本和运行风险。继续完善信用体系，降低信用征信成本，便于各企业了解客户的信用信息。要加大投资者保护，提示风险提示和披露信息制度，保障资金安全。随着技术的不断进步和市场的不断发展，互联网金融融资将会被更大范围的人群所接受，为解决中小企业融资困难问题做出贡献。

（四）其他融资

融资租赁，又称设备租赁，是指实质上转移与资产所有权有关的全部或绝大部分风险和报酬的租赁。融资租赁有直接购买租赁、售出后回租以及杠杆租赁。此外，还有租赁与补偿贸易相结合、租赁与加工装配相结合、租赁与包销相结合等多种租赁形式。融资租赁具有筹资速度较快、限制条款较少、税收负担较轻等优点，是中小企业融资的重要渠道。融资租赁通过融资与融物的结合，提高了生产设备和技术的引进速度，为企业技术改造开辟了一条新的融资渠道，还可以节约资金使用，提高资金利用率，以及在推动与促进企业的技术进步方面都有着明显的作用。但是，融资租赁也存在着资金成本较高、筹资弹性较小等问题。

信托融资。信托融资是间接融资的一种形式，是企业通过金融机构的媒介，由最后信托公司向社会投资者发行信托计划产品，为需要资金的企业募集资金，企业再将融入的资金投入到相应的项目中，由项目运行产生的利润支付投资者信托本金及其利息的一种融资活动。企业设计出"资产包"或者"项目包"后，可以直接找信托公司洽谈，也可委托相关银行代为寻找信托公司。信托融资具有简便、资金使用上比较灵活等特征，但是融资成本比较高。

票据融资。票据融资是指票据持有人在资金不足时，将商业票据转让给银行，银行按票面金额扣除贴现利息后将余额支付给收款人的一项银行授信业务，是企业为加快资金周转促进商品交易而向银行提出的金融需求。票据一经贴现便归贴现银行所有，贴现银行到期可凭票直接向承兑银行收取票款。在票据融资过程中，银行可以不按照企业的资产规模来放款，而是依据市场情况（销售合同）来贷款，可以让中小企业避免资产规模和担保问题而贷不到钱的现象。另外，票据融资的利率较低，手续方便。在经济新常态和金融改革不断深化的背景下，票据资产证券化、票据电子化交易发展进程将大大加快，将为商业汇票和企业融资的创新发展提供历史性机遇。

第四节 加强企业融资风险管理

企业的素质是资本市场运行的微观基础。在公司具有良好的盈利前景和盈利水平的条件下，资本市场的风险较小。进入资本市场的公司为数众多，每一公司素质都受到众多因素的制约（如公司的财产关系、资产结构、技术水平、产品竞争力、管理水平、人员素质、产业前景、成本—收益关系等），而这些因素本身又处于不断变化中。公司状况的变动不定，决定了资本市场运行存在着大量的不确定性。在资本运作过程中，要切实加强融资管理。

一、加强企业融资管理

一是合理确定资金需要量，努力提高筹资效果。无论通过什么渠道、采用什么方式筹集资金，都应预先确定资金的需要量。筹集资金固然要广开财路，但必须有一个合理的界限，使资金的筹集量与需要量达到平衡，防止筹资不足而影响生产经营或筹资过剩而降低筹资效益。

二是周密研究投资方向，大力提高投资效果。投资是决定是否要筹资、筹资多少的重要因素之一。投资收益与资金成本相权衡，决定着是否要筹资，而投资数量则决定着筹资的数量。因此，必须确定有利的资金投向，才能决定是否筹资和筹资多少，要避免不顾投资效果的盲目筹资。

三是认真选择筹资来源，力求降低资金成本。企业筹集资金可以采用的渠道和方式多种多样，不同筹资渠道和方式的筹资难易程度、资金成本和财务风险各不一样。因此，要综合考察各种筹资渠道和筹资方式，研究各种资金来源的构成，求得最优的筹资组合，以便降低综合的资金成本。

四是适时取得资金来源，保证资金投放需要。筹措资金要按照资金的投放使用时间来合理安排，使筹资与用资在时间上相衔接，避免取得资金过早而造成投放前的闲置或取得资金滞后而贻误投放的有利时机。

五是合理安排资本结构，保持适当的偿债能力。企业的资本结构一般是由自有资本和借入资本构成的。负债的多少要与自有资本和偿债能力的要求相适应，既要防止负债过多，导致财务风险过大，偿债能力过低，又要有效地利用负债经营，提高自有资本的收益水平。

欠发达地区企业资本结构与区域经济发展研究

六是遵守国家有关法规，维护各方合法权益。企业的筹资活动，影响着社会资金的流向和流量，涉及有关方面的经济权益，为此必须接受国家宏观指导与控制，遵守国家有关法律法规，实行公开、公平、公正的原则，履行约定的责任，维护有关各方的合法权益。

二、加强企业财务状况分析

加强财务状况的趋势分析主要是通过对企业连续几期的财务指标、财务比率和财务报告的比较，来了解企业财务状况的变动趋势，包括变动的方向、数额和幅度，从而据以预测企业未来财务活动的发展前景。主要从三个方面来进行。一是比较财务指标和财务比率。对企业主要的财务指标和财务比率，可从前后数年的财务报告中选出，进行必要的计算加工，直接观察其金额或比率的变动数额和变动幅度，分析其变动趋势是否合理，并据以预测未来。二是比较会计报表的金额。将相同会计报表中的连续数期的金额并列起来，可比较其中相同项目增减变动的金额及其幅度，能全面说明企业财务状况和经营成果的变动趋势。三是比较会计报表的构成。比较会计报表的构成，就是以会计报表中的某一总体指标作为100%，计算其各组成部分指标占该总体指标的百分比，然后比较若干连续时期的该项构成指标的增减变动趋势。

三、加强企业风险管理

1. 决策中的风险管理

决策是机构运作中具有决定性意义的环节，决策中的风险管理主要从以下几个方面展开。①分级决策。即根据运作的需要，分别赋予各个部门或下级机构不同的决策权利，但关系公司整体运作的重大事项的决策权仍由公司最高决策层掌握。②风险论证。指各层机构在其管辖范围内，对公司制度规定的重大事项的决策实行先论证其风险状况及回避风险的措施再作决定的决策程序，以便使参与决策的人都清醒地认识到风险程度，从而有利于选择与自身能力相适应的市场行为。③听证会制度。即邀请本公司的管理人员、技术人员以及社会有关方面的专家，召开听证会。听证会的主要职能不在于论证有关方案的可行性，而在于发现其中的不足或疑问点，要求有关负责人对此做出对策性解释。④备案制度。指有关部门或下级机构将决策中各种文件上报公司总部以备存查的制度，目的是为了使公司总部能够及时地了解各个下级的活动情况，从而从全公司运作的角度及时分析和发现下级活动中已发生或可能发生的风险。

2. 资金运作中的风险管理

主要包括：①资金的计划管理。每个机构在运作中都需要筹措资金和使用资金，资金的筹措和使用应符合决策方案的要求并有计划地展开。如国际上一些运作成功机构通常由公司总部控制资金的筹措和调配权，根据预定的方案，向各个分支机构投放资金。其内在机理是，对每项运作来说，资金的筹措和投入是风险发生的开始，风险的结果是资金的损失，故须控制好资金。②资金管理与业务运作的分离制度。其基本内容是，资金管理部门与业务操作部门相分离，业务操作部门需要使用资金时，根据公司的有关规定或主要负责人的批准文件，向资金管理部门提出申请并办理有关资金的借出手续；一旦规定的业务活动结束，立即将资金归还给资金管理部门。这一制度的好处是能够比较充分地保证资金的安全性，防止由业务运作部门长期占有资金所造成的风险。③资金运作的单证制度。其基本内容是，证券运作部门不长期地持有资金，每日交易所需资金，在前一天闭市后或当天开市前，根据市场行情分析，向资金管理部门提出申请并借出资金；每日闭市后，将当日的库存证券情况、买入卖出证券的情况、资金的使用情况、资金的节余情况等向资金管理部门报告，并将有关单证交存资金管理部门。另外，资金管理部门认真审对和分析证券运作部门交存的各种单证，并追踪其证券买卖情况，以便及时地了解和把握证券买卖中的资金动向，按期向公司主要负责人报告资金运作情况，并在发现风险时，能够及时地采取防范措施。④资金的流动性管理。提高资金的流动性有许多措施，有时甚至为了保证资金的流动性而暂时地放弃某些可能的收益也在所不惜，"投入时先考虑如何退出"是一个重要的基本的原则。

3. 财务运作中的风险管理

在财务运作中，风险管理的主要内容包括：①偿债能力的指标管理。主要是运用一些重要的指标来监控公司按期偿还债务的能力状况，防止因债务危机给公司营运造成重大风险。偿债能力的指标包括：资产负债率、流动比率、速度比率、存货周转率、应收账款周转率等。②成本—收益的指标管理。主要是运用一些与成本—收益相关的指标来监控公司业务活动的成本变动状况和收益变动状况，以防止因成本大幅上升给公司运营造成重大风险。实业

欠发达地区企业资本结构与区域经济发展研究

部门的公司的指标主要包括主要原材料耗费系数、固定资产使用率、百元销售额成本等；证券经营机构的指标主要有：亿元承销成本、亿元代理成本、资金利润率、资本利润率等。③不良资产的指标管理。主要是运用一些与资产流动性相关的指标来监控公司营运中的资产品质状况，防止因不良资产的增加而给公司营运造成重大风险。其指标包括应收账款的按期收回率、长期投资的回报率等。④财务分析制度。主要是根据公司营运的财务变动状况，定期地进行全面财务分析，以发现问题，防止风险的发生。

主要参考文献

[1] 王松奇，李扬，王国刚. 金融学［M］. 北京：中国金融出版社，1999 年.

[2] 李扬，王国刚. 资本市场导论［M］. 北京：经济管理出版社，1998 年.

[3] 李朝霞. 中国公司资本结构与融资工具［M］. 北京：中国经济出版社，2004.

[4] 朱叶. 中国上市公司资本结构研究［M］. 上海：复旦大学出版社，2003.

[5] 胡汝银. 中国上市公司成败实证研究［M］. 上海：复旦大学出版社，2003.

[6] 曹红辉. 中国资本市场效率研究［M］. 北京：经济科学出版社，2002.

[7] 沈艺峰，田静. 中国上市公司资本成本的定量研究［J］. 经济研究，1999（11）.

[8] 陈晓，单鑫. 债务融资是否会增加上市企业的融资成本？［J］. 经济研究，1999（9）.

[9] 黄少安，张岗. 中国上市公司股权融资偏好［J］. 经济研究，2001（11）.

[10] 郑江淮，何旭强，王华. 上市公司投资的融资约束：从股权结构角度的实证分析［J］. 金融研究，2001（11）.

[11] 裴平. 中国上市公司股权融资研究［M］. 南京：南京大学出版社，2000.

[12] 忻文. 国有企业的资本结构分析［J］. 经济研究，1997（8）.

[13] 李善民，苏赟. 影响中国上市公司资本结构的因素分析［M］//中国资本市场前沿理论研究文集. 北京：社会科学文献出版社，2000.

[14] 吴开兵. 最大化净资产收益率下的最佳资本结构的理论探讨和实证分析［M］//中国资本市场前沿理论研究文集. 北京：社会科学文献出版社，2000.

[15] 樊纲. 金融发展与企业改革［M］. 北京：经济科学出版社，2000.

[16] L. 洛温斯坦. 公司财务的理性与非理性［M］. 张蓓译. 上海：上海远东出版社，1999.

[17] 陈小悦，徐晓东. 股权结构、企业绩效与投资者利益保护［J］. 经济研究，2001（11）.

[18] 陈超，饶育蕾. 中国上市公司资本结构、企业特性与绩效［J］. 管理工程学报，2003（1）.

[19] 肖作平,吴世农. 我国上市公司资本结构影响因素实证研究 [J]. 证券市场导报,2002 (8).

[20] 洪锡熙,沈艺峰. 我国上市公司资本结构影响因素的实证研究 [J]. 厦门大学学报,2000 (3).

[21] 蒋殿春. 中国上市公司资本结构和融资倾向 [J]. 世界经济,2003 (7).

[22] 朱武祥,郭洋. 行业竞争结构、收益风险特征与资本结构 [J]. 资本市场改革,2003 (2).

[23] 柳松. 西方资本结构理论演进的述评及其研究启示 [J]. 学术交流,2003 (4).

[24] 徐涛,万解秋. 现代企业融资理论的发展轨迹 [J]. 经济学动态,2002 (3).

[25] 欧树军. 资本成本分析和融资决策 [J]. 江汉石油职工大学学报,2001 (9).

[26] 王宁. 我国上市公司资本成本的比较 [J]. 中国工业经济,2000 (11).

[27] 陈根荣,范晓虎,吴冲锋. 西方现代公司融资理论述评 [J]. 财经问题研究,2000 (8).

[28] 李义超. 中国上市公司资本结构研究 [M]. 北京:中国社会科学出版社,2003.

[29] 中国注册会计师教育教材编审委员会. 财务管理 [M]. 北京:经济科学出版社,1995.

[30] 刘志彪等. 上市公司资本结构与业绩研究 [M]. 北京:中国财政经济出版社,2004.

[31] 卢俊. 资本结构理论研究译文集 [M]. 上海:上海人民出版社,2003.

[32] 李红霞. 美、日、德企业融资模式比较与借鉴 [J]. 财经问题研究,2003 (12).

[33] 黄勇. 2009—2010 年贵州金融运行分析与展望 [M]// 贵州国民经济运行分析与预测 2009—2010 年. 贵阳:贵州人民出版社,2010.

[34] 黄勇,陈绍宥,王彬. 贵州省"十二五"战略性新兴产业发展专项规划中期评估报告 [R]. 2013.

[35] 国务院关于加快培育和发展战略性新兴产业的决定(国发〔2010〕32)[R]. 2010.

[36] 宋明,黄勇,谢松,王彬. 2012 年贵州工业经济运行报告 [R]. 2013.

[37] 黄勇,吴杰,王彬. 贵州服务业发展战略研究报告 [R]. 2014.

[38] 赵国鞞. 中国互联网金融的三种新型投融资模式研究 [D]. 中国社会科学院研究生院硕士论文,2014.

[39] 杨琼. 中小企业融资与区域化资本市场发展 [J]. 商场现代化,2009 (5).

[40] 费宪进,郭舒萍. 中小企业融资模式创新:区域集优债务融资 [J]. 区域金融,2012 (5).

[41] 连雪娇. 中小企业新三板市场的融资效果分析 [D]. 天津财经大学硕士论文. 2014.

后 记

本书是在笔者主持完成的《贵州上市公司资本结构及其优化研究》（贵州省优秀科技教育人才省长专项资金项目研究成果，2012年10月验收结项）成果的基础上，紧密结合贵州经济发展形势和经济新常态发展趋势，经过多次修改完成的学术专著。本书的出版得到了贵州省社会科学院著作出版基金和院重点学科资助。

由中共贵州省委讲师团、贵州省发展和改革委员会、贵州财经大学等单位领导和专家组成的专家组，对本书的前期课题研究成果《贵州上市公司资本结构及其优化研究》进行了审阅，提出了许多很好的修改建议，使课题成果得以进一步完善。本课题在申请立项、调查、研究、验收结项过程中，自始至终得到了贵州省优秀科技教育领导小组办公室、贵州省教育厅、贵州省社会科学院科研处、区域经济研究所、西部开发研究所等领导和同志的关心和大力支持。在进行本课题研究、相关课题研究和本书写作过程中，多次得到了宋明、刘庆和、苟以勇、谢松、杨明锡、吴杰、王彬、王前、陈绍宥、蔡伟等领导和专家的启发与帮助，他们对本书的观点和内容提出了很好的建议。本书的出版离不开知识产权出版社石红华老师的大力支持，她的敬业、干练、高效令我敬佩，她不辞辛苦为本书的编辑、出版付出了辛勤劳动，使本书得以与读者见面。笔者在课题研究和本书写作过程中，参考了国内外许多专家的研究成果，吸收了他们的观点。在此，一并表示感谢！

由于作者水平有限，加之近几年承担的科研任务实在较多，工作非常繁忙，很难集中抽出时间对本书进行冷静思考和修改，错误和疏漏之处难免，敬请各位专家批评指正。

作 者
2014年12月